beck'sche reihe

bsr

Der Kunstfälscher vertritt in der Regel eine besondere Ethik. Er will sich nicht bereichern, sondern lediglich die Kunstexperten in ihrer Ahnungslosigkeit bloßstellen und sie damit für ihre Arroganz strafen. So unglaubwürdig solche Absichtserklärungen auch sind, so tragen sie doch zur Sympathie bei, die Fälscher oft genießen. Dabei betrügen sie Museen und Sammler um Millionen und scheuen dafür keine Mühe. Susanna Partsch erzählt in diesem Buch von den berühmten Kunstfälschern des 20. Jahrhunderts, von ihren größten Coups und von ihrer Entlarvung. Sie erklärt, warum Vincent van Gogh so oft und Paul Klee so selten gefälscht wurde, warum Michelangelo trotz hartnäckiger Legenden doch kein Fälscher war und wie sich die Methoden der Fälscher mit der Zeit gewandelt haben. Schließlich nimmt sie diejenigen in den Blick, die sich sonst noch an dem großen Geschäft beteiligten: Betrüger waren nämlich oft auch die Händler, die das schnelle Geld liebten, und nicht selten die Experten, welche die Echtheit der gefälschten Werke bezeugten.

Susanna Partsch ist promovierte Kunsthistorikerin und lebt als freie Autorin in München. Für ihr Buch *Haus der Kunst. Ein Gang durch die Kunstgeschichte von der Höhlenmalerei bis zum Graffiti* erhielt sie 1998 den Deutschen Jugendliteraturpreis. Bei C.H.Beck sind von ihr erschienen: *Sternstunden der Kunst. Von Nofretete bis Andy Warhol* (³2008) und *Die 101 wichtigsten Fragen: Moderne Kunst* (³2010).

Susanna Partsch

Tatort Kunst

Über Fälschungen, Betrüger und Betrogene

Verlag C. H. Beck

Mit 24 Abbildungen im Text

Originalausgabe

Satz, Druck u. Bindung: Druckerei C.H.Beck, Nördlingen
Umschlagabbildung vorne: Hans Wacker (?), Selbstbildnis mit verbundenem Ohr und Pfeife (nach Vincent van Gogh), vor 1928, Cambridge (Mass.), Harvard Art Museums, Fogg Art Museum, Bequest of Annie Swan Coburn, 1934.35, Foto: Katya Kallsen, © President and Fellows of Harvard College
Umschlagabbildung hinten: Vincent van Gogh, Selbstbildnis mit verbundenem Ohr und Pfeife, Anfang 1889, Privatsammlung
Umschlagentwurf: malsyteufel, willich
Printed in Germany
ISBN 978-3-406-60621-2

www.beck.de

Inhalt

Vorwort

Ein Buch über Kunstfälschungen zu schreiben, bedeutet, Mut zur Lücke zu haben. Denn gerade im 20. Jahrhundert gibt es zahlreiche Fälle von Kunstfälschung. So mögen sich manche Leser fragen, warum zwar Fälscher X ausführlich behandelt und Fälscher Y wenigstens erwähnt wurde, Fälscher Z sich aber nirgends findet. Erzählenswert sind ihre Geschichten alle, und sie gleichen sich auch nicht völlig, dennoch gibt es Motive, die immer wieder auftauchen. Genauso ließe sich fragen, warum die falschen van Goghs, Picassos und Modiglianis so ausgiebig vorkommen, aber nicht die Kirchners und Pechsteins. Die Geschichte der Kunstfälschung lässt sich schon deshalb immer weiterschreiben, weil es ständig neue Fälle gibt, die eine Zeitungsmeldung wert sind. So konnte man am 11. Januar 2010 in vielen deutschen Zeitungen lesen, dass eine amerikanische Kunsthändlerin in Los Angeles eine falsche Picasso-Zeichnung für zwei Millionen Dollar verkauft hat. Sie hatte die Zeichnung unter einem Vorwand von einer ahnungslosen Künstlerin anfertigen lassen. Ihr Schuldbekenntnis verminderte die Haftstrafe von 25 auf weniger als zwei Jahre.

Das ist eine Meldung von vielen, die überprüft und weiter beobachtet werden müssen, doch erhebt dieses Buch keinen Anspruch auf Vollständigkeit. Es will vielmehr dem schillernden Phänomen Kunstfälschung in seinen vielen Facetten nachgehen.

Für eine bessere Lesbarkeit des Textes haben sich Autorin und Verlag darauf geeinigt, die männlichen Formen von Berufsbezeichnungen zu wählen, wobei die weiblichen natürlich impliziert sind. Allerdings gibt es unter den Fälschern kaum Frauen. Die Frage nach dem Warum bleibt einer psychologischen oder soziologischen Studie vorbehalten.

Bei der Entstehung des Buches haben mir viele geholfen: Freunde und Freundinnen, Kollegen und Kolleginnen, Spezialisten verschiedener Fachgebiete. Ihnen allen möchte ich an dieser Stelle summarisch danken, allerdings einige auch namentlich aufführen:

Der Restaurator Clemens Heidger und die Restauratorin Inga Pelludat haben die Teile des Manuskripts, in denen es um Technik geht, kritisch gelesen und korrigiert. Rechtsanwalt Jürgen Schneider hat mich in juristischen, speziell urheberrechtlichen Fragen beraten. Die Kriminalhauptkommissare vom Bayerischen LKA in München Johann Hoffmann und Dieter Sölch haben viel Zeit investiert, um auf meine Fragen einzugehen, und haben mir interessante Einblicke in ihre Arbeit gewährt. Mit Kriminalhauptkommissar Ernst Schöller vom LKA Baden-Württemberg in Stuttgart habe ich ausführlich über die Giacometti-Fälschungen gesprochen. Der Cranach-Spezialist Dieter Koepplin hat mir bereitwillig Auskunft über das Gemälde *Madonna unter den Tannen* gegeben. Christine Tauber hat mir nicht nur unveröffentlichtes Material über das Bild von Andrea del Sarto zur Verfügung gestellt, wir haben auch so manche anregende Diskussion geführt. Ebenso hilfreich waren die Gespräche mit Charlotte Diehl und Ulrike Grammbitter. Judith Blume hat in Berlin recherchiert und, ebenso wie Lorenz Kloska und Alessa Rather, das Manuskript Korrektur gelesen und mich auf inhaltliche und formale Fehler aufmerksam gemacht. Simon Blume hat wie immer dafür Sorge getragen, dass der Computer funktioniert. Zum Schluss hat Petra Rehder das Manuskript sprachlich überarbeitet und dabei auch Wiederholungen und Ungereimtheiten, die sich eingeschlichen hatten, korrigiert.

Ganz besonderer Dank aber gebührt Stefanie Hölscher, die mit mir gemeinsam das Thema entwickelte und auch während des Schreibens immer ein offenes Ohr für Fragen und Probleme hatte.

Faszination Kunstfälschung

«Fälscher sind in erster Linie Größenwahnsinnige oder Paranoiker, die sich einbilden, verkannte Genies der Malerei zu sein, neue Picassos.»

Alain Sauret

Der diskrete Charme der Fälscher

In der Nacht vom 8. auf den 9. Januar 1996 wurde der englische Maler, Kunsthändler und Fälscher Eric Hebborn erschlagen. Hebborn, der seit dreißig Jahren in Rom lebte, erhielt in der Via della Scala, im Herzen von Trastevere, mit einem stumpfen Gegenstand von hinten einen Schlag auf den Kopf. Dass sein Schädel wirklich gespalten war (wie die Fama berichtet), ist zu bezweifeln. Denn er starb erst drei Tage später, am 11. Januar. Den Täter konnte er nicht mehr nennen. Bis heute weiß man nicht, wer ihn umgebracht hat. Vor allem aber kennt man das Motiv nicht.

Kurz zuvor, im Herbst 1995, war das letzte Buch von Hebborn erschienen: *Il manuale del falsario* oder, als englische Originalausgabe, *The Art Forger's Handbook* (London 1997). In diesem Buch (auf Deutsch: *Kunstfälschers Handbuch*, Köln 1999) verriet Hebborn viele nützliche Kniffe und Tricks für den, der ein Gemälde oder eine Zeichnung so fälschen möchte, dass Händler und Sammler, vor allem aber die Experten darauf hereinfallen und das Werk für ein Original eines bereits berühmten Künstlers halten.

Schnell wurde ein Zusammenhang zwischen dem Erscheinen des Buches und dem Mord hergestellt. Mit Sicherheit war es ein

Kollege, der sich ärgerte, dass Hebborn all die Geheimnisse aus der Hexenküche der Fälscher verraten hatte! Vielleicht aber war es ja auch ein Experte? Ein Händler? Ein Kunsthistoriker, der sich zu Unrecht beschimpft oder verunglimpft fühlte? Denn Hebborn war in dem Buch auch über Sammler, Händler und Experten, meist Kunsthistoriker, hergezogen:

«Wie alle Historiker versucht der Kunsthistoriker, Ordnung zu schaffen, wo es nie welche gegeben hat. Er sucht Leben und Schaffen früherer Künstler in ein System zu pressen, einem Gärtner gleich, der ungebärdige Rosen an ein Spalier bindet. (...) Zwei große Sprossenleitern hat das Spalier des Kunsthistorikers. Die eine besteht aus Jahrhunderten (...) die andere aus Schulen. (...) Nach diesem Koordinatensystem lässt sich alles aufs feinste einordnen.» So geht der Text munter weiter, witzig geschrieben, aber immer voll Hohn und Spott. Der Experte ist für Hebborn «Manipulator sowohl der Geschichte als auch des Geschmacks», die Händler sind meist «charmante Schurken» und die Sammler «geschmähte Kreatur(en)».[1] Nach der Logik der Verleumdungsrache waren sie also alle tatverdächtig.

Hebborn war der wohl raffinierteste aller Kunstfälscher, die das 20. Jahrhundert hervorgebracht hat. Während seines Studiums an der Royal Academy in London verdiente er seinen Lebensunterhalt bei einem der zahlreichen Restauratoren, die Bilder, statt sie zu restaurieren, häufig «neu» malten. Hebborn war ein gelehriger Schüler auch in diesem Metier. Gleichzeitig wusste er sich zu schützen. Weder in den frühen Jahren noch später hat er je eines dieser Bilder mit falschem Namen signiert. Nie hat er dem Händler, dem Experten die Zuschreibung vorgegeben. Immer hat er sich von ihnen die Gutachten oder Expertisen schreiben lassen, bevor er einen «Michelangelo», «Leonardo», «Pieter Brueghel» oder «Rembrandt» verkaufte. Nachdem man ihm auf die Schliche gekommen war, schrieb er seine Memoiren, *Drawn to Trouble*, und kam zur Buchpräsentation 1991 nach England, weil er wusste, dass man ihn nicht verhaften würde. Tatsächlich konnte man ihm nichts anhaben, denn er hatte keine Urkundenfälschung begangen und somit nie – im rechtlichen Sinne – betrogen. Selbst nach der Beendigung seiner eigentlichen Fälscherkarriere verunsicherte er die Museumsleute, weil er großspurig erklärte, in den großen Häusern befänden sich immer noch hochkarätige Kunstwerke, die er geschaffen habe.

In seinen Büchern vertrat Hebborn die herkömmliche «Ethik» des Kunstfälschers. Der Fälscher wolle sich in Wirklichkeit nicht bereichern, er wolle nur die Experten, die Kunstsachverständigen hinters Licht führen, sie bloßstellen, ihnen beweisen, dass sie keine Ahnung haben, und sich damit an ihrer Arroganz rächen. Dieser Absicht ist es wahrscheinlich auch geschuldet, dass die Kunstfälschung bei einem Großteil der Bevölkerung als Kavaliersdelikt angesehen wird und die Fälscher nicht selten zu erfolgreichen Sympathieträgern werden.

Der Vermeer-Fälscher Han van Meegeren wurde beispielsweise in den Niederlanden geradezu gefeiert, weil er Hermann Göring eine Fälschung angedreht hatte, und das auch noch für viel Geld. Der Ungar Elmyr de Hory, der Engländer Tom Keating und der Deutsche Edgar Mrugalla wurden in dem Moment prominent, als bekannt wurde, dass sie Fälscher waren. Jetzt konnten sie die ehemals gefälschten Bilder, mit ihrer Signatur versehen, gut verkaufen. Und die für diese Bilder erzielten Preise waren eine Zeit lang so hoch, dass es sich schon wieder lohnte, de Horys und Mrugallas zu fälschen.

Auch Konrad Kujau gehört in diese Reihe. Erst handelte er mit Nazi-Devotionalien, dann fälschte er Urkunden, damit die Erinnerungsstücke authentischer erschienen, schließlich «kopierte» er angeblich von Hitler gemalte Bilder, die er als Originale verkaufte. Er versuchte sich an der Handschrift Adolf Hitlers, und als die ihm gut gelang, fertigte er die «Hitler-Tagebücher» an. Diese verkaufte er 1981 an den *Stern,* der sich damit ein großes Geldschäft erhoffte.

Nachdem der Betrug 1983 aufgeflogen war, wurde Kujau 1985 zu viereinhalb Jahren Freiheitsentzug verurteilt, musste davon drei Jahre absitzen und eröffnete dann in Stuttgart eine Galerie, in der er neben Kopien von Bildern berühmter Maler, meist der klassischen Moderne, auch seine eigenen Bilder verkaufte, hübsche Blumen in Vasen. Er erzielte damit erstaunliche Preise, bald gab es eine Fangemeinde Konrad Kujau, die auch heute noch existiert und auf verschiedenen Internetportalen Bilder von ihm anbietet. Ein Konrad-Kujau-Club in Berlin wirbt immer noch um weitere Mitglieder.

Im Jahr 2006 kam dann die Kriminalpolizei einer Frau in Dresden auf die Spur, die mehr als 500 in Fernost hergestellte Gemälde mit der Signatur von Kujau versehen und übers Internet verkauft hatte. Bilder, denen etwas Anrüchiges anhaftet, verkaufen sich offensichtlich besser als Bilder von Künstlern, deren Namen (noch) nicht so prominent sind, dass man sich damit brüsten kann. Die in Fernost hergestellten Gemälde stammten nicht von einem einzigen Kunstfälscher, sondern von vielen Kopisten, die quasi Fließbandarbeit leisteten. Der «charmante Schurke» (Hebborns Charakterisierung trifft durchaus auch auf die Kunstfälscher zu) ist eine aussterbende Spezies, die immer mehr von Konsortien, Fälscherringen und mafiösen Strukturen abgelöst wird.

Neben den vielen «kleinen» Fischen gibt es einige wenige wirklich berühmt gewordene Fälscher. Sie alle haben nach ihrer Enttarnung ein plausibles Motiv angegeben, warum sie zu Fälschern wurden. Geld war kaum einer Erwähnung wert. Es gab meist sehr viel «ehrenwertere» Beweggründe, in denen fast immer die bereits zitierten Experten eine Rolle spielten. Natürlich vermischten sich dabei Erinnerung, Selbstentwurf und Unschuldsbeteuerung. Häufig spielte auch ein gewisser Realitätsverlust mit. Die glaubhaft vorgebrachten Motive waren oft gepaart mit einer Schuldzuweisung an die Kunsthändler. Vergleichbar der «Legende vom Künstler», wie sie Ernst Kris und Otto Kurz 1934 entworfen haben, könnte man auch von einer «Legende vom Fälscher» sprechen: Sie beginnt in der Regel mit einer unglücklichen Kindheit, einem zu strengen Vater, der das künstlerische Talent des Kindes nicht anerkennt und unterdrückt, im Gegensatz zu der ruhig im Hintergrund wirkenden Mutter, die das Kind versteht und heimlich unterstützt.

Dies und anderes erfahren wir durch die Memoiren, die viele Fälscher verfasst haben – oder verfassen ließen. Hebborn ist da kein Einzelfall. Bei allen Autobiographien stellt sich die Frage nach Dichtung und Wahrheit, denn Fälscher-Memoiren sind für erstere besonders anfällig. Sie möchten nicht nur ein faszinierendes Leben darstellen, sondern meist auch etwas verschleiern. Ein ganz besonders schillernder Fall ist der Ungar Elmyr de Hory, der angeblich sechzig verschiedene Namen verwendete und eine Biographie zusammenstrickte, die ausschließlich auf Erfindungen beruhte – zumindest im Hinblick auf seine Jugendjahre. Sein Biograph, Clifford Irving, war anschließend selbst in einen Fälscherskandal verstrickt, bei dem de Hory eventuell ebenfalls eine Rolle gespielt hat.

Elmyr de Hory war ein Charmeur und ein Hochstapler, der gern auf großem Fuß lebte. Eric Hebborn besaß viel Witz und schlug auch noch Kapital aus seiner Entlarvung. Die beiden Deutschen Lothar Malskat und Edgar Mrugalla schlidderten eher «zufällig» ins Fälschertum, fast schuldlos, wenn man ihren eigenen Aussagen Glauben schenken darf. Und Han van Meegeren wurde aus Rache zum Fälscher. Sie alle erhielten später den Titel «Größter Kunstfälscher des 20. Jahrhunderts» oder «König unter den Kunstfälschern». Sie werden auch nach wie vor gefeiert, ähnlich wie Robin Hood oder andere Diebe, um die sich die Legende rankt, sie hätten von den Reichen genommen und den Armen gegeben.

Neben den (Auto)biographien der Fälscher gibt es Romane und Filme, die mit der Faszination spielen, die die Kunstfälschung auf uns ausübt. Einer von ihnen ist der Klassiker *How to Steal a Million (Wie klaut man eine Million)*, den William Wyler 1966 drehte, mit Audrey Hepburn und Peter O'Toole in den Hauptrollen. Der Film verknüpft gleich zwei attraktive Themen miteinander: den Kunstraub und die Kunstfälschung. Eine gefälschte Venus-Figur, angeblich von dem berühmten Florentiner Renaissance-Bildhauer und Goldschmied Benvenuto Cellini, ist in einem Pariser Museum ausgestellt und soll aus versicherungstechnischen Gründen einer Prüfung unterzogen werden. Um diese Prüfung zu verhindern, muss die Venus verschwinden, und das gelingt nur, indem man sie stiehlt. Hauptakteure sind die Tochter des Fälschers und der Detektiv, der den Kunstfälscher überführen soll, sich aber in die Tochter verliebt und den Diebstahl federführend durchzieht. Natürlich geht die Komödie «gut» aus, das heißt, nicht gesetzestreu. Die Zuschauer identifizieren sich mit Tochter und Detektiv und werden damit zu Mittätern, die den Diebstahl sowie die Fälschung billigen und sich an den düpierten Museumsleuten erfreuen. (Jahrzehnte später, 2003, wurde das berühmte *Salzfass*, das tatsächlich von Cellini stammt, aus dem Kunsthistorischen Museum in Wien nach einem ähnlichen Muster gestohlen. Ob der Dieb, der sich drei Jahre später der Polizei stellte, den Film kannte?)

How to Steal a Million erzählt eine erfundene Romanze, die sich auch als solche zu erkennen gibt. Es sind aber auch jede Menge Legenden über Kunstfälschungen im Umlauf, die als Fakten dargestellt werden – Geschichten, die völlig aus der Luft gegriffen sind oder die einen falsch verstandenen Fälschungsbegriff bedienen. Und wie bei Sagen, Legenden und Märchen üblich wiederholen sich die Geschichten, mit anderen Akteuren, zu verschiedenen Zeiten, an unterschiedlichen Orten.

Andererseits: Beginnt man erst einmal, sich mit der Kunstfälschung zu beschäftigen, so stößt man überall darauf. Besonders im berühmten Sommerloch berichten Zeitungen gerne vom neuesten Fälschungsskandal, der dann im Herbst auch schnell wieder in Ver-

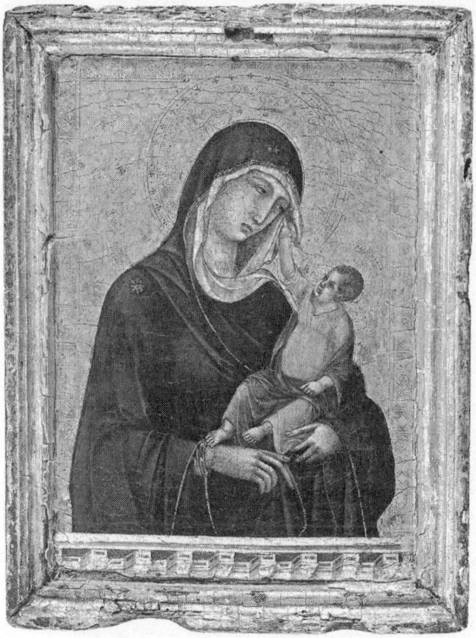

Abb. 1
Duccio, Madonna mit Kind, um 1300, Tempera und Gold auf Holz, New York, Metropolitan Museum

gessenheit gerät. Neue Ankäufe großer Museen werden von der Fachwelt oft mit Skepsis aufgenommen. So kaufte das Metropolitan Museum in New York im Herbst 2004 eine Madonnentafel des berühmten Sieneser Malers Duccio di Buoninsegna, der 1318 starb (Abb. 1). Von Duccio gibt es nicht viele Werke, und von diesen sind lediglich zwei durch Dokumente als authentisch abgesichert. Die besagte Madonnentafel hatte der Kunstsammler Grigorii Stroganoff um 1900 erworben, und bald darauf wurde sie Duccio zugeschrieben. Aus Stroganoffs Besitz ging sie nach dessen Tod an den Brüssler Kaufmann Adolphe Stoclet über, dessen Name deshalb bekannt ist, weil er sich von den Wiener Werkstätten ein berühmtes Palais hatte bauen lassen. Darin befindet sich unter anderem ein großer Fries von Gustav Klimt. Die *Madonna mit Kind* war Teil von Stoclets Kunstsammlung, bis seine Erben sie für 45 Millionen Dollar an das Metropolitan Museum verkauften. Diese Summe war es wohl auch, die den Kunsthistoriker und Professor an der New Yorker Columbia University, James Beck, zum Protest reizte. In einem profunden Buch wies er nach, dass es sich bei der Tafel um eine plumpe Fälschung aus dem 19. Jahrhundert handeln müsse, zumal es keinen Nachweis darüber gebe, wo sich die Tafel früher befunden hatte, und eine Brüstung am unteren Rand des Bildes für seine angebliche Entstehungszeit vollkommen untypisch sei. Das Metropolitan Museum lehnte diese Beweisführung ab. Für viele Bilder, gerade aus dem italienischen 14. Jahrhundert, gebe es keine lückenlosen Provenienzen, und Architekturmalerei finde man auch in anderen Bildern der Zeit und nicht erst hundert Jahre später. Außerdem hätten technische Analysen ganz klar ergeben, dass das Bild in der fraglichen Zeit entstanden sei. Und so steht Meinung gegen Meinung, denn auch technische Analysen haben ihre Mängel. Beck wich nicht von seiner Meinung ab, ebenso wenig wie das Metropolitan Museum.

Wie gesagt kann dieses Buch nicht alle Geschichten von dieser Art in sich versammeln. Vielmehr erzählt es beispielhaft von Fälschern und Fälschungen, aber auch von Legenden, von Irrtümern und von einigen Künstlern, deren Werke besonders häufig gefälscht werden. Manche der Geschichten haben noch kein Ende gefunden, wie die eines Cranach-Gemäldes, das sich wohl immer noch in einem Schweizer Banktresor befindet. Dieses Schicksal teilt es mit vielen anderen Kunstwerken. Und unter diesen befinden sich sicher auch einige Fälschungen oder – wie im Fall des Cranach-Bildes – Originale, die an ihrem ursprünglichen Standort durch eine Fälschung ersetzt wurden. Doch zuerst sollen einige grundsätzliche Fragen geklärt werden: Was versteht man eigentlich unter einer Kunstfälschung? Wie erkennt man sie? Und wie wird sie bestraft?

Lug und Trug: Was man alles fälschen kann

Lug und Trug sind wohl so alt wie die Menschheit selbst. Und so finden sich schon in den ältesten Gesetzestexten schwere Strafen für denjenigen, der wissentlich Unwahres behauptet. Im Codex Hammurapi, dem wohl ältesten vollständigen Gesetzestext, der aus dem 18. Jahrhundert vor Christus stammt, wird dieses Vergehen mit dem Tode bestraft. Das Verbot, gegen jemanden falsches Zeugnis abzulegen, gehört auch zu den alttestamentarischen Zehn Geboten und ist somit Bestandteil der großen monotheistischen Weltreligionen.

Heute, in Zeiten des Internets, scheint es leichter denn je, Fakten nach eigenem Gusto zu verändern, allerdings auch, den Fälscher ausfindig zu machen. Selbst in der hohen Politik. Anfang des Jahres 2009 verglich sich der damalige britische Premierminister Gordon Brown auf dem Weltwirtschaftsforum in Davos – warum auch immer – mit dem berühmten venezianischen Maler Tizian, der neunzigjährig erklärt haben soll, er beginne erst jetzt zu lernen, wie man malt. Browns Konkurrent und Herausforderer David Cameron, der Parteivorsitzende der Tories, konterte wenig später, Tizian sei bereits mit 86 Jahren gestorben. Beide Aussagen können stimmen, denn dummerweise ist zwar das Todesdatum Tizians (27.8.1576) bekannt, das Geburtsdatum jedoch nicht. Die Vermutungen darüber gehen weit auseinander und reichen von 1473 bis um 1488/90. Auf den englischen Seiten von *Wikipedia* hatten die Lebensdaten des großen Renaissancemalers 1485–1576 gelautet. Das sprach für Brown. Doch kurz nachdem Cameron den Premier korrigiert hatte, wurde das Geburtsdatum von Tizian im *Wikipedia*-Artikel in das Jahr 1490 verlegt. Dann wäre Tizian tatsächlich nur 86 Jahre alt geworden. Wenig später wurde auch das Todesdatum verändert. Nun war Tizian plötzlich bereits 1572 gestorben, und es stimmte gar nichts mehr. Allerdings fand sich relativ schnell der Ort, von dem aus der Artikel verändert worden war: die Parteizentrale der Tories. Der wohlmeinende Parteifreund hatte wohl nicht rechnen können – und David Cameron musste sich bei Gordon Brown entschuldigen.

Der Schaden, der durch diese Art Fälschung entstand, war nicht besonders groß. Andere politische Fälschungen hatten sehr viel weiter reichende Konsequenzen. Berühmt ist die sogenannte Konstantinische Schenkung, eine Urkunde, die angeblich aus dem 4., wahrscheinlich aber aus dem 8. Jahrhundert stammte und sich auf eine Legende stützte: Angeblich heilte Papst Silvester Konstantin den Großen vom Aussatz, der sich daraufhin vom Papst taufen ließ. Zum Dank erhielten der Papst – und all seine Nachfolger! – die Herrschaft über Rom, Italien und das westliche Reich.

Die Urkunde war so abgefasst, dass sie aus dem Jahr 317 zu stammen schien. Sehr bald nachdem sie aufgetaucht war, wurden erste Stimmen laut, die sie für eine Fälschung hielten. An den darin genannten Privilegien hielt die Kirche dennoch über tausend Jahre lang fest. Auch nachdem im 15. Jahrhundert der Nachweis erbracht worden war, dass es sich tatsächlich um eine Fälschung handelte, bestritt die katholische Kirche dies und akzeptierte erst im 19. Jahrhundert einen nochmals geführten Beweis. Tausend Jahre Kirchenpolitik basierten auf einer gefälschten Urkunde.

In der Regel ziehen Urkundenfälschungen materiellen Schaden nach sich. Ganz besonders deutlich wird dies bei der Geldfälschung, der wohl direktesten materiellen Fälschung, die dem Wesen nach eine Urkundenfälschung ist. Seit Geld zum Zahlungsmittel wurde, wird es auch gefälscht. Dabei ging es zuerst einmal – und über die längste Zeit hinweg – um Münzen und nicht um Geldscheine. Wenn eine Goldmünze nicht zehn, sondern nur neuneinhalb Gramm wog, wenn dem Gold Silber oder gar Kupfer beigemischt war, dann war das Betrug. Fälscher oder Auftraggeber machten auf diese Weise einen schönen Gewinn.

Obwohl alte Münzen heute auch vom künstlerischen Standpunkt aus betrachtet werden, gehören die damals gefälschten Münzen nicht zu den Kunstfälschungen. Sie wurden ja nicht als Kunstobjekte gefälscht. Dennoch werden sie in vielen Büchern über Kunstfälschung mit einbezogen. Und dann wird behauptet, dass es Kunstfälschungen schon seit mehreren tausend Jahren gibt. (Etwas anderes sind natürlich «alte» Münzen, die heute hergestellt werden, um vor allem Touristen zu betrügen.)

Doch nicht nur bei den Münzen, sondern auch bei Geschichten, die ältere Fälschungen von Kunstwerken betreffen, ist häufig Vorsicht geboten, weil sie von unserem heutigen Kunstbegriff ausgehen. Kunstwerke wurden in der Antike und dann später im christlichen Europa für Tempel, Kirchen und Potentaten geschaffen. Die Künstler fertigten Auftragsarbeiten zum Teil mit ganz genauen Vorgaben zur Größe, zum Inhalt, aber auch zum verwendeten Material. In der dem Maler bezahlten Summe waren die Materialkosten enthalten, und so war die Versuchung groß, das Material zu fälschen und sich auf diese Weise zu bereichern. Da wurde mehr Gold angegeben, als für den Hintergrund benötigt wurde, oder das Blau war doch nicht aus Lapislazuli wie gefordert. Dies waren aber keine Kunstfälschungen, sondern Materialfälschungen.

Bis ins 19. Jahrhundert hinein war es ferner gang und gäbe, berühmte Kunstwerke zu reproduzieren, indem man sie kopierte. Das galt durchaus als eine eigenständige, künstlerische Leistung. Die Kopie war keine Fälschung, wurde aber häufig im Nachhinein zu einer solchen gemacht. Händler verkauften Kopien von Bildern oder Skulpturen zu horrenden Preisen und betrogen damit die Käufer.

Es folgten die Geschichten von Kunstfälschungen, die spannend klingen, aber die historischen Zusammenhänge nicht berücksichtigen. Ein Beispiel ist der Maler Hieronymus Bosch, der bereits im 16. Jahrhundert seine Bilder signierte. Von diesen Bildern wurden sehr bald nach seinem Tod die ersten Kopien gefertigt und mit seiner Signatur versehen. Aber wollten die Kopisten damit betrügen oder haben sie seinen Namen aus Ehrfurcht vor dem großen Meister mit kopiert? Das wird sich heute im Einzelfall nicht mehr feststellen lassen. Ein von Felipe de Guevara um 1560 geschriebener Text über die Malerei, in dem von diesen Kopisten berichtet wird, zieht beide Möglichkeiten in Erwägung.

Das Kopieren von Kunstwerken zur Reproduktion wurde mit der Erfindung der Photographie und der Farblithographie obsolet. Bald waren auch farbige Reproduktionen von Gemälden für sehr viel mehr Menschen erschwinglich als die vergleichsweise teuren Kopien. Mit der Erfindung der Photographie wurde aber gleichzeitig auch das Original aufgewertet. Es entstand ein vorher nie gekannter Originalfetischismus, der die Kopie zur Fälschung werden ließ.

In seinem Buch *Bild und Kult* stellt Hans Belting die These auf, dass die Ära der Kunst auf die Ära des Bildes folgte.[2] Dies aufgreifend lässt sich behaupten, dass in der Ära der Kunst die Aura des Originals entstand. Und das Verlangen nach immer mehr Originalen zog die Fälschung nach sich. Gleichzeitig wurden nicht nur Kopien zu Fälschungen degradiert; Fälschungen erhielten auch eine eigene Aura, und nicht selten wurden, um die Aura der Künstler zu vergrößern, Geschichten verfälscht, damit daraus Geschichten von Fälschungen werden konnten. Die Geschichte der Kunstfälschungen ist nicht nur verknüpft mit erfundenen Biographien und erfundenen Werkgeschichten, sondern auch mit zu Fälschungen stilisierten Kunstwerken. Und bei all diesen Geschichten ging es immer um Künstler, die gerade hoch im Kurs standen.

Ein Beispiel mag das hier verdeutlichen: Noch nicht lange zurück liegt die Geschichte einer Goya-«Fälschung». Am 28. Januar 2009 titelte die *Süddeutsche Zeitung:* «Goya-Bild als Fälschung enttarnt». Tatsächlich hatten Wissenschaftler herausgefunden, dass das berühmte Gemälde *Der Koloss* (Abb. 2) wahrscheinlich

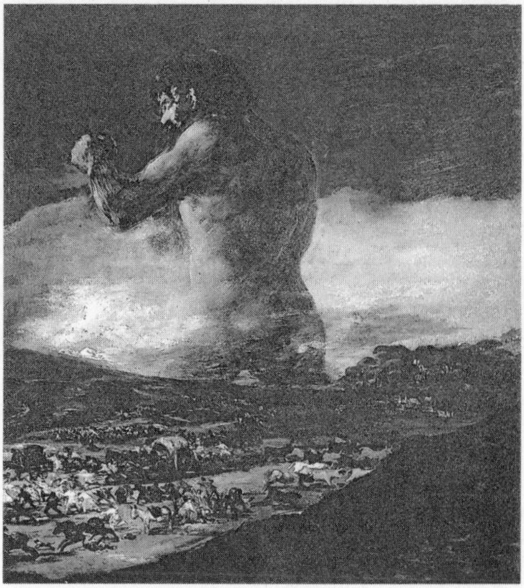

Abb. 2
Francisco de Goya oder Ascensio Juliá, Der Koloss, 1808–1812 (?), Öl auf Leinwand, Madrid, Prado

nicht von Francisco de Goya, sondern von seinem Schüler Ascensio Juliá gemalt wurde. Sogar eine Signatur will man gefunden haben, nämlich das Monogramm AJ. Dann aber wäre das Gemälde keine Fälschung, sondern ein Bild im Stile Goyas, wie es sich für einen Schüler damals geziemte. Juliá malte es nicht, um es als einen Goya zu deklarieren. Das haben erst andere später getan: Kunstexperten, Kunsthistoriker, wer auch immer. Und alle haben ihnen gerne geglaubt, bis nun eine genaue Untersuchung des Bildes vorgenommen wurde und die Wissenschaftler im Prado die Größe besaßen, die Zuschreibung zu revidieren. Das ist leider nicht selbstverständlich.

Übrigens konnte man bereits am darauf folgenden Tag in der *Süddeutschen Zeitung* lesen, dass man in diesem Fall natürlich nicht von Fälschung sprechen dürfe. Da waren sich wohl zwei Journalisten nicht einig gewesen. Oder hatte nur die Überschrift reißerisch klingen sollen? Denn was ist schon eine falsche Zuschreibung gegen eine Kunstfälschung? Nebenbei bemerkt ist inzwischen ein Expertenstreit darüber ausgebrochen ob es sich nun wirklich um ein Bild von Juliá handelt oder nicht doch um eines von Goya; das aber hat mit unserer Frage nach Original und Fälschung nichts zu tun. Wir können beruhigt abwarten, wie sich die Experten letztendlich entscheiden.

Als Goya seine Bilder schuf, gab es bereits einen expandierenden Kunstmarkt. Bilder wurden auf dem freien Markt angeboten, und natürlich gab es bei den Malern Preisunterschiede. Sicherlich wurden ab und zu falsche Zuschreibungen vorgenommen oder Signaturen gefälscht. Doch die große Geschichte der Kunstfälschung beginnt erst im ausgehenden 19. Jahrhundert und gelangt dann im 20. Jahrhundert zu ihrer Blüte. Zur Erfindung der Photographie und zum immer stärker werdenden Originalfetischismus kam die Gründung von Museen hinzu sowie ein erstarkendes Bürgertum, das nach Bildern verlangte. Bessere Verkehrswege und Verkehrsmittel erleichterten die Reisen aus den USA nach Europa. Und in den Vereinigten Staaten wollten noch mehr Museen und Sammler bedient werden. So viel alte Kunst war aber gar nicht zu haben. Erst die kaum zu befriedigende Nachfrage und die Begehrlichkeiten machten die Kunstfälschung im heutigen Sinne möglich. Denn wenn ein Sammler – egal, ob er für sich privat sammelt oder als Händler oder als Kustos eines Museums – die seltene, «einmalige» Chance erhält, ein herausragendes Kunstwerk zu erwerben, ist es viel leichter, ihn zu betrügen. Auf die Fälscher und Händler (oder besser Hehler?) folgten die von Hebborn so verspotteten Experten, welche die Kunstwerke in gute und schlechte einteilten, in Originale und Fälschungen. Bald hatten die Händler und Fälscher eine Strategie entwickelt, wie sie diese Experten hinters Licht führen konnten, und sie erhielten wunderbare Expertisen, mit denen sie den Museen ihre «Leonardos» und «Michelangelos», später dann «Corots», «Modiglianis» und «Picassos» verkauften. Von wem der folgende Satz tatsächlich stammt, ist nicht sicher zu belegen, aber er bringt es auf den Punkt: «Von den annähernd 3000 Werken, die Camille Corot geschaffen hat, befinden sich alleine 5000 in den USA.»

Original und Fälschung – und was dazwischen liegt

Mit dem Begriff der Kunstfälschung wird oft großzügig umgegangen. Die Kopie eines Werkes ist so lange keine Fälschung, wie sie als Kopie bezeichnet wird. Und auch Bilder, die bewusst im Stil eines anderen Künstlers gemalt werden, sind keine Fälschungen, wenn dies kenntlich gemacht wird. Man kann grundsätzlich nur dann von einer Kunstfälschung sprechen, wenn ein Werk in betrügerischer Absicht entsteht. Dies ist zum Beispiel der Fall, wenn eine Kopie vom Malenden selbst als Werk des Künstlers ausgegeben wird, der das Original schuf, um es zu dem Preis zu verkaufen, den Werke dieses Künstlers einbringen. Oder wenn eine Kopie mit leichten Abweichungen vom Original operiert und dann als Entwurf, Werkstatt- oder Schülerarbeit des Künstlers bezeichnet wird, der das Original schuf.

Es gibt aber auch Fälschungen, die Werke in einem anderen Material kopieren. Beliebt sind Plastiken nach Gemälden, wobei die markante Figur des Gemäldes herausgegriffen wird. Skulpturen aus Marmor, Stein oder Holz werden gerne auch einfach in einem anderen Material wie etwa Bronze wiederholt. Hat man eine stabile Gussform, kann man das Werk dann in einer hohen Stückzahl gießen.

«Pasticcio» ist ein aus dem Italienischen entlehntes Wort und bedeutet unter anderem «Mischmasch». In der Musik versteht man darunter die Zusammenstellung verschiedener Musikstücke, beispielsweise die Zusammenfügung von Teilen aus verschiedenen Opern zu einem musikalischen Ganzen. In der Bildenden Kunst hingegen meint der Begriff die Zusammenfügung von Teilen verschiedener Bilder eines Malers (oder auch mehrerer Maler) zu einem neuen Bild. Dieses wird oft in Fälschungsabsicht hergestellt und dann als Werk desjenigen Meisters ausgegeben, von dem die verschiedenen Vorlagen stammen. Es wird auch als «Zitatenpatchwork» bezeichnet, ein Wort, das sich analog auch auf Skulpturen beziehen kann. Doch nicht alle Pasticci sind Fälschungen. Wieder ist es die betrügerische Absicht, die das Pasticcio zur Fälschung macht.

Die «freie Fälschung» bezeichnet Werke, die in der Art eines Künstlers geschaffen wurden, ohne direkte oder indirekte Kopien zu sein. Die meisten großen Kunstfälscher haben freie Fälschungen geschaffen. Elmyr de Hory, der bereits genannt wurde, kopierte nicht, er zeichnete *wie* Picasso oder Matisse, malte *wie* van Dongen oder Dufy usw., aber er schuf keine Kopien nach Originalen. So konnte auch sein Porträt von Jeanne Hébuterne so glaubwürdig scheinen, da Modigliani sie so oft gemalt hatte, dass man leicht den Überblick verlor – zumal es gerade von Modigliani bis heute kein wirklich gesichertes Werkverzeichnis gibt (s. S. 190–195).

Schließlich gibt es noch die sogenannte Verfälschung. Dabei wird ein relativ unbedeutendes Original verändert: Zur Säuberung und Auffrischung der Farben kommen Übermalungen oder sogar wesentliche Hinzufügungen. Krönender Abschluss ist die Signatur mit einem prominenten Namen. Solche Verfälschungen sind oft das Werk von Malerrestauratoren oder von Künstlern, die in Restaurierungswerkstätten arbeiten, um ihr Leben zu finanzieren. Sie besitzen zuweilen dieselbe kriminelle Energie wie andere Fälscher.

Neben diesen Formen der Fälschung gibt es einige Zwischenbereiche, bei denen es nicht leicht ist zu entscheiden, ob es sich um eine Fälschung, eine Verfälschung oder ein Künstleroriginal handelt. Fangen wir bei der klassischen Bildhauerei an, die in Plastik und Skulptur unterteilt ist. Der Unterschied zwischen beiden kommt bereits in den Namen zum Ausdruck. Bei der Skulptur haben wir es mit der Kunst des Wegnehmens zu tun, die Figur wird aus Stein, Holz, Elfenbein oder einem anderen Material herausgearbeitet. Damit entsteht ein so nicht wiederholbares Einzelstück. Meint man. Aber auch Skulpturen in Stein, etwa Marmor, werden nach Modellen gearbeitet. Die technischen Möglichkeiten dazu gab es bereits in der Antike und dann wieder im Zeitalter des Barock; sie wurden im 19. Jahrhundert entscheidend verbessert. Der Meister lieferte häufig nur noch den Entwurf oder ließ in seiner Werkstatt gleich mehrere Exemplare eines Werkes ausführen.

Bei der Plastik hingegen, der Kunst des Hinzufügens, wird aus einer Masse wie Ton, Wachs oder Gips eine Figur modelliert und anschließend meistens in Metall (Bronze, Messing, Zink) gegossen. Für den Guss braucht man eine Gussform. Diese kann aus unterschiedlichen Materialien bestehen. Man kann aber immer mehrere Exemplare gießen, denn auch beim Guss in der nur einmal verwendbaren «verlorenen Form» kann man immer wieder ein neues Wachsmodell herstellen. Bei einer Plastik gibt es daher meist mehrere «Originale», oder besser gesagt, eine bestimmte Auflage des Werks, zumindest seit dem 16. Jahrhundert. Die Höhe der Auflage sollte der Künstler selbst festlegen. Das aber ist überhaupt erst seit 1945 üblich. Noch im 19. Jahrhundert verkauften die Künstler oft ihre Modelle an die großen Gießereien und freuten sich über Massenanfertigungen, vermutlich, weil sie auch finanziell daran beteiligt waren.

Schwierig wird es auch dann, wenn die Güsse erst postum entstehen und es damit dem Künstler nicht mehr möglich ist, den Guss selbst zu überwachen und anschließend die Feinarbeit vorzunehmen. Oder wenn sich Erben auf mündliche Aussagen der Verstorbenen berufen, um einen Guss als vom Künstler autorisiert auszugeben. Kann man in diesen Fällen immer noch von einem Original sprechen? Muss die Tatsache, dass es sich um einen postumen Guss handelt, nicht zumindest offengelegt werden?

Die Diskussion darüber, was noch als originale Plastik bezeichnet werden kann und was nicht, wurde anlässlich der Gründung und bereits vor der Eröffnung des Arp-Museums in Rolandseck im Jahr 2007 neu entfacht. 2008 fand dann ein Symposion über das Thema *Posthume Güsse* statt, dessen Beiträge 2009 in Buchform erschienen. Darin ist die Forderung enthalten, dass die postumen Güsse Arps endlich flächendeckend als solche gekennzeichnet werden, und es wird darauf hingewiesen, dass zumindest im Kunsthandel (wenn auch nicht in den Museen!) diese postumen Güsse sehr viel geringer geschätzt werden als die zu Lebzeiten entstandenen. Dennoch tauchen immer wieder neue Abgüsse und Abgussformen auf, die nicht von Hans Arp autorisiert wurden.

Das Problem betrifft natürlich auch andere Künstler. Auguste Rodin, Ernst Barlach, Käthe Kollwitz, Wilhelm Lehmbruck, Alberto Giacometti, Constantin Brancusi und viele andere, darunter teils auch Erben und Nachlassverwalter, haben selbst dazu beigetragen, dass es heute unzählige Exemplare ein und desselben Werkes gibt – und das auch noch in verschiedenen Größen. Bei vielen Plastiken existieren mehr postume Güsse als zu Lebzeiten der Künstler entstandene. Honoré Daumier hat überhaupt nur Tonmodelle geschaffen, in Bronze wurden diese erst nach seinem Tod gegossen. Im Nachlass von Edgar Degas fanden sich eine Menge Wachsmodelle, und auch von ihnen wurden erst später Gussformen hergestellt, die dann in Bronze gegossen wurden. Weder Daumier noch Degas haben also ihre Plastiken jemals als Bronzeobjekte gesehen.

Bei Rodin konnten sich Interessenten im Atelier ein Gipsmodell aussuchen und selbst bestimmen, in welchem Material sie die Ausführung denn gerne hätten. So existieren von Rodins berühmtem *Kuss* angeblich um die 320 Versionen, in verschiedenen Materialien und unterschiedlichen Größen. Insbesondere die Größe und das Material einer Skulptur oder einer Plastik sind aber entscheidende Kriterien für deren ästhetische Rezeption und für ihre Wirkung allgemein.

Das Problem der Größe stellt sich auch bei der Bronze von Käthe Kollwitz in der Neuen Wache in Berlin. Die Künstlerin modellierte mit der *Pietà* 1937/38 eine Kleinplastik, also eine intime Figur für eine Vitrine oder einen Sockel, die man auch in die Hand nehmen kann. Die dreißig Zentimeter große Figur stellt eine Mutter dar, die ihren toten Sohn in den Armen hält. 1993, wenige Jahre nach dem Fall der Mauer, beschloss die Bundesregierung beziehungsweise der damalige Bundeskanzler Helmut Kohl, genau diese Figur in einer vierfach vergrößerten Fassung und damit fast lebensgroß ausführen zu lassen. Das übernahm der Bildhauer Harald Haake. Die *Pietà* dient nun als Mahnmal in der «Zentralen Gedenkstätte für die Opfer von Krieg und Gewaltherrschaft».

Nicht nur Walter Jens kritisierte damals, dass hier die Authentizität der Künstlerhandschrift verloren gehe, dass diese unautorisierte Vergrößerung einer Skulptur im Auftrag der Bundesregierung das Kopieren von Werken verstorbener Künstler legalisiere und ihm damit Tür und Tor öffne (von anderen, inhaltlichen Kritikpunkten einmal abgesehen).

Genau dasselbe Problem finden wir auch bei den Figuren von Hans Arp. Das *Bewegte Tanzgeschmeide* von 1960 zum Beispiel wurde 1970, autorisiert durch die Witwe, vergrößert. Arp hatte angeblich sein Placet noch zu Lebzeiten gegeben. Doch auch wenn das stimmt – er hat den Eindruck der Figur in dieser Größe nicht überprüfen können.

Das Argument, viele Künstler hätten es sich zu Lebzeiten nicht leisten können, ihre Werke in Bronze zu gießen, besticht auf den ersten Blick. Andere haben an den fertigen Guss nie mehr Hand angelegt. Aber dann hätte auch die Aussage von Elmyr de Hory zumindest eine gewisse Berechtigung, dass Modigliani viel zu früh gestorben sei, um noch all die Bilder zu malen, die er hätte malen wollen, weshalb jetzt er, Hory, in seinem Sinne diese Aufgabe übernommen habe.

Das Gießen von Plastiken in großen Auflagen birgt, auch wenn es von den Künstlern autorisiert wird, die Gefahr, dass man den Überblick verliert. Ein Eldorado für Fälscher. Deshalb kommen immer wieder Plastiken mit fragwürdigen Herkunftsbezeichnungen auf den Markt, die einer genauen Überprüfung selten Stand halten, wie die tausend Figuren von «Giacometti» (s. S. 195ff.).

Ein anderer Zwischenbereich, der nicht nur die Bildhauerei, sondern vor allem die Malerei betrifft, ist die Werkstattarbeit. Alles, was in einer Werkstatt entstand und vom Meister für gut befunden wurde, war sein Werk, wurde als solches deklariert und häufig mit seiner Signatur versehen. Das galt so mindestens bis Ende des 18. Jahrhunderts und sogar noch darüber hinaus. Idee und Komposition mussten vom Meister stammen, die Ausführung wurde den Gesellen und Lehrlingen überlassen. Die letzte Feinarbeit stammte dann wieder vom Meister. Ein so entstandenes Werk wurde als Original angesehen. Peter Paul Rubens, Guido Reni und andere haben das sogar formuliert, wenn sich die Auftraggeber beschwerten, dass die Werke ja gar nicht von ihnen seien. In Aufträgen formulierte Redewendungen wie «di sua mano» (von seiner Hand) oder sogar «di sua propria mano« (von seiner eigenen Hand) bezogen Künstler wie Guido Reni nicht auf die Ausführung, sondern auf Idee und Entwurf.

Und heute? Die Ausbildung zum Künstler oder zur Künstlerin findet nicht mehr in einer Werkstatt statt, sondern an der Akademie. Die Schüler arbeiten also nicht mehr an den Werken ihrer Lehrer mit, sondern kreieren von Anfang an eigene Werke, die von den Lehrern lediglich korrigiert werden. Ist die Ausbildung beendet, arbeitet der Künstler einsam in seinem Atelier, wartet auf seine Inspiration und schafft nur Originale. Das ist jedenfalls unsere romantische Vorstellung vom kreativen Genie: vom Künstler, der dann vielleicht auch noch ein wenig verrückt ist und sich ein Ohr abschneidet. Die Realität sieht anders aus.

Die *Factory* von Andy Warhol war nichts anderes als ein Werkstattbetrieb. Auch Martin Kippenberger ließ malen, nach seinen Ideen. So entstand etwa das Bild *Paris Bar*, das am 16. Oktober 2009 im Auktionshaus Christie's in London für 2,7 Millionen Euro versteigert wurde. Daraufhin meldete sich verärgert der ausführende Maler, Götz Valien. Der Filmplakatemaler hatte früher manchmal für Kippenberger gearbeitet, und sein erstes Werk war 1992 die *Paris Bar* gewesen. Vorlage war ein Polaroidphoto, das aber (wie er jetzt behauptete) als Vorlage nicht ausreichte, sodass er viel eigene Kreativität hineinstecken musste. Dennoch – die Idee stammt von Kippenberger, das Malenlassen hatte bei ihm System, und so ist das Bild nach wie vor ein echter Kippenberger und kein echter Valien, auch wenn es dem romantischen Begriff des vom Künstlergenie eigenhändig gemalten Originals widerspricht.

Viele zeitgenössische Künstler nahmen oder nehmen Hilfe in Anspruch. Das war bei den monumentalen Skulpturen von Erich Hauser, die er im Modell ausarbeitete und deren Ausführung Handwerker übernahmen, nicht anders als beim Konzeptkünstler Sol LeWitt, der (ebenso wie die großen Barock-Meister) feststellte, dass die Idee ausschlaggebend sei für ein Kunstwerk, nicht die Ausführung. Die können auch Assistenten übernehmen. Und insofern sind weder die Werkstattarbeiten aus der Renaissance oder dem Barock noch die von heute Fälschungen. Immer wieder ranken sich allerdings Gerüchte und Geschichten darum, werden vor allem Bilder als Fälschungen bezeichnet, die aus der Werkstatt eines Künstlers stammen und nie in der Absicht gemalt wurden, jemanden zu täuschen.

Zu den Zwischenbereichen gehört ferner auch die Restaurierung. Wie viel darf bei einer Restaurierung hinzugefügt werden? Wann ist die Authentizität infrage zu stellen? Sind Restaurierungen von Fresken, bei denen fehlende Stellen ergänzt werden, noch zu vertreten? Was ist nach dem Säureattentat auf die Dürer-Bilder der Alten Pinakothek in München von den Bildern geblieben? Können die restaurierten Gemälde noch als von Dürer gemalt gelten?

Es ist die verdienstvolle Arbeit der Restauratoren, Altes zu bewahren und den Eindruck eines Kunstwerks, etwa der beschädigten Dürergemälde, wiederherzustellen oder aber Werke in ihren Originalzustand zurückzuversetzen wie die Fresken der Sixtinischen Kapelle in Rom, deren Farben heute wieder leuchten, weil sie sich nicht mehr unter einer Schmutzschicht befinden. Und wenn sie – wie bei den Dürertafeln – viele Retuschen anbringen müssen, dann sind diese zwar nicht immer für Laien, aber für Experten sichtbar und werden auch als solche deklariert.

Der Beruf des Restaurators hat allerdings einen etwas anrüchigen Ruf erhalten, weil der Weg von der Restaurierung zur Neuschaffung, vom Restaurator zum Fälscher nicht weit zu sein scheint. Manche Restauratoren wurden (oder werden) irgendwann zu Fälschern, weil sie genau wissen, welche künstlerischen Techniken zu welcher Zeit in Gebrauch waren. Doch dazu mehr in einem eigenen Kapitel (s. S. 76–102).

Vergleichbar mit dem restaurierten Bild ist das rekonstruierte Bauwerk, auch wenn in diesem Fall nie von Fälschung gesprochen wird, weil niemand direkt finanziell geschädigt wird. Dennoch kann man natürlich auch hier von einer Art Betrug reden, wenn ein Bauwerk vorgibt, etwas zu sein, was es gar nicht ist. Ein anschauliches Beispiel hierfür ist das Knochenhaueramtshaus in Hildesheim.

Das alte, 1529 errichtete Fachwerkhaus galt vor seiner kompletten Zerstörung im März 1945 als eines der Wahrzeichen von Hildesheim. Doch schon davor war es nach Bränden mehrfach erneuert worden. Im 19. Jahrhundert wurde sogar sein Abriss diskutiert. Bei Steinbauten bleiben Ruinen erhalten, gibt es Schutt, der wiederverwendet werden kann. Auch da werden bei einem Wiederaufbau immer wieder Zweifel an der Authentizität geäußert. Prominente Beispiele sind die Frauenkirche in Dresden oder der Frankfurter Römer. Bei einem Fachwerkhaus gibt es jedoch selten Schutt, sondern hauptsächlich Asche. In Hildesheim wurde nach dem Krieg statt des Zunfthauses der Schlachter (Knochenhauer), in dem sich ein Verkaufsraum, ein Versammlungsraum, ein Lager im Keller und Wohnungen befanden, ein Neubau hochgezogen, das Hotel Rose. Der Verlust des Alten begann erst allmählich zu schmerzen, und 1970 bildete sich ein Verein zum Wiederaufbau des Knochenhaueramtshauses. Das Hotel ging in Konkurs. Und so fügte sich eins ins andere: Das Knochenhaueramtshaus wurde im alten Stil rekonstruiert und 1990 fertiggestellt. Allerdings konnten nicht alle Einzelheiten des Originals nachvollzogen werden, dazu fehlten vor allem die Pläne. Was also ist heute zu sehen? Das «authentische» Knochenhaueramtshaus von 1529? Das von 1884, nach dem Brand der Dachgeschosse? Oder eine Variante dazwischen? Keines von diesen, denn heutige Brandschutzverordnungen und andere technische Maßnahmen (schließlich befindet sich in dem Haus ein Museum) haben dazu geführt, dass der Bau nicht einmal so aufgebaut werden konnte, wie er noch 1945 dort stand. Es ist also ein neues Haus im alten Stil, böse gesagt ein Fake wie so viele andere Nachbildungen auch. Insofern gibt es auch in der Baukunst eine Art Fälschung, die sich aber anders definiert als die Fälschung eines Bildes oder einer Skulptur. Architektur-Fälschungen sind daher ein Thema für ein eigenes Buch.

Ein letzter Zwischenbereich zwischen Original und Fälschung ist die Druckgraphik. Dieser Bereich ist nun besonders kompliziert, denn Graphik lebt ja von der Vervielfältigung. Durch die Druckgraphik wurde es endlich möglich, Bilder zu reproduzieren und somit an vielen Orten bekannt zu machen. Dieser Teilbereich der Druckgraphik erhielt Mitte des 18. Jahrhunderts den Namen «Reproduktionsgraphik». Etwas anderes war die «Künstlergraphik», also Werke, die eigens für das Medium des Drucks geschaffen wurden. Der Künstler konnte den Entwurf selbst schneiden (Holzschnitt), ritzen (Kupferstich), ätzen (Radierung), dies aber auch einem versierten Stecher oder Holzschneider überlassen. Letzteres war meistens der Fall. Die Auflage, die man von einer vom Künstler autorisierten Platte druckte, wurde zur Original-Auflage. Doch Probleme stellten sich bald ein.

Anfang des 16. Jahrhunders kopierte der Kupferstecher Marcantonio Raimondi verschiedene Stichfolgen seines Altersgenossen Albrecht Dürer und versah sie mit dessen Monogramm. Angeblich ärgerte sich Dürer dermaßen über diese Kopien, dass er eigens nach Venedig eilte, um sich bei der dortigen Regierung, der Signoria, darüber zu beschweren. Das Einzige, was er erreichte, war jedoch, dass Raimondi nicht mehr das Monogramm benutzen durfte.

Diese Geschichte erzählte nach Dürers Tod der Maler, Architekt und Künstlerbiograph Giorgio Vasari. Seither wird sie bis heute überall wiederholt, obwohl sie bereits in einer deutschen Übersetzung von Vasaris *Viten* 1845 in einer Anmerkung als Märchen abgetan wurde. Dürer hat sich zwar beim Nürnberger Rat über Raubkopien beschwert, weil ihm damit ein finanzieller Schaden entstand. Er war auch tatsächlich in Italien, reiste aber nicht wegen Raimondis Kopien seiner Drucke dorthin. Aktenkundig ist Vasaris Geschichte jedenfalls nicht. Sie hält sich dennoch in den modernen Büchern über Kunstfälscher. Später gaben Dürer und Raimondi gemeinsam Druckfolgen nach Dürers Vorlagen heraus – ohne Monogramm.

Nicht nur Dürer beschwerte sich über Raubkopien, weil sie seine Einkünfte schmälerten. Gut 200 Jahre später gelang es einem Künstler sogar, das erste Urhebergesetz durchzusetzen. Der Engländer William Hogarth entwickelte eine neue Illustrationsform: Er malte Bilderserien, die dann in Kupferstich übertragen und gedruckt wurden. Die erste Folge dieser *Modern Moral Subjects* (*Moderne Lebensbilder*) nannte er *A Harlot's Progress* (*Lebenslauf einer Dirne*). Sie fand nach ihrem Erscheinen 1732 reißenden Absatz. Allerdings wurden auch ebenso schnell die ersten Raubdrucke verkauft und Hogarth damit finanziell geschädigt. Dagegen klagte er vor dem Parlament, und 1735 trat der sogenannte Hogarth Act in Kraft. Nun durften Hogarths Kupferstiche nicht mehr ungestraft als Raubkopien vertrieben werden. Erst nach dieser Klärung erschienen weitere Folgen der *Modern Moral Subjects*.

Hogarth war zu jener Zeit der erfolgreichste, aber nicht der einzige Künstler, der sich gegen Raubdrucke wehrte. Dabei ging es aber nie um den Vorwurf der Kunstfälschung, sondern um die finanzielle Vorteilsnahme. Denn erst um 1750 wurde erstmals zwischen der Reproduktionsgraphik und der Künstlergraphik unterschieden. Die Künstler, die neben ihrer Tätigkeit als Maler auch eigenständige Werke der Druckkunst schufen, wurden auf Französisch fortan «Peintres-Graveurs» genannt, also Maler-Graphiker.

Der Fall hätte mit Hogerths Intervention erledigt sein können. Wenn nicht neue Abzüge von alten Platten existierten. Wenn nicht auf photomechanischem Weg eine Lithographie so reproduziert werden könnte, dass sie vom Original nicht zu unterscheiden ist. Wenn nicht Künstler wie Salvador Dalí leere Blätter signiert hätten, auf denen dann eben solche Lithographien gedruckt wurden ... Die Liste lässt sich beliebig fortsetzen. Geschichten aus diesem Zwischenbereich von Original-Graphik und Fälschung gibt es genug, und einige werden auch in diesem Buch wieder auftauchen.

Dem Fälscher auf der Spur

«Die perfekte Fälschung muss etwas sein, das niemand entdeckt hat. Wir werden nicht sagen können, was eine perfekte Fälschung ist, weil sie ihren Zweck so gut erfüllt.»

Nicholas Turner

Wie entlarvt man eine Kunstfälschung?

Es gibt unterschiedliche Methoden, um Fälschungen anzufertigen. Und vermutlich haben die verschiedenen Fälscher auch je unterschiedliche Vorgehensweisen. Eric Hebborn hat seine Tricks in dem bereits erwähnten *Kunstfälschers Handbuch* niedergeschrieben, das auch auf Deutsch bereits in der zweiten Auflage erschienen ist, sich also wohl großer Beliebtheit erfreut. Angesichts von Hebborns gewaltsamem Ende ist es jedoch vielleicht nicht ratsam, genau darzulegen, wie ein Gemälde, eine Zeichnung, eine Druckgraphik oder eine Skulptur, eine Plastik gefälscht werden können. Einige Rezepte sind in die biographischen Texte zu den einzelnen Fälschern eingeflossenen oder auch in Texte über die Entlarvung von Fälschungen. Nur sind es hier gerade nicht die besten Rezepte, sondern die Irrtümer und Fehler, die unsauberen Arbeiten, die eine Fälschung als eine solche offenbar werden lassen.

Die erste Kontrolle, wenn man wissen möchte, ob es sich bei einem Bild oder einer Skulptur um Original oder Fälschung handelt, ist der Blick ins Werkverzeichnis des Künstlers, wenn es denn ein solches gibt. Hat man Glück, hat der Künstler selbst über seine Werke Buch geführt. Paul Klee hat beispielsweise alle seine Bilder nummeriert und in ein Buch eingetragen. Fälschungen sind deshalb sehr leicht auszumachen. Von anderen Künstlern gibt es allerdings mehrere Werkverzeichnisse, und sie unterscheiden sich zum Teil eklatant in dem, was sie auflisten. Beispiele dafür sind die Verzeichnisse der Zeichnungen Michelangelos (s. S. 56–59), der Gemälde Rembrandts, aber auch derjenigen des 1920 verstorbenen Amedeo Modigliani (s. S. 190–195).

Wenn kein Werkverzeichnis existiert oder dessen Glaubwürdigkeit zu bezweifeln ist, hilft der lückenlose Provenienznachweis, um sicher zu sein, dass es sich bei einem Werk um ein Original und nicht um eine Fälschung handelt: Es kann auf diese Weise genau nachvollzogen werden, wann das Werk das Atelier des Künstlers verlassen hat, wohin es von dort aus gelangte und welche Stationen es durchlief, bevor es zum gegenwärtigen Besitzer kam.

Expertisen können ebenfalls hilfreich sein, jedenfalls dann, wenn sie von unabhängigen Gutachtern stammen. Es gibt viele Geschichten von Experten, die auf Fälscher oder betrügerische Händler hereingefallen sind, aber auch von solchen, die mit Händlern gemeinsame Sache gemacht haben – ein durchaus lukratives Geschäft, das aber nicht unbedingt der Wahrheitsfindung dient.

Ein Verfahren der Experten – der Kunsthistoriker, Kunstkritiker, Kunsthändler – ist der Stilvergleich, also die Gegenüberstellung mit anderen Werken desselben Künstlers. Solch ein qualifizierter Vergleich muss gelernt sein und erfordert eine gewisse Kennerschaft. Einem Spezialisten wie Alexander Perrig (s. S. 58), der sich sein Leben lang mit Michelangelo-Zeichnungen beschäftigt hat und bei Zuschreibungen kein eigenes Interesse verfolgt, ist in seinem Urteil über eine Michelangelo-Zeichnung eher Glauben zu schenken als einem Händler, der die Zeichnung möglichst teuer verkaufen möchte. Doch auch erfahrene Experten können sich irren, und selbstverständlich gibt es keine hundertprozentige Sicherheit.

Ähnliches gilt auch für die Morelli-Methode, die immer wieder ins Feld geführt wird. Der in der Schweiz aufgewachsene Arzt, Politiker und Kunsthistoriker Giovanni Morelli entwickelte in den 1870er Jahren wohl aufgrund seiner medizinischen Kenntnisse eine von ihm als rein wissenschaftlich dargestellte Methode, um Bilder sicher einem Künstler zuzuschreiben (und dabei natürlich auch die Fälschungen zu erkennen). Abgesehen von der Komposition, dem Einsatz der Farbe, der Behandlung der einzelnen Figuren, die natürlich auch berücksichtigt werden müssten, lenkte Morelli das Augenmerk auf Details wie Hände und Ohren, Körperteile also, die, wie er meinte, Künstler intuitiv immer wieder gleich darstellen, was von Kopisten und Fälschern aber übersehen werde. Morelli selbst hat zahlreiche Bilder mit seiner Methode untersucht, die für ihn allerdings auch nur eine Ausgangsbasis darstellte; andere Überprüfungen hatten zu folgen wie zum Beispiel intensive Archivrecherchen. Viele seiner Zuschreibungen haben noch heute ihre Gültigkeit, eben weil er selbst sich nicht allein auf die nach ihm benannte Methode verlassen hat.

Ab 1874, als seine ersten Artikel erschienen, in denen er seine Methode vorstellte, nannte Morelli sich Ivan Lermolieff, nicht ganz ein Anagramm seines Namens. Er tat dies nicht aus Angst vor Kritik, sondern aus einem eigenen kritischen Impetus heraus. Für Morelli, der in Deutschland studiert hatte, war die Überheblichkeit der deutschen Gelehrten kaum zu übertreffen. So publizierte er auf Deutsch unter russischem Namen, angeblich übersetzt aus dem Russischen von einem gewissen Johannes Schwarze (die deutsche Übersetzung seines italienischen Namens), um «die deutsche Gelehrtentradition» zu desavouieren. «Ich will, daß es ein Tatare ist, der auftritt, das überhebliche Deutschland zu belehren», schrieb er 1879 in einem Brief an einen englischen Archäologen.[3]

Morellis Methode blieb umstritten. Wilhelm Bode lehnte sie kategorisch ab, Sigmund Freud und Bernard Berenson verteidigten sie vehement. Etwa gleichzeitig mit Morelli entwickelte der Arzt und Schriftsteller Arthur Conan Doyle eine Methode, mit der sein Detektiv Sherlock Holmes Fälle löste; sie stützte sich auf unbeachtete und scheinbar nicht relevante Details. Es dürfte kein Zufall sein, dass beide, Morelli und Conan Doyle, ursprünglich Mediziner waren.

So verdienstvoll Morellis Methode auch sein mag, sie allein kann keine endgültige Sicherheit verschaffen. Neben der Provenienz-Forschung sind die verschiedensten technischen Untersuchungen viel verlässlicher. Diese kann aber in der Regel ein Laie nicht durchführen, und dazu zählen in diesem Fall auch die Kunsthistoriker.

Mit einer gewissen Erfahrung erkennt man einige Indizien mit der Lupe. Alte Bilder besitzen feine Risse in der Malschicht, sogenannte Craquelures oder Krakelüren. Sie entstehen durch Schwankungen von Temperatur und Luftfeuchtigkeit oder durch Reaktionen von Bindemitteln. Dunkle Pigmente benötigen beispielsweise mehr Bindemittel als helle, so dass bei den einen andere und mehr Krakelüren als bei den anderen entstehen. Durch die Lupe betrachtet sehen Krakelüren aus wie die Risse in einem ausgetrockneten Lehmboden. Zu beachten ist, dass bei Krakelüren alle Malschichten springen, und dazu meistens auch die Grundierung. Wird ein Bild hingegen gebacken, um den Trocknungsprozess zu beschleunigen, bleibt die Grundierung homogen oder bricht an anderen Stellen. Und wenn die Krakelüren mit der Nadel gezogen wurden, bilden sich vollkommen andere Spuren mit ausgefransten Rändern. Das ist manchmal sogar mit dem bloßen Auge zu erkennen, sicher aber mit der Lupe und noch besser mit einem Fadenzähler, einer besonders leistungsstarken Lupe mit einem Fuß und einem Abstandhalter, die entwickelt wurde, um Textilien zu prüfen.

Ebenso kann man mit dem bloßen Auge (oder dem Fadenzähler) gut erkennen, ob eine Leinwand alt oder neu, ob sie maschinell oder von Hand gewebt ist. Dadurch kann ein erster Verdachtsmoment entstehen. Doch ist es auch möglich, dass ein altes Bild doubliert, d.h. mit einer neuen Leinwand verstärkt wurde, um es zu retten. Andererseits kann aber auch ein Fälscher ein neues Bild auf eine alte Leinwand gemalt haben. Oder er hat erst ein Bild auf eine neue Leinwand gemalt und es dann auf eine alte aufgezogen. Dann könnte man mit Röntgenstrahlen erkennen, ob sich darunter ein anderes Bild befindet oder aber Kratzspuren davon zeugen, dass eine ältere Malschicht entfernt wurde.

Und damit sind wir bei den Experten angekommen, in diesem Fall den Restauratoren. Die einen arbeiten röntgenologisch; andere führen chemische Analysen durch, um zu sehen, welche Farben und welche Bindemittel verwendet wurden. Denn viele von diesen sind erst im 20. Jahrhundert entwickelt worden, andere heute nur noch schwer zu beschaffen.

Vor der teuren Röntgenuntersuchung können Bilder mit Infrarotlampen und UV-Licht inspiziert werden. Auch damit sieht man bereits bestimmte Dinge wie Vorzeichnungen mit Bleistift oder Kohle. Man kann auch erkennen, ob die Signatur später hinzugefügt wurde. Wenn diese und andere Möglichkeiten ausgeschöpft sind und weiterhin Unklarheit besteht, lässt sich mit Hilfe eines Kernreaktors eine Autoradiographie herstellen. Zu dieser Methode wird aber nur in großen Ausnahmen Zuflucht genommen. Als sich zum Beispiel der Verdacht erhärtete, dass *Der Mann mit dem Goldhelm* nicht von Rembrandt gemalt sei, wandten sich die Wissenschaftler der Berliner Gemäldegalerie, in der das Bild hängt, an die Atomphysiker und baten sie um Hilfe. Drei Jahre dauerte es, bis ein Kernreaktor, der für physikalische Untersuchungen aller Art dient, so präpariert war, dass das berühmte Gemälde untersucht werden konnte. Es stellte sich dann zweifelsfrei heraus, dass es kein eigenhändiges Bild von Rembrandt ist, sondern von einem seiner Schüler gemalt wurde.

Alter und Herkunft von Holztafeln oder geschnitzten Figuren sind vergleichsweise leicht zu bestimmen, und zwar mittels der – heute computergestützten – dendrochronologischen Untersuchung der Jahresringe. Ungünstig ist es nur, wenn der Fälscher ein Holz genau aus der Zeit gefunden hat, aus der das Werk angeblich stammt. Außerdem ist für diese Methode ein Eingriff in die Originalsubstanz nötig, was nicht ganz unbedenklich ist. Handelt es sich um altes Holz, gibt manchmal die Arbeit der Holzschädlinge Auskunft, von denen der bekannteste der Holzwurm ist. Denn wenn Farbe in die Gänge eingedrungen ist, die der Holzwurm gebohrt hat, oder sie gar zugeschmiert wurden, dann wurde das Holz vermutlich erst nachträglich bearbeitet (s. S. 97). Allerdings ist auch dies nicht zweifelsfrei sicher, denn die Künstler haben nicht immer makelloses, also schädlingsfreies Holz verwendet.

Eine andere naturwissenschaftliche Methode, die Radiokarbon- oder kurz C14-Methode, benötigt ebenso wie die Dendrochronologie Spuren von Material, datiert aber nicht nur Holz, sondern auch andere organische Materialien wie Leder, Papier, Knochen und Elfenbein. Zu beiden Methoden wurden Tabellen entwickelt, die zu den ermittelten Werten die Datierungen bieten, sogenannte Präzisions-Kalibrationskurven.

Ebenso wie es nur Spezialisten gelingt, mit an Sicherheit grenzender Wahrscheinlichkeit ein zweifelhaftes Werk zum Original zu erklären, müssen die Fälscher Spezialkenntnisse haben, um nicht enttarnt zu werden. Eric Hebborn gehörte zu denen, die höchst professionell arbeiteten. Es ist dafür nicht nur erforderlich, sich mit der Kunst der gewählten Zeit in ästhetischer Hinsicht auseinanderzusetzen, sondern auch, sich mit den Techniken vertraut zu machen, also viele Originale im Detail zu studieren, alte Traktate über Malerei und Farben zu lesen und Ähnliches mehr.

Elmyr de Hory fälschte am liebsten Zeichnungen. Bei ihnen sind Papier und Wasserzeichen erste zu überprüfende Indikatoren. So enthält Papier erst seit der Zeit nach dem Zweiten Weltkrieg Weißmacher, die unter UV-Licht stark fluoreszieren. Aber natürlich kann einem Fälscher auch das Glück hold sein und er findet alte Zeichenblöcke, wie de Hory es immer wieder beschreibt – dann wird die Entlarvung schwierig. Ob es sich bei einer Graphik um ein Original oder um eine gut gemachte Reproduktion handelt, verrät wieder der bereits erwähnte Fadenzähler. Er lässt erkennen, ob ein Bild aufgerastert ist und damit eine Reproduktion und eben keine Original-Druckgraphik oder gar eine Zeichnung.

Bleibt noch eines anzumerken: Gefälschte Aquarelle halten fast jeder technischen Untersuchung stand. Wenn sie auf Papier der fraglichen Zeit gemalt sind, können sie auf technischem Weg kaum als Fälschungen erkannt werden. Da ist dann wieder die Sachkenntnis der Kunsthistoriker gefragt.

Diese Sachkenntnis entscheidet immer dann über Original oder Fälschung, wenn Naturwissenschaftler und Restauratoren mit ihren Untersuchungsmethoden zu keinem Ergebnis gekommen sind. Das bestätigt auch der Kunsthändler Philippe Cézanne, ein Urenkel von Paul Cézanne und langjähriger Mitarbeiter bei dem großen Pariser Händler und Galeristen Charles Durand-Ruel. Der wiederum war der Enkel von Paul Durand-Ruel, dem Galeristen, der die Impressionisten zu einer Zeit unterstützte, als sie noch als Farbenkleckser verschrien waren. In einem Fall, über den Philippe Cézanne berichtet, ging es um ein großformatiges Gemälde von Auguste Renoir, das zwei Frauen im Gespräch darstellt. Dieses Bild hatte ein Sammler gekauft, nachdem ihm Durand-Ruel dazu geraten hatte. Einige Jahre später tauchte das Bild wieder auf. Durand-Ruel und Cézanne wurden stutzig und fragten bei dem Besitzer nach. Der besaß sein Bild immer noch und schickte bereitwillig Photographien. Auf den Photographien waren die beiden Bilder identisch. Auch in der Größe stimmten sie haargenau überein, nur das Gewebe der Leinwand unterschied sich, das war auch auf den Photos zu erkennen. Aufgrund der Photos konnte jedoch kein Urteil gefällt werden. Also baten Durand-Ruel und Cézanne darum, dass die Originale in neutraler Umgebung miteinander konfrontiert würden. Und bei dieser Gegenüberstellung wurde offensichtlich, dass es sich bei dem neuerdings aufgetauchten Bild um eine Fälschung handeln musste, denn, so berichtete Cézanne: «Das eine war sehr gebärdenreich, das andere wirkte sehr viel lebloser.» Und er fuhr fort: «Die technische Analyse hat ihren Wert für die alte Malerei. Bei der modernen Malerei ist es viel heikler, denn alle Farben kommen vom gleichen Hersteller. (...) Davon abgesehen glaube ich, daß eine Fälschung leichter instinktmäßig erkannt wird – ich spüre irgendwie Unbehagen vor dem Objekt. (...) Unabhängig vom Buchwissen ist der tägliche Anblick der Werke unerläßlich.»[4] Damit hat Cézanne sicher recht. Allerdings: Die Gutachter müssen absolut neutral, außenstehend sein. Sobald sich für sie irgendein Vorteil ergeben könnte oder eine Bindung besteht, sind sie voreingenommen. Denn das Involviertsein in einen Fall beeinflusst unterbewusst das Urteilsvermögen, auch wenn keine unlauteren Absichten vorliegen.

Tatort Kunstfälschung: Kriminalistische Ermittlungen

2001 versuchte sich der ARD-Tatort *Im freien Fall* an dem The-ma Kunstfälschung: Die Kommissare Ivo Batic und Franz Leitmayr ermitteln im Münchner Kunstmilieu. Es geht um die Bilder eines längst verstorbenen, neu entdeckten Malers (den es aber nie gegeben hat) und eine hübsche Malerin, von der all die Bilder in Wirklichkeit stammen. Mit von der Partie sind außerdem ein Psychopath, der die Fälschungen in einer «Zeitmaschine» altern lässt – einem speziellen Ofen, der in einem Laboratorium steht, das Frankenstein zur Ehre gereichen würde –, ein hochmütiger Museumsmitarbeiter, ein Galerist und ein Experte. Der wird tot aufgefunden. Der Verdacht fällt erst einmal auf den Galeristen, der Werke des Malers zu exorbitant hohen Preisen ins Ausland verkaufen wollte. Das hatte der Experte zu verhindern gewusst und den Galeristen beschuldigt, nationales Kulturgut außer Landes schaffen zu wollen. Die Preise der Bilder zogen daraufhin an, der Experte schrieb auch noch einen ausführlichen Artikel über den Maler. Dann sollte die erste große Ausstellung über ihn stattfinden. In den Ermittlungen stellt sich heraus: Der Krach zwischen dem Experten und dem Galerist war fingiert, um den (nicht existenten) Maler besser lancieren zu können. Der Plan war geglückt, nur machte die Malerin plötzlich nicht mehr mit und wollte sich nicht mehr hinter ihren Bildern verstecken.

Ein Fernsehkrimi, der aber in vielen Elementen durchaus realitätsnah war, wie wir sehen werden. Gerade die Expertisen spielen bis heute eine große Rolle in der Kunstfälscherszene. Diese Erfahrung machen auch die Kunstexperten bei der Polizei.

In Deutschland gibt es drei Landeskriminalämter (LKA), die eine auf Kunstwerke spezialisierte Abteilung besitzen. Sie ermitteln gegen Kunstraub, Kunstfälschung, den verbotenen Handel mit unrechtmäßig eingeführter Ware und andere Delikte. Hinzu kommt noch eine zentrale Dienststelle beim Bundeskriminalamt. Hier werden dic Informationen und Anfragen aus dem In- und Ausland gebündelt und an die zuständigen Stellen weitergeleitet.

Am bekanntesten ist die Kunstfahndungsdienststelle im LKA Baden-Württemberg in Stuttgart. Dort hat sich der zuständige Kriminalhauptkommissar im Lauf der Jahre nicht nur ein fundiertes Wissen über Kunst und Kunstfälschung angeeignet, sondern dieses Wissen auch an Kolleginnen und Kollegen weitergegeben. Inzwischen kann er auf eine ganze Truppe kunstsachverständiger Kriminalpolizisten zählen, mit denen er Hand in Hand arbeitet. Er hat während seiner langjährigen Tätigkeit auch eine große Sammlung gefälschter Kunstwerke aufgebaut – zu Anschauungszwecken. Teile der Sammlung wurden, mit Originalen konfrontiert, ab 2007 in der Ausstellung *Wa(h)re Lügen* in mehreren Städten gezeigt. Der opulente Katalog legt heute noch Zeugnis von den intensiven Recherchen ab, und gute Reproduktionen ermöglichen es dem Leser, Originale und Fälschungen eingehend zu vergleichen. Einleitende Essays von Kunsthistorikern beschreiben die Fälschungsproblematik allgemein und zeigen verschiedene Fälschungsarten am Beispiel von Picasso auf. Der Hauptkommissar selbst beschreibt die eigene Arbeit, auch anhand konkreter Fälle. Darunter befindet sich u. a. der Fall jenes New Yorker Verlegers, bei dem 86000 (!) druckgraphische Werke im potenziellen Wert von etwa 1,8 Milliarden Dollar sichergestellt wurden – einer Summe, die sie erzielt hätten, wenn er sie denn als «echte» Chagalls, Dalís, Mirós, Picassos etc. hätte verkaufen können. Aber die Polizei kam ihm zuvor, und auch heute noch werden immer wieder Arbeiten sichergestellt, die aus dieser New Yorker Quelle stammen. Seit einiger Zeit sind die Stuttgarter Kunstfahnder mit Giacometti beschäftigt (s. S. 196f.). Noch wird ermittelt, noch dürfen keine Details an die Öffentlichkeit gelangen …

Doch ein richtig großer Coup wie die Sicherstellung von tausend Giacometti-Skulpturen hat Seltenheitswert. Das bestätigen auch die erfahrenen Sonderermittler im LKA München. Die Kunstfälscher selbst sind nur selten dingfest zu machen, und wenn doch, sind sie nur schwer gerichtlich zu belangen. Das war bei Edgar Mrugalla (s. S. 160–164) nicht anders als bei Wolfgang Lämmle (s. S. 164), die beide nur eine Bewährungsstrafe erhielten.

Das Tagesgeschäft der Ermittler dreht sich vor allem um die Händler, die sich selbst zu Sammlern erklären, damit sie keine Steuern zahlen müssen, oder um Bilder, die mit windigen Zuschreibungen bei Auktionen auftauchen, oder – eine ganz neue Art der Fälschung – um fiktive Bilder, also Bilder, die es gar nicht gibt, mit denen man aber trotzdem Geschäfte machen kann (s. S. 114, 198–202).

Die üblichen «kleinen» Delikte, die Verfälschungen durch Signatursetzungen und Expertisen, sind auch die Fälle, in denen ahnungslose Kunstkäufer am leichtesten hereingelegt werden. Schon deshalb finden sich auf der Internetseite des LKA Stuttgart «Präventionstipps für den Kauf von Kunstgegenständen». Sie sollen vor unbedachten Käufen schützen. Gewarnt wird zuallererst vor Spontankäufen und sogenannten Schnäppchen. Dann wird dazu geraten, das Verkaufsangebot zu prüfen, etwa indem man sich selbst mithilfe von Fachliteratur, also Bildbänden, Monographien oder Werkverzeichnissen, informiert. In Zweifelsfällen ist es immer ratsam, sich an Sammler, Händler, Museen oder unabhängige Gutachter zu wenden, auch wenn das Geld kostet. Und dann kann man natürlich das Angebot mit Preisen auf dem Kunstmarkt vergleichen. Außerdem sollte man, wenn man sich zum Kauf entschlossen hat, nur gegen Rechung oder einen Kaufvertrag nach § 433 BGB bezahlen und sich bei einem Privatkauf die Personalien des Verkäufers, seine Adresse und eventuell auch sein Autokennzeichen notieren. Am sichersten aber ist, man kauft beim Künstler selbst.

Ein Kavaliersdelikt? Urheberrechtsverletzung und Betrug

Kunstfälschung gilt offensichtlich nicht nur in der Gesellschaft als Kavaliersdelikt. Die Kunstfälschung selbst existiert als Straftatbestand im deutschen Strafrecht überhaupt nicht. Vom juristischen Standpunkt aus gesehen fällt sie vor allem unter die Urheberrechtsverletzung und die Urkundenfälschung, aber auch unter den Betrug. Das Strafmaß ist gering, wenn man sich überlegt, wie viel Geld häufig mit gefälschten Kunstwerken umgesetzt wird, wobei der Betrogene der Bezahlende ist, weil er keinen im Wert steigenden Picasso, sondern zum Beispiel nur einen de Hory erstanden hat. Entscheidend für die juristische Beurteilung von Kunstfälschungen sind vor allem Paragraphen des Urheberrechtsgesetzes. Hinzu kommt der Bereich des Betrugs im Strafgesetzbuch. In eine etwas allgemeinverständlichere Sprache übersetzt sagen die einschlägigen Paragraphen Folgendes:

Kunstwerke werden durch das deutsche Urheberrechtsgesetz (UrhG) geschützt. Der Urheber hat das alleinige Recht, sein Werk zu vervielfältigen, zu verbreiten, öffentlich zugänglich zu machen, zu bearbeiten und umzugestalten. Der Urheber kann durch entsprechende Vereinbarungen seine Rechte ganz oder teilweise auf andere natürliche oder juristische Personen, z.B. einen Verlag, übertragen. Ohne Zustimmung des Urhebers bzw. des Rechteinhabers dürfen Dritte die vorgenannten Rechte nicht ausüben.

Wer dagegen verstößt, macht sich gemäß §§ 106 ff. UrhG strafbar. Wer ein urheberrechtlich geschütztes Werk unerlaubt verwertet, wird mit Freiheitsstrafe bis zu drei Jahren oder mit Geldstrafe bestraft. Wenn dies gewerbsmäßig geschieht, droht eine Freiheitsstrafe bis zu fünf Jahren oder eine Geldstrafe.

Das Urheberrecht endet 70 Jahre nach dem Tod des Urhebers. Wenn mehrere Personen das Werk erstellt haben (sog. Miturheber), erlischt das Urheberrecht 70 Jahre nach dem Tod des längstlebenden Miturhebers. Nach Ablauf von 70 Jahren nach dem Tod des Urhebers oder des längstlebenden Miturhebers wird das Kunstwerk «gemeinfrei». Dies bedeutet, dass jedermann das Werk z.B. als Poster oder als Postkarte vervielfältigen und verwerten kann.

Wer allerdings wissentlich eine Kunstfälschung als «Original» verkauft, täuscht damit seinen Vertragspartner und macht sich wegen Betrugs gemäß § 263 des Strafgesetzbuches (StGB) strafbar. Ein solcher Betrug wird mit Freiheitsstrafe bis zu fünf Jahren oder mit Geldstrafe bestraft, in schweren Fällen mit Freiheitsstrafe von einem Jahr (Mindeststrafe) bis zu zehn Jahren, wenn der Betrug gewerbsmäßig begangen wird.

Um den Willen des Gesetzgebers ganz zu verstehen, müssen auch Juristen das Gesetz interpretieren – mit Bezug auf die Kunstfälschung. Aufschluss bietet hier ein Artikel von Joachim Löffler in der *Neuen Juristischen Wochenzeitschrift* von 1993 (Heft 22), der zu dem Schluss kommt: «Das schillernde Phänomen Kunstfälschung wird durch die Straftatbestände des StGB nur sehr lückenhaft erfaßt.» Das wird deutlich sichtbar, wenn man sich die Biographien der Kunstfälscher anschaut und die Höhe der Haftstrafen, wenn sie denn überhaupt belangt werden konnten. Beispiele dafür folgen bei den Biographien der einzelnen Fälscher.

Andere Länder, andere Gesetze. So existiert in Frankreich das sogenannte *Droit moral*, ein auf die Erben übertragbares Recht der Authentifizierung von Kunstwerken. Wenn die Erben mit diesem Recht verantwortungsbewusst umgehen, mag es durchaus seine Berechtigung haben. Doch wurde damit auch schon viel betrogen. So manche Künstlerwitwe ohne großes Vermögen bekam für die Gefälligkeit, ein Bild für authentisch zu erklären, einige Banknoten überreicht. Der Händler Fernand Legros hat sich in den 1960er Jahren auf diese Weise viele Echtheitsnachweise erschwindelt.

Andersherum: Jean Fabris, Sekretär der Witwe von Maurice Utrillo, wurde 1955 Alleinerbe von Utrillo. Doch das *Droit moral* machten ihm andere streitig, weil er mit Utrillo nicht verwandt war. Fabris fiel auf Auktionen immer wieder unangenehm auf, weil er zahlreiche Bilder als Fälschungen denunzierte – jedoch bekam er in den meisten Fällen Recht, nachdem die Bilder einer eingehenden Prüfung unterzogen worden waren. Das war zu Beginn der 1990er Jahre. Das damals gültige Werkverzeichnis Utrillos war voller Fehler und Fälschungen. Heute vertritt Fabris alle Rechte an den Werken von Utrillo und besitzt nun endlich auch das *Droit moral*.

Falsche Geschichten von gefälschter Kunst

Es ist eine gewagte These zu behaupten, dass Kunst gefälscht wird, seitdem Kunstwerke produziert werden. Da sich der Kunstbegriff im Lauf der Jahrhunderte stark verändert hat, halten die meisten Geschichten über frühe Kunstfälschungen einer Überprüfung nicht stand. Hinzu kommen verdrehte Tatsachen, falsch verstandene Überlieferungen und vieles mehr. Die prominentesten Geschichten sollen hier erzählt werden.

Pheidias und die Signatur

Die Fama erzählt: Der um 500 v. Chr. geborene griechische Bildhauer Pheidias war berühmt als Schöpfer der Götterstatuen der Athena für den Parthenon und des Zeus für den Haupttempel in Olympia. Dieser Pheidias hatte einen Schüler, Agorakritos, der ebenfalls Skulpturen fertigte, und er erlaubte ihm großzügig, sie mit seinem, des Pheidias, Namen zu signieren, um sie teurer verkaufen zu können. So ging Agorakritos als Fälscher in die Annalen ein.

Eine schöne Geschichte, die sich gut erzählen lässt. Doch im antiken Griechenland erzählte man sie anders. Damals hieß es, Pheidias habe dem Agorakritos einige Skulpturen geschenkt, die er, Pheidias, selbst geschaffen hatte, und ihm erlaubt, sie mit seinem eigenen (also des Agorakritos) Namen zu signieren. Deshalb galten in der Antike einige Skulpturen des Agorakritos als Werke von Pheidias. Das aber ist inzwischen widerlegt.

Was können wir daraus für Schlüsse ziehen? Die erste Geschichte ist historisch vollkommen falsch, denn Werke wurden damals von Auftraggebern bei den Künstlern bestellt; es gab keinen freien Markt, auf dem sie gehandelt werden konnten. Und was die Werkstatt eines Meisters verließ, galt, wie bereits erklärt, als Werk des Meisters, auch wenn der Hauptteil von Lehrlingen oder Gesellen ausgeführt worden war. Es war also sinnlos, das eigene Werk mit einer anderen Signatur zu versehen in der Absicht, es dann besser zu verkaufen.

Die zweite Geschichte hingegen will dem Agorakritos seine künstlerischen Fähigkeiten absprechen. Denn in der antiken Überlieferung galten seine besten Werke als von Pheidias gemacht. Man glaubte also, dass Agorakritos nicht im Stande gewesen sei, qualitativ so hochwertige Werke zu produzieren wie sein Lehrer. Damit wurde Agorakritos zwar abqualifiziert, aber niemand der Fälschung beschuldigt.

Der «Fälscher» Michelangelo Buonarroti

Das Leben des Michelangelo Buonarroti wurde zu dessen Lebzeiten bereits von zwei Biographen festgehalten. Der Architekt, Maler und Kunstschriftsteller Giorgio Vasari widmete dem «Divino», dem «Göttlichen», das letzte Kapitel in seinen *Lebensbeschreibungen der berühmtesten Maler, Bildhauer und Architekten*, die 1550 erstmals erschienen. In der zweiten Ausgabe von 1568 finden sich etliche Korrekturen, die einmal auf Michelangelo selbst zurückgehen dürften, dann aber auch auf die zweite Biographie, die Michelangelos Schüler, Ascanio Condivi, nach den Erzählungen des Meisters und in Reaktion auf die von Vasari geschriebene Vita 1553 publizierte.

Am 1. April 1488 kam der damals dreizehnjährige Michelangelo zu dem berühmten Florentiner Maler Domenico Ghirlandaio in die Lehre. Das ist verbrieft. Seine Genialität stellte der Jüngling bereits nach kurzer Zeit unter Beweis. Er kopierte Zeichnungen alter Meister so gut, «daß man sie nicht als Kopien erkannte, weil er sie einfärbte und mit Rauch und verschiedenen Mitteln verschmutzte, damit sie alt wirkten.»[5] Die Besitzer der Zeichnungen erhielten von ihm nun die Kopien, nicht die Originale. Die wollte Michelangelo selbst behalten, um an ihnen weiter zu studieren.

Aber stimmt diese Geschichte? Auf Vasari ist nicht immer Verlass. Auch bei ihm müssen wir nach Dichtung und Wahrheit fragen, denn seine Viten wollen nicht als Sammlung von Fakten gelesen werden. Sie besitzen romanhafte Züge, arbeiten mit Metaphern und behelfen sich mit erfundenen Geschichten, um das Großartige des einzelnen Künstlers hervorzuheben. In dieser Geschichte wird nachgewiesen, dass Michelangelo ebenso gut zeichnen konnte wie die großen Meister – und das bereits mit dreizehn Jahren. Vasari will den großen Künstler damit keineswegs einer Straftat überführen. Im Gegenteil: Er betont, dass Michelangelo die Alten Meister zwar bewunderte, sich aber schon in jungen Jahren mit ihnen messen konnte.

Es gibt noch eine weitere Geschichte über den «Fälscher» Michelangelo. Sie handelt von einem *Schlafenden Cupido* oder *Amor*, den er in Florenz aus einem Marmorblock herausmeißelte. Lorenzo di Pierfrancesco de'Medici (auch Lorenzo Popolano genannt) riet ihm, die Figur zu vergraben, eine Weile in der Erde liegen zu lassen und dann als antikes Werk zu verkaufen. Ob Michelangelo dies nun selbst tat oder sein Freund Baldassare da Milanese die Skulptur in seinem römischen Weinberg vergrub, weiß auch Vasari nicht genau zu berichten. Jedenfalls kaufte der

Kardinal von San Giorgio, Raffaele Riario, den (in Rom wiederentdeckten «antiken») *Amor*. Der Betrug flog auf, Baldassare musste die Figur zurücknehmen. Michelangelo aber wurde erstmals nach Rom gerufen, nicht etwa, um eine Bestrafung entgegenzunehmen, sondern um dort seine Fähigkeiten unter Beweis zu stellen und mit Kardinal Riario gemeinsam dessen Kunstsammlungen zu betrachten.

Der *Schlafende Amor* oder *Cupido* ist verloren. Baldassare vergrub ihn nicht noch einmal, damit er wieder gefunden werden könnte, wie die Fama erzählt. Stattdessen erwarb ihn der Kardinal und Staatsmann Cesare Borgia. Wenig später, 1502, gelangte *Cupido* in den Besitz der Isabella d'Este, Herzogin von Mantua. Ob sie ihn erwarb oder als Geschenk von Cesare Borgia erhielt, sei dahingestellt. Von Mantua wanderte der *Amor-Cupido* 1632 nach England in den Besitz Charles' I. und verbrannte dort vermutlich 1698 bei einem großen Feuer. Alle Versuche, in den Figuren eines *Liegenden Amor*, sei es in Mantua oder Turin, den *Amor-Cupido* erkennen zu wollen, sind fehlgeschlagen.

Michelangelo wurde für diese «Fälschung» nicht geächtet, sondern geachtet, denn es war ihm gelungen, eine Figur zu meißeln, die so hervorragend war, dass man sie für eine antike Skulptur halten konnte. Das war das Entscheidende, nicht die Täuschung, die auch als eine Art «Spiel» angesehen werden konnte.

Der heilige Antonius und die Fischschuppen

In den Bereich der Michelangelo-«Fälschungen» gehört auch eine Geschichte, die einen aktuellen Bezug hat. Denn es gibt Kunsthistoriker, die glauben, das zu der Geschichte gehörende Gemälde gefunden zu haben: Das Kimbell Art Museum in Texas rühmt sich seit Mai 2009,[6] eine Jugendarbeit von Michelangelo (Abb. 3) zu besitzen.

Michelangelo sollte während seiner Lehrzeit bei Ghirlandaio einen Kupferstich von Martin Schongauer mit dem Thema *Der heilige Antonius, von Dämonen gepeinigt* (Abb. 4) kopieren. Michelangelo, so beschreibt es Vasari 1550, zeichnete die Darstellung mit der Feder nach und malte sie mit Farben aus. Um die Teufel besser darstellen zu können, ging er auf den Fischmarkt, besorgte sich ein paar ganz außergewöhnliche Fische und malte deren Schuppen mit in das Bild hinein. Auch Ascanio Condivi, der zweite Biograph, erzählt diese wundervolle Geschichte vom Fischmarkt, doch bei ihm zeichnete Michelangelo nicht, sondern malte ein Gemälde.

Dieses Bild zu finden, war schon lange ein dringender Wunsch der gesamten Michelangelo-Forschung, denn es gibt nur sehr wenige erhaltene Staffeleibilder des großen Meisters. Das Gemälde in Texas ist bereits seit dem 19. Jahrhundert bekannt und galt bislang als ein Werk aus der Werkstatt von Domenico Ghirlandaio, was ja in jedem Fall nach wie vor stimmen würde. Merkwürdigerweise wurden aber bisher alle Versuche, es mit Michelangelo in Verbindung zu bringen, abgewiesen. Es soll allerdings noch ein weiteres Bild dieses Themas gegeben haben, das seit 1840 verschollen ist. Das Bild in Texas wurde bei einer Versteigerung im Jahr 2008 verkauft, dann im Metropolitan Museum in New York gereinigt und untersucht und aufgrund der technischen Expertisen endlich als ein echter Michelangelo erkannt. Denn unter der Malerei liegen Entwürfe, die angeblich dagegen sprechen, dass das Bild eine Kopie des Werkes von Michelangelo ist. Und nun besitzt das Kimbell Art Museum eines von sehr wenigen Staffeleibildern Michelangelos. Oder vielleicht doch nicht?

Unklar bleibt, ob Michelangelo nun, wie Vasari behauptet, eine kolorierte Federzeichnung angefertigt hat oder, wie Condivi berichtet, ein Tafelbild. Vasari schreibt den Kupferstich in der Ausgabe von 1550 übrigens Albrecht Dürer zu, korrigiert das aber in der zweiten Ausgabe von 1567 und übernimmt Condivis richtige

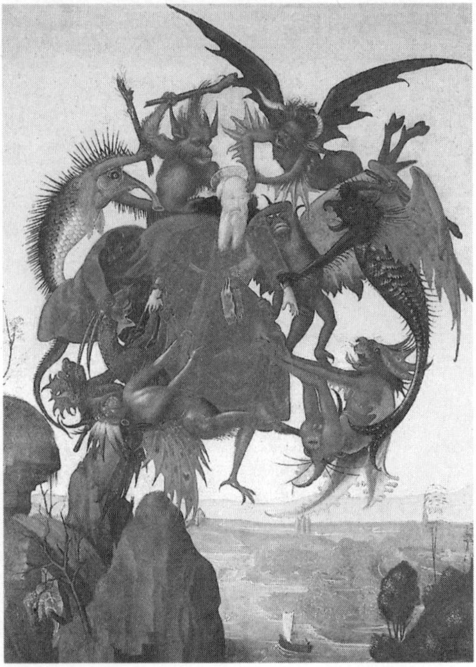

Abb. 3 Michelangelo (?), Der heilige Antonius von Dämonen gepeinigt, um 1490, Tempera und Öl auf Holz, Fortworth (Texas), Kimbell Art Museum

Zuschreibung an Schongauer (bei Vasari heißt er Martin der Deutsche oder Martin Schön). Gesichert scheint, dass Michelangelo 1488 zu Ghirlandaio in die Lehre kam; in dieser Zeit soll er die Kopie angefertigt haben. 1545 lernte Condivi den siebzigjährigen Michelangelo kennen und war spätestens 1549 Mitarbeiter in dessen Werkstatt. Damals wird ihm Michelangelo eine Menge von sich erzählt haben, und später hat er, soviel weiß man, auch die Biographie autorisiert. Aber wusste Michelangelo nach über sechzig Jahren noch so genau, was er in seiner Lehrzeit gemacht hatte? Offensichtlich widersprach er weder Condivi noch Vasari, obwohl der eine von einem Tafelbild spricht, der andere von einer kolorierten Federzeichnung. Schon durch solche Details wird deutlich, wie schwierig es ist, diese Quellen wörtlich zu nehmen.

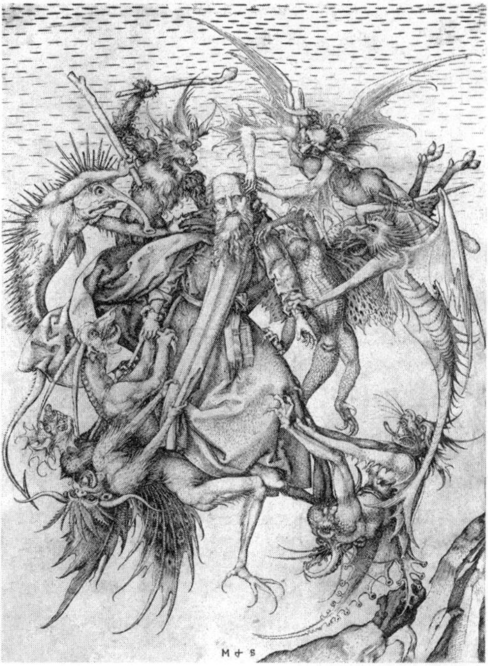

Abb. 4 Martin Schongauer, Der heilige Antonius von Dämonen gepeinigt, kurz nach 1470, Kupferstich, München, Staatliche Graphische Sammlung

Der US-amerikanische Kunsthistoriker Paul Barolsky, der als Erster auf die fiktiven Teile in Vasaris Lebensbeschreibungen hingewiesen hat, hält die Geschichte mit der Schongauer-Kopie für eine Erfindung Vasaris, die dann Condivi aufgegriffen und der Michelangelo nicht widersprochen habe.[7] Tatsache aber ist: Es gibt dieses Bild nach Schongauer, ob es nun von Michelangelo stammt oder nicht.

Doch besaß Ghirlandaio den Kupferstich Schongauers? Und war Michelangelo der Einzige, der sich an diesem Blatt üben sollte? Nicht von ungefähr wurde die Tafel erst einmal der Schule des Ghirlandaio zugewiesen. Hinzu kommt, dass die hübsche Geschichte mit dem Fischmarkt und den Schuppen Allgemeingut geworden ist. Jeder Zeitgenosse Michelangelos, der ihm nacheifern wollte, dürfte sie gekannt haben, ebenso spätere Maler. Hat sich da vielleicht jemand anregen lassen und selbst etwas Ähnliches ausprobiert oder aber bewusst Fischschuppen gemalt, um das Bild als Michelangelo zu verkaufen? Wenn dem so wäre, scheint es dem Maler selbst nicht gelungen zu sein, sondern erst einem cleveren Händler.

Und schon sind wir wieder bei der zentralen Frage: Was eigentlich sind «echte» Kunstfälschungen, wo werden die Worte *Fälschung, forgery, fake* überhaupt richtig gebraucht?

Wäre das Bild im Kimbell Art Museum ein Werk des 19. Jahrhunderts und gäbe es schon lange Expertisen, Gutachten, die es als Michelangelo ausweisen, dann wäre es eine «echte» Kunstfälschung – aber nur dann, wenn ein Fälscher das Bild mit der Absicht gemalt hätte, es als ein Bild von Michelangelo auszugeben. Schon wenn erst ein Händler, nicht aber der Maler, einen Michelangelo aus dem Bild «gemacht» hätte, wäre es keine Kunstfälschung im engeren Sinne, sondern Betrug. Ist der *Antonius* aber ein Bild aus der Werkstatt Ghirlandaios oder aus diesem Umkreis, von jemandem gemalt, der die Idee mit den Fischschuppen von Michelangelo übernahm (oder sie sogar selbst hatte, und sie wäre Michelangelo bloß anerzählt worden), dann wäre es überhaupt keine Fälschung, sondern lediglich eine durch heutige Experten vorgenommene falsche Zuschreibung. Und die gibt es zuhauf.

Die wundersame Vermehrung von Michelangelos Zeichnungen

Die Menge von Zeichnungen, die Michelangelo zugeschrieben werden – in den Graphischen Sammlungen der großen Museen und auf dem Kunstmarkt –, bewegt sich zwischen 80 Blättern und mehr als dem Zehnfachen. Das aber geht nicht auf das Konto von Michelangelo, sondern auf das der Kunsthistoriker und Kunsthändler, die sich mehr Zeichnungen wünschen, als vorhanden sind. Hier geraten wir in Zwischenbereiche, die zwar auf den ersten Blick nichts mit Fälschungen zu tun haben, aber dennoch als Betrug bezeichnet werden können, wenn wissentlich falsche Michelangelo-Zeichnungen als Originale verkauft werden. Dabei ist dann noch zu unterscheiden, ob es sich um «neue» Zeichnungen handelt oder um zeitgenössische, die einen anderen Urheber haben. Ein weites Feld, das durch eine Ausstellung in Frankfurt 2009 neuen Gesprächsstoff erhielt.[8]

Kurz vor seinem Tod verbrannte Michelangelo fast alle Zeichnungen, die sich in seinem Haus befanden, denn er betrachtete sie lediglich als Arbeitsmaterial. Das führte bereits damals zu entsetzten Reaktionen, wollten die Sammler doch wenigstens nach seinem Tod der Zeichnungen habhaft werden, die Michelangelo vorher nicht hergegeben hatte – nur an seine Mitarbeiter hatte er sie verteilt, zu Übungszwecken.

In seiner Werkstatt befanden sich nach seinem Tod zehn Entwurfszeichnungen (Kartons), hinzu kamen einige verschenkte Blätter und ein Konvolut, das er 1534 in Florenz vergessen hatte. Das war enttäuschend wenig. Die Zeitgenossen grollten, denn Zeichnungen des großen Michelangelo waren schon damals bei Sammlern heiß begehrt. Kunsthistoriker des 19. und vor allem des 20. Jahrhunderts wollten es nicht dabei belassen. Sie entdeckten immer wieder neue Zeichnungen, die «eindeutig» die Hand des Meisters aufwiesen. Und so wuchs die Zahl von 288 Blättern im Jahr 1938 auf 643 Blätter 1980 bis hin zu über 800, für die bis heute stolze Preise erzielt werden. Sind diese Zeichnungen nun alle von Schülern oder Zeitgenossen Michelangelos? Mischen sich auch relativ «neue» Michelangelos darunter? Etwa aus dem Laboratorium von Eric Hebborn oder von anderen Fälschern?

Es ist spannend zu sehen, wie aus einem Blatt ein wahrhaftiges Werk des «Divino» wird. Das geschieht nicht nur durch Zuschreibungen. Es gibt noch andere Möglichkeiten.

1993 wurden im Londoner Auktionshaus Christie's 4,2 Millionen Britische Pfund für eine Michelangelo-Zeichnung bezahlt. Später stellte sich heraus, dass zwei Bieter in Absprache miteinander den Preis hochgetrieben hatten. Denn je teurer das Blatt, umso sicherer war es ein Michelangelo. Das riecht nach Betrug – aber von wem? Der Zeichner – vielleicht ein Schüler, der arglos den Stil seines Meisters adaptierte – kann hierfür postum nicht belangt werden, sondern ausschließlich jene Experten, welche die Zeichnung Michelangelo zugeschrieben haben, und die Käufer, die den Preis bewusst in die Höhe trieben. Doch deswegen anklagen kann man sie nicht. Es gibt keine sicheren Beweise, weder für die Absprache zwischen den Bietern noch für eine bewusst falsche Zuschreibung.

Der Kunsthistoriker Alexander Perrig hat sich in seinen Forschungen dem zeichnerischen Werk von Michelangelo verschrieben. Doch gehört er nicht zu jenen, die sich ein opulentes Werkverzeichnis wünschen. Im Gegenteil. Er macht immer wieder darauf aufmerksam, dass von Michelangelo nicht einmal hundert Zeichnungen erhalten geblieben seien können. Durch Quellenstudium, Stilvergleiche und vor allem durch die sogenannte Strichbildanalyse, die Perrig aus der Graphologie übernahm und auf die Analyse von Zeichnungen übertrug, sieht er in vielen Zeichnungen, die Michelangelo zugeschrieben wurden, Arbeiten eines Schülers oder Verehrers.

Wenn Alexander Perrig Recht hat, sind zahlreiche Blätter, die in den Graphischen Sammlungen ruhen, nur noch einen Bruchteil der Summen wert, auf die echte Michelangelo-Zeichnungen geschätzt werden. *Groteske Köpfe*, das zentrale Blatt in der Frankfurter Ausstellung, wird von dem Kurator des Frankfurter Städel, Martin Sonnabend, Michelangelo zugeschrieben. Alexander Perrig sieht das anders. Für ihn ist der Autor der 1533 verstorbene Antonio Mini. Und auch das aus England ausgeliehene Blatt, das den Beweis liefern sollte, schreibt er Mini zu. Wer in diesem Fall Recht hat, ist kaum zu beurteilen.

Was aber haben diese Zuschreibungsfragen mit Kunstfälschungen zu tun? Die Übergänge sind fließend. Gerade bei Michelangelo liegt es, wie wir gesehen haben, nahe, dass unter den zahlreichen Zuschreibungen auch die eine oder andere Fälschung ist.

Der doppelte Raffael

Wann aber ist die Kopie eines Bildes eine Fälschung? Auch hier gibt es eine berühmte Geschichte mit prominenten Bildern, die heute gerne als Fälschergeschichte erzählt wird.

Der große Renaissance-Künstler Raffaello Santi, hierzulande besser als Raffael bekannt, malte um 1517/18 das Bild *Leo X. mit den Kardinälen Giulio de' Medici und Luigi de' Rossi*, das sich seitdem in Florenz befindet. Von diesem Bild existiert eine zeitgenössische Kopie von Andrea del Sarto. Und zu diesen beiden Bildern erzählt wiederum Giorgio Vasari eine Geschichte, die schon deshalb sehr überzeugend klingt, weil er selbst involviert ist.

Der Herzog von Mantua kam angeblich 1524 auf dem Weg nach Rom über Florenz und bewunderte in den Uffizien das auch heute noch berühmte Raffael-Gemälde, das Papst Leo X. umgeben von den Kardinälen Giulio de' Medici (seit 1523 Papst Clemens VII.) und Luigi de' Rossi darstellt. In Rom, wo der Herzog eben diesem Papst Clemens VII. seine Aufwartung machte, bat er diesen um das Bild. Die Bitte wurde gewährt, und Ottaviano de' Medici erhielt den Auftrag, das Bild nach Mantua zu schicken. Doch er ließ stattdessen von dem Florentiner Maler Andrea del Sarto eine Kopie des Bildes anfertigen, die dem Original so täuschend ähnlich sah, dass weder der Herzog noch sein Maler und Architekt Giulio Romano den Schwindel bemerkten. Erst Giorgio Vasari enthüllte dem Giulio das Geheimnis, als er nach Mantua kam. Giulio Romano lobte das Bild daraufhin genauso, als wenn es von der Hand Raffaels gewesen wäre. Vasari wusste von dem Schwindel, weil er selbst dabei war, als Andrea del Sarto die Kopie anfertigte. Er kannte das geheime Zeichen, das Andrea am Bild angebracht hatte, damit er selbst Original und Kopie voneinander unterscheiden konnte. So weit Vasari.

Es gibt tatsächlich zwei Bilder, eines in Florenz und eines in Neapel. Und auch die Quellen bestätigen, dass Federico, Herzog von Mantua, den Papst um das Bild bat. Allerdings war er nie in Florenz, sondern bediente sich der Vermittlung des italienischen Schriftstellers Pietro Aretino. Es war der Papst selbst, der angeordnet hatte, eine Kopie des Bildes von Raffael anzufertigen. Diese war jedoch für Florenz bestimmt als Entschädigung für das Original. Doch Ottaviano de' Medici behielt das Original und schickte – entgegen der Abmachung – die Kopie nach Mantua. Lange behaupteten sowohl die Florentiner als auch die Mantuaner, das Bild Raffaels zu besitzen. Das Mantuaner Bild kam im 17. Jahrhundert nach Parma und von dort 1734/35 nach Neapel. 1759 konnte man angeblich noch die Inschrift «Andrea F.P.» (das F könnte für Florenz stehen, das P für Pittore, also Maler) lesen, was auf die Urheberschaft von Andrea del Sarto deutet und mit stilkritischen Argumenten übereinstimmt. Denn so genau die Kopie auch ist, ihr fehlen die Leuchtkraft und die Transparenz der Farben des Originals.

Immer wieder wird im Zusammenhang mit diesem Bild vom «Fälscher» Andrea del Sarto gesprochen. Dieser führte jedoch lediglich den Auftrag aus, eine Kopie des Raffael-Bildes anzufertigen. Damit ist das Wort «Fälschung» im heutigen Sinne fehl am Platz. Der «Betrüger» war allenfalls Ottaviano de' Medici, der den künstlerischen Wert des Originals über den Darstellungswert beider Bilder setzte und Florenz das ihm wertvoller erscheinende Bild Raffaels erhalten wollte. Giulio Romano hingegen, der Künstler, der glaubte, das Bild seines Lehrers vor sich zu haben, an dem er selbst noch mitgemalt hatte, war keineswegs entsetzt über die Täuschung. Im Gegenteil, er soll gesagt haben: «Ich schätze es nicht weniger, als wäre es von der Hand Raffaels, denn es ist überragend, daß ein vortrefflicher Mann den Stil eines anderen so gut nachahmt und so getreu zu gestalten vermag.»[9]

Hinzu kommt, dass das italienische Wort «contraffare», das Vasari in diesem Zusammenhang gebraucht, verschiedene Bedeutungen aufweist: nachmachen, imitieren, aber eben auch fälschen. In der damaligen Zeit hatte das Wort in keinem der Fälle den negativen Beigeschmack, den wir ihm heute geben. Das zeigt sich auch an dem deutschen Wort «Konterfei», das «Porträt» bedeutet und eben nicht «Fälschung». Wörter ändern sich in ihrer Bedeutung, und es gibt häufig auch mehrere Möglichkeiten der Übersetzung. Insofern lesen wir heute dort «Fälschung», wo ursprünglich «Kopie» oder «Nachahmung» gemeint war. Unsere Vorstellung von Original und Fälschung hindert uns daran, historische Texte richtig zu lesen und zu verstehen. Sie hindert uns außerdem daran, die Kopie als das zu sehen, was sie früher war: die Reproduktion eines Meisterwerkes.

Denn in einer Zeit, als die Kopie neben der Druckgraphik die einzige Möglichkeit war, Kunstwerke wiederzugeben, waren Kopien heiß begehrt. Sie konnten natürlich nicht in so hohen Auflagen hergestellt werden wie die heutigen Kunstdrucke, Plakate, Kalenderblätter oder Postkarten. Und sie kamen auch viel näher an das Original heran. Dennoch waren es keine Fälschungen, und die Künstler waren keine Fälscher. Der folgende Fall aus barocker Zeit mag die Unterschiede in den Kunstauffassungen von damals und heute aufzeigen.

Luca Giordano – einer von vielen

Die Ausbildung zum Maler bestand sehr lange unter anderem darin, Werke großer Meister zu kopieren, um sich deren Malweise anzueignen, um die Unterschiede in Farbgebung, Pinselführung,

Behandlung der Oberfläche kennenzulernen und daraus dann den eigenen Stil zu entwickeln. So lernte auch Mitte des 17. Jahrhunderts der junge Luca Giordano aus Neapel bei seinem Lehrer Jusepe Ribera, indem er dessen Werke kopierte. Später reiste er durch Italien und kam in die fürstlichen Sammlungen von Rom, Florenz, Bologna, Venedig und anderen Städten. Dort studierte er die Bilder der Alten Meister und kopierte auch diese. In Neapel führte er anschließend eine eigene große Werkstatt, in der er mit seinen Gehilfen und Lehrlingen eine ungeheure Anzahl von Bildern schuf. Das waren sowohl Wandmalereien als auch Tafelbilder, wobei er nicht nur sämtliche Gattungen bediente – also das Historienbild (d.h. sakrale wie mythologische Bildwerke), die Genremalerei, das Stillleben, das Porträt –, sondern auch die Stile der unterschiedlichen Meister vortrefflich nachempfinden konnte. Immer wieder war er innerhalb Italiens unterwegs und arbeitete für verschiedene Auftraggeber. 1692 ging er für zehn Jahre nach Spanien an den königlichen Hof in Madrid, wo er aber auch Werke für die Kirche und private Auftraggeber schuf.

Luca Giordano wird heute als einer der produktivsten Künstler bezeichnet, die es in Europa gegeben hat. Von dieser Produktivität rührte auch sein Spitzname «Luca fa presto» («Luca macht es schnell»), der nichts damit zu tun hatte, dass der Vater ihn zu größerer Schnelligkeit bei der Ausführung von Kopien antrieb («Luca, mach schnell!»), wie gerne erzählt wird. Lucas Vater war Kopist, und sein Sohn arbeitete zu Beginn seiner Laufbahn auch in der väterlichen Kopierwerkstatt. Tatsächlich wurden viele Bilder Luca Giordanos später den Malern zugeschrieben, deren Stil er nachempfunden hatte. Doch das ist ein Problem der Kunstgeschichte und nicht des Künstlers.

Damit sind wir indirekt wieder beim Kunstbegriff und seiner Veränderung angekommen. Mit der Historisierung der Kunst, ihrer Einordnung in Epochen, und dem ersten Versuch, Kunst in Stilrichtungen einzuteilen und eine Entwicklung aufzuzeigen, geht die Herausbildung des Kunstbegriffs einher. Der Beginn dieser Entwicklung fand im 18. Jahrhundert statt. Erster und wichtigster Vertreter war Johann Joachim Winckelmann, dessen 1764 erschienenes Buch *Geschichte der Kunst des Altertums* den Anfang der modernen Kunstgeschichte markiert. Die Kunstfälschung im heutigen Sinne aber setzt erst ein, als auch die Kunst selbst einen anderen Stellenwert bekommt. Und so dauerte es auch nach Winckelmann noch eine Weile, bis aus Kopien Fälschungen wurden und Kunstfälscher hinter verschlossener Türe arbeiteten.

Original oder Fälschung? Legenden von vertauschten Bildern

In der Zeitschrift *Hörzu* gibt es die Rubrik «Original und Fälschung» – seit mehr als einem halben Jahrhundert, fast so lange, wie die Zeitschrift besteht. Jeweils ist ein und dasselbe Bild zweimal zu sehen, einmal so, wie der Künstler es gestaltet hat, und einmal mit zehn Fehlern versehen, die es nun herauszufinden gilt. Genau genommen handelt es sich ja weder um ein «Original» (sondern um eine Reproduktion) noch um eine «Fälschung» (die manipulierten Fehler sind angekündigt). Und das wissen natürlich auch die Leser. Vielleicht ist es aber die Faszination Fälschung, die das Bildersuchrätsel so beliebt gemacht hat. Das Wort klingt einfach aufregender als Kopie, lädt zum Detektivspielen ein und hat dabei noch etwas Anrüchiges, Spannendes. Aus eben diesem Grund entstanden auch die publikumswirksamen Legenden, die Kopien zu Fälschungen stilisierten, obwohl sie einfach nur angefertigt worden waren, als das Original veräußert oder verschenkt oder ausgeliehen wurde.

Giovanni Battista Volpato

Giovanni Battista Volpato war Maler, Kupferstecher, Mathematiker, Forscher, Alchimist und Kunstschriftsteller. 1633 in Bassano del Grappa geboren, genoss er dort eine vielseitige Ausbildung, bevor er sich auf die Malerei konzentrierte. Sein größtes Vorbild war der aus dem vorhergehenden Jahrhundert stammende Maler Jacopo (auch Giacomo) Bassano, auch Jacopo da Ponte genannt. Volpato bemühte sich darum, den Stil dieses Meisters so genau wie möglich zu kopieren; das war damals nichts Außergewöhnliches. Seit Beginn der 1670er Jahre lebte Volpato in Feltre, wo er im Auftrag des Bischofs etliche Gemälde für die Sakramentskapelle der Kathedrale malte. Ein für diese Zeit typisches Malerleben, scheint es. Dennoch wird er in einschlägigen Lexika bezichtigt, zwei Gemälde gefälscht zu haben.

Für die Fälscher-Geschichte haben wir mehrere Versionen zur Auswahl. Einigkeit herrscht lediglich über die besagten Gemälde. Es handelt sich dabei um zwei Hochaltarbilder von Jacopo Bassano, die sich in zwei Dorfkirchen unweit von Feltre befanden. Auf beiden Gemälden ist eine Maria dargestellt, umgeben von Heiligen. Auf dem Bild in der Jakobus dem Älteren geweihten Kirche von Tomo sind es Jakobus der Ältere und Johannes der Täufer, auf dem in der Kirche S. Martino in Rasai hingegen die Heiligen Martin und Antonius. Heute befinden sich in den Kirchen die Kopien von Volpato. Die Originale hingegen kann man in der Alten Pinakothek in München bewundern.

Die kürzeste Version der Fälschungsgeschichte lautet, Volpato habe 1674 die Originale gegen Kopien ausgetauscht. Dafür wurde er 1687 zu zehn Jahren Verbannung verurteilt.[10]

Eine andere Version: Volpato erhielt die Gemälde, um sie zu restaurieren, gab aber statt der Originale die Kopien zurück und verkaufte die Originale einige Jahre später.[11]

Oder: Volpato wurde vom Bischof (!) für seine Arbeit in der Sakramentskapelle mit den zwei Gemälden bezahlt, musste dafür allerdings Kopien anfertigen, die der Bischof heimlich in den Dorfkirchen aufhängen ließ. 1685 flog der Schwindel auf. Volpato wurde für zehn Jahre aus Feltre verbannt. Er lebte anschließend in einer Villa auf dem Lande bei einem Mäzen und kehrte später nach Bassano zurück, wo er weitere Aufträge erhielt.[12]

Oder: Durch die Arbeiten für die Kathedrale lernte Volpato den dortigen Pfarrer kennen, der auch Rektor der Kirche in Tomo war. Er ließ 1674 die Altartafeln von Tomo und Rasai durch Volpato restaurieren. Zurück kamen jedoch die Kopien, Volpato behielt die Originale und kopierte sie weitere Male. Das fiel erst einmal nicht auf, doch 1685 wurde der Pfarrer von Tomo misstrauisch und beauftragte einen anderen Maler, Carlo Ostj, sich der Sache anzunehmen. Der ließ in Venedig verlauten, ein Käufer suche Bilder von Jacopo Bassano, und prompt wurde ihm eine weitere Kopie der Altartafel von Tomo angeboten. Ostj erkannte die Hand Volpatos und erfuhr, dass sich die Originale in Bassano del Grappa befänden. Dort waren sie auch – allerdings als Pfand in der Bank Monte di Pietà, wohin sie Volpato gebracht hatte, als er in Geldnöten war.

Diese letzte ist wohl die glaubwürdigste und wahrscheinlichste Geschichte.[13]

Durch die erhaltenen Prozessakten ist bekannt, dass Volpato tatsächlich in die Verbannung geschickt wurde, allerdings erst 1687. Angeklagt und verurteilt war er aber nicht wegen der angeblichen Fälschungen, sondern weil er die Bilder entwendet hatte. Die Verurteilung wäre übrigens aufgehoben worden, wenn er die Bilder zurückgegeben hätte.

Und die Bilder? Die befanden sich auch noch 1701 in der Obhut des Verwalters der Monte di Pietà, wo sie am 28. Oktober von Kunstdieben gestohlen wurden, die nachts in das Haus eindrangen. Erst dann (und nicht bereits 1695) gelangten sie in den Kunsthandel. 1719 – man weiß nicht, wie lange bereits davor – befanden sie sich im Besitz des Düsseldorfer Kurfürsten. Seine Kunstsammlung kam später, ganz legal durch Erbfolge, erst nach Mannheim und dann nach München – und mit ihr die Bilder von Jacopo Bassano.

Volpato wollte sich an den Bildern nicht bereichern. Schon einmal hatte er sie ausgelöst, und das hatte er mit Sicherheit auch wieder vor, als er sie noch einmal als Pfand hinterlegte. Für ihn bot sich durch den Besitz der Bilder die einmalige Gelegenheit, die Maltechnik seines hochverehrten «Lehrers» immer wieder zu studieren und sie sich durch die verschiedenen Kopien immer besser anzueignen. In einem seiner Traktate erklärt er die Kopie auch als bestes Mittel, um malen zu lernen. Logischerweise kopierte er den Maler, den er am meisten verehrte, eben Jacopo Bassano. Der Versuchung, die Bilder noch eine Weile zu behalten, nachdem die Kopien fertig waren, konnte er nicht widerstehen. Und so wurde er zum sogenannten Kopisten-Fälscher. Nicht er allein war in den Fall verwickelt, aber er war der Einzige, der verurteilt wurde.

Dürer und Küfner

Noch einmal müssen wir von Albrecht Dürer sprechen, denn eines seiner berühmtesten Werke hängt angeblich zu Unrecht in München. Auch hier haben wir es mit einer brisanten Fälschergeschichte zu tun – so sagt man und so kann man es bis heute lesen. Es handelt sich um das berühmte *Selbstbildnis*, das Albrecht Dürer im Jahr 1500 malte und das ihn als selbstbewussten Künstler zeigt. Dieses Bild, das im Nürnberger Rathaus hing, erhielt rund 300 Jahre später der Maler Abraham Wolfgang Küfner, um davon eine Kopie anzufertigen. Zuvor hatte man an der Rückseite des Gemäldes ein Siegel angebracht. Der schlaue Küfner spaltete die fast zwei Zentimeter dicke Tafel, bemalte den hinteren Teil mit einer Kopie und verkaufte den vorderen nach München. Als die Nürnberger merkten, dass sie betrogen worden waren, und Rückforderungen stellten, weigerten sich die Münchner, diesen nachzukommen.

In einer anderen Version der Geschichte teilte Küfner die Tafel nicht, sondern löste das Siegel ab, fälschte es und brachte es an der Kopie an.

Tatsache ist: Die Tafel, die heute in der Alten Pinaktohek hängt, wurde nie gespalten. Doch auf ihrer Rückseite befinden sich Reste alter Siegel. Andererseits ist gar nicht gesichert, dass dieses Bild, also das Dürer-Original, im Nürnberger Rathaus hing. Es könnte sich auch um eine Kopie gehandelt haben. Tatsächlich gibt es eine Kopie des Bildes, die Küfner ausgeführt hat und die sich heute im Stadtgeschichtlichen Museum von Nürnberg befindet. Küfner war auch in den Verkauf des Bildes involviert, allerdings gemeinsam mit anderen Nürnbergern. 1805, als München das Bild erwarb, kam kein Protest aus Nürnberg. Erst 1827 konnte man von dem «Betrug» lesen. Da war Küfner jedoch schon längst gestorben. Er war allerdings bereits 1807 der Falschmünzerei angeklagt worden und befand sich einige Jahre in Festungshaft. Vielleicht lag es deshalb nahe, ihm auch diese Geschichte anzudichten.

Das Jahr 1828 bildete einen Höhepunkt der Dürerverehrung, denn der Todestag des großen Nürnberger Malers jährte sich zum 300. Mal. Ist es möglich, dass sich nun die Nürnberger des Verlustes seines Selbstporträts schmerzlich bewusst wurden und deshalb die Geschichte von der Fälschung Küfners lancierten, damit man dem Rat der Stadt Nürnberg keinen Vorwurf machen konnte? Das bleibt nur eine Vermutung. Es ist allerdings bezeichnend, dass hier wieder einmal eine Vertauschung von Original und Kopie bemüht wird. Der Umstand, dass auch diese Geschichte des Dürer-Selbstbildnisses immer noch reproduziert wird, obwohl ihr Wahrheitsgehalt schon länger angezweifelt und dann widerlegt wurde, zeigt nicht nur, wie hartnäckig sich Legenden halten, sondern auch, wie populär Fälscher-Geschichten sind. Sie sind nicht aus der Welt zu schaffen, auch wenn sie gar nicht stimmen.

Filippo Lippi oder Francis Lagrange?

Geschichten von Kopien, die sich statt des Originals am ursprünglichen Ort befinden, sind dann, wenn sie im 20. Jahrhundert spielen, entweder Geschichten von Fälschern oder aber von Mittelsmännern, die das Original entwendeten, nachdem sie eine Kopie in Auftrag gegeben hatten.

Bei einer solchen Geschichte spielt ein Triptychon von Fra Filippo Lippi die Hauptrolle, das sich in der Kathedrale von Reims (oder Rouen? die Quellen sind sich nicht einig) befunden haben soll. Lippi gehört zu den bekannteren Florentiner Malern der Frührenaissance und hat Spuren in mehreren Städten der Toskana hinterlassen. Viele seiner Werke befinden sich in den Florentiner Uffizien, man findet sie aber auch in der Münchner Alten Pinakothek und der Berliner Gemäldegalerie.

Knapp 500 Jahre nach Lippi agierte ein Mann mit denselben Initialen F. L. Francis Lagrange, geboren in Lille, Sohn eines Malers und Konservators im Museum von Nantes, studierte Philosophie, sprach mehrere Sprachen und war vor allem begabt auf dem Feld der reproduzierenden Kunst. Er fälschte Briefmarken und Geldscheine – und natürlich auch Kunstwerke. Und so bekam er nach 1926 auch den Auftrag, das besagte Triptychon von Fra Filippo Lippi zu kopieren, das sich in der Kathedrale von Reims oder Rouen befand und auf dem wohl eine thronende Muttergottes, die Verkündigung und Geburt Christi dargestellt waren. Lagranges Auftraggeber hatten nicht vor, dem Käufer, der nach einem Lippi verlangt hatte, die Kopie auszuhändigen. Er sollte das Original bekommen und in der Kathedrale stattdessen die Kopie aufgestellt werden.

Der Coup gelang. Erst durch den Börsencrash von 1929 kam die Wahrheit ans Licht, denn der neue Besitzer des Lippi bot die Altartafel in London zum Verkauf an. In Reims (oder Rouen) wurde man darauf aufmerksam und ließ die eigene Altartafel untersuchen, die sich folgerichtig als Kopie herausstellte. Der angebliche Lippi kehrte nach Frankreich zurück, wurde aber nicht wieder ausgestellt.

Francis Lagrange wurde mehr oder weniger gleichzeitig der Banknotenfälschung überführt und 1931 zu zehn Jahren Haft in

Französisch-Guayana verurteilt, wo er zeitweise auf der sogenannten Teufelsinsel Cayenne leben musste. Er blieb auch nach seiner Freilassung dort, unterbrochen von einem Aufenthalt in den USA, und malte Bilder, die das Leben der Gefangenen illustrieren. Diese ein wenig naiv anmutenden Bilder sind nicht dazu angetan, glauben zu machen, er sei im Stande gewesen, ein Bild von Lippi so gut zu kopieren, dass man es für das Original halten könnte.

Die Geschichte mit dem falschen Lippi hat Lagrange in seiner Biographie *Flag on Devil's Island*, die 1961 erschien, berichtet. Es findet sich allerdings in keinem älteren Führer der Kathedralen von Reims oder Rouen eine Erwähnung des Bildes von Fra Filippo Lippi. Und im Werkverzeichnis dieses Malers, in dem auch verlorene Werke und falsche Zuschreibungen aufgelistet sind, wird kein Triptychon erwähnt, das sich in einer dieser beiden Städte befunden haben soll. Wollte sich Lagrange einfach mit dieser Geschichte wichtig machen? Vielleicht erinnerte er sich nicht mehr so genau und es handelte es sich nicht um ein Bild von Lippi, sondern von einem anderen Maler? Die Geschichte ist jedenfalls in der Welt. Und sie wird in verschiedenen Büchern und im Internet – mit variierenden Details – eifrig verbreitet.[14]

Der «gerettete» Cranach

Das Triptychon von Filippo Lippi ist spurlos verschwunden, und wir wissen kaum etwas von ihm. Anders verhält es sich mit einer Altartafel von Lucas Cranach dem Älteren. Die sogenannte *Madonna unter den Tannen* (Abb. 5) hatte Cranach um 1510 für den Breslauer Dom gemalt. Und dort befand sie sich zumindest die nächsten 430 Jahre. Dann allerdings wurde sie ausgetauscht. Denn 1961 stellten polnische Restauratoren fest, dass sich im Dom nicht mehr das Original befand, sondern eine nicht sonderlich gut ge-

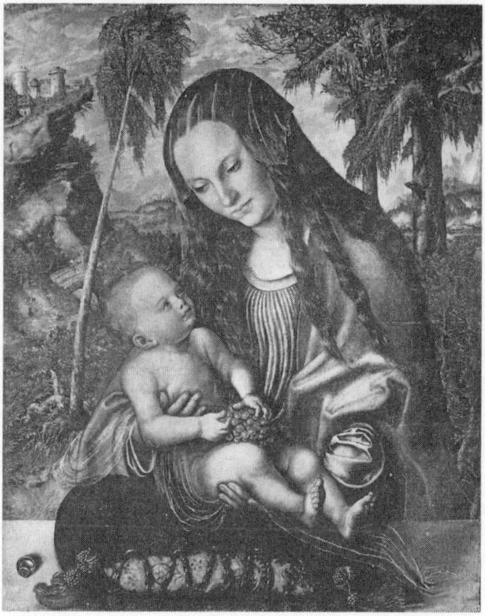

Abb. 5
Lucas Cranach, Madonna mit dem Kinde, genannt Madonna unter den Tannen, 1510, Öl auf Holz, verschollen

malte Kopie (Abb. 6), auf der Madonna und Kind Schlitzaugen haben. Das hatte bislang niemand bemerkt.

Wie viele andere Kunstwerke auch war die *Madonna unter den Tannen* im Zweiten Weltkrieg aus Sicherheitsgründen ausgelagert worden und kehrte dann beschädigt nach Breslau zurück – erst einmal ins Diözesan-Museum. Nach ihrer Restaurierung wurde die Altartafel 1948 feierlich der polnischen katholischen Kirche übergeben, was in einer Urkunde festgehalten wurde, die hinten am Bild befestigt wurde. Doch dieses Bild, das dann seinen angestammten Platz im Dom wieder einnahm, war gar nicht mehr das von Cranach gemalte Bild, sondern bereits die Kopie. Verschiedene Gerüchte wurden in Umlauf gebracht – erst sehr viel später kamen zumindest Teile der Wahrheit ans Licht.

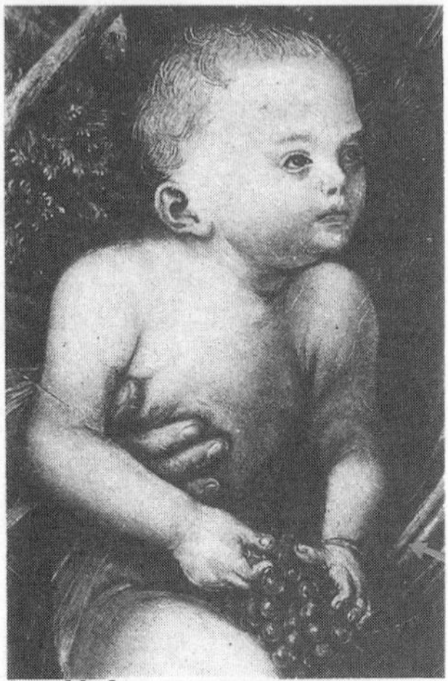

Jesuskind mit chinesischen Augen. Dieses Detailfoto zeigt, wie schlecht die Kopie von Kupka war. In fünf Monaten malte er die Figuren. Den Rest übernahm Siegfried Zimmer

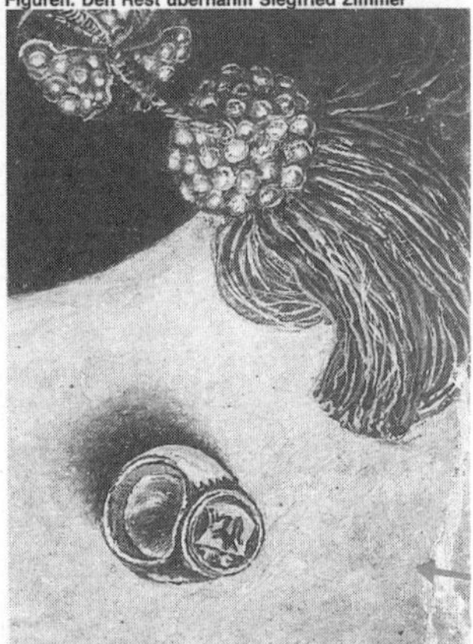

Falsche Initialen malte Kaplan Siegfried Zimmer, der die Kopie beendete, in den Ring. Die Buchstaben T.C. gibt es im Original nicht. Warum Zimmer den Ring damit schmückte, weiß niemand

**Abb. 6
Georg Kupke / Siegfried Zimmer, Madonna unter den Tannen (nach Cranach), 1946/47, Öl auf Holz, Breslau, Residenz des Erzbischofs (Stand 1986; aus: Die Bunte 1/1986)**

Der ehemalige Kaplan Siegfried Zimmer, ein deutscher Schlesier, konnte von 1945 bis zu seiner Ausweisung im Breslauer Diözesan-Museum arbeiten. 1946 wurde er damit beauftragt, die Madonna zu restaurieren. Er nahm einen jungen Maler mit ins Boot, den er von früher kannte: Georg Kupke, später Maler in West-Berlin, kopierte das Bild. Zimmer half ihm dabei und vollendete die Kopie, als Kupke im Dezember 1946 Polen verlassen musste. Kurze Zeit später wurde auch Zimmer ausgewiesen. Er nahm das Bild mit – getarnt als Tablett. Zimmer lebte erst

Ängstliche Genauigkeit
Diese Burg malte Siegfried Zimmer aus. Wo Cranach nur andeutete, pinselte er alles bis ins Kleinste aus

Schielende Madonna
Bei Cranach blickt Maria sanft unter gesenkten Lidern hervor. Kupke schaffte nur ein verzerrtes Schielen

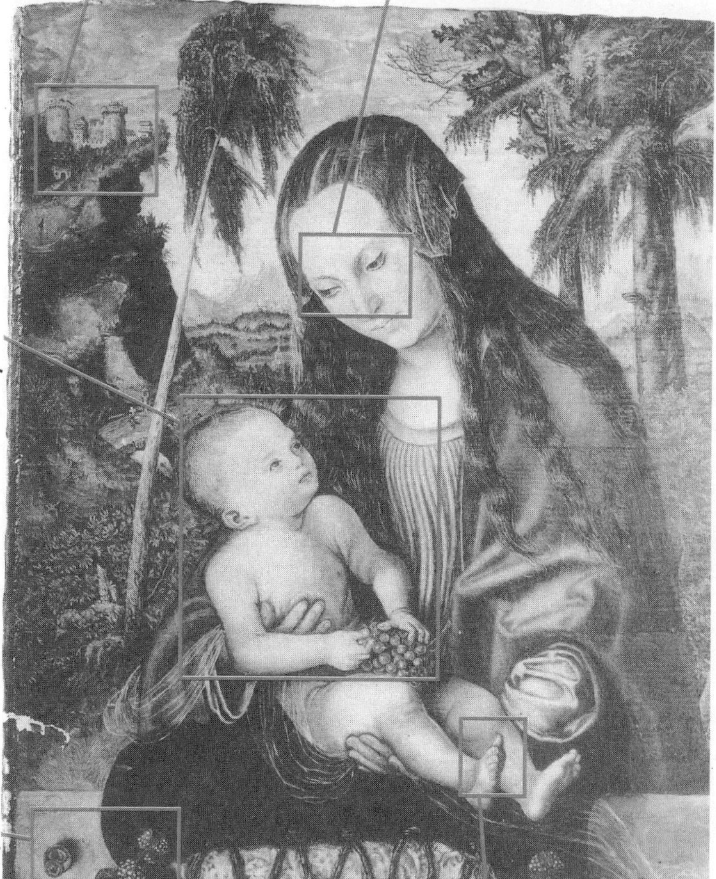

Eine plumpe Kopie, die bis 1961 nicht erkannt wurde. Georg Kupke sagt: „Drei Meilen gegen den Wind müßten die Leute gemerkt haben, daß es nur eine Fälschung war." Heute hängt das Werk des Kunstmalers Georg Kupke in der Residenz des Erzbischofs von Breslau. Der Bischof ließ es sogar restaurieren

Verstümmelung
Das Füßchen des Jesuskindes wird bei Cranach in starker Verkürzung g zeigt. Bei Kupke wirkt es verkrüppel

in Bernau und zog 1954 nach München, um dort zu studieren – der Cranach war wieder dabei. Und auch in Traunstein, wo Zimmer dann als Religionslehrer arbeitete, hing der Cranach im Wohnzimmer – jedenfalls hat Kupke ihn dort hängen sehen.

Es könnte aber auch sein, dass sich das Bild bereits Anfang der 1950er Jahre in anderem Besitz in Süddeutschland befand. 1961 jedenfalls tauchte es im französischen Kunsthandel auf, dann wieder in Bayern und später in der Schweiz. Und von hier aus wurde es mehreren Museen zum Kauf angeboten – alle lehnten ab. Im Mai 1971 wurde das Bild dem Cranach-Spezialisten Dieter Koepplin «von zwei deutschen Herren im Privatsafe-Raum einer Genfer Bank vorgeführt». Der damalige Eigentümer erbat eine Expertise, die Koepplin allerdings mit der Begründung ablehnte, dass er bei so dunklen Verhältnissen kein Gutachten erstellen könne.[15]

1972 war das Bild in London, das steht fest. Eine Galerie beauftragte das renommierte Courtauld Institute, es röntgen zu lassen. Danach verschwand das Bild wieder, doch die Röntgenaufnahme befindet sich bis heute im Courtauld Institute. Dort fand sie der Restaurator Gunnar Heydenreich und veröffentlichte sie 2007 in seinem Buch über Lucas Cranach. Seine Nachforschungen über den Verbleib des Bildes blieben jedoch ohne Erfolg.

Bereits im Winter 1984 war ein erster Artikel in einer deutschen Illustrierten erschienen. Dem folgten weitere bis zum Sommer 1986. Die Autoren einiger Artikel hatten die *Madonna unter den Tannen* damals offensichtlich noch einmal gesehen. Und sie wussten auch, dass sie 1970 den Staatlichen Museen in West-Berlin, 1974 der Gemäldegalerie in Dresden angeboten worden war. 1981 folgte die Offerte an die Deutsche Bischofskonferenz. In keinem der Fälle kam ein Kauf zustande. Die Deutsche Bischofskonferenz stellte Strafanzeige gegen Unbekannt, die Staatsanwaltschaft in München ermittelte.

Da meldete sich plötzlich Georg Kupke und brachte ein wenig Licht ins Dunkel um das Bild. Oder verschleierte er noch mehr? Er hatte damals (angeblich) nicht gewusst, warum er das Bild kopieren sollte, und schon gar nicht, dass es aus der betrügerischen Absicht heraus geschah, es gegen das Original auszutauschen. Doch waren an diesem Coup wirklich nur Zimmer und Kupke beteiligt? Vielleicht arbeitete Zimmer ja im Auftrag anderer, von denen Kupke nichts wusste. Hat Kupke etwas verschwiegen? Schließlich gibt es einige Ungereimtheiten. Merkwürdig mutet die Geschichte darüber an, wie Kaplan Zimmer bei seiner Ausweisung mit einem sperrigen Reisetablett im Zugabteil hat sitzen können. Die Ausweisung der Deutschen aus Schlesien erfolgte meist weniger bequem – im Viehwaggon. Außerdem soll Zimmer noch Goldmünzen dabei gehabt haben, welche die kontrollierenden Polen fanden, aber dann verschwanden sie damit ohne weitere Durchsuchung und Befragung.

Hat vielleicht Kupke den Cranach gar nicht mehr in irgendeinem Wohnzimmer des Kaplans hängen sehen? Möglicherweise war der Cranach schon viel früher in anderen Besitz übergegangen. Denn es dürfte auch nicht so einfach gewesen sein, von Bernau, das damals in der DDR lag, 1954 nach München zu ziehen – mit Sack und Pack und einem Cranach-Bild im Gepäck. Wie auch immer, diese unglaubwürdige Geschichte passt zu den vielen Fälschungslegenden, die sich immer und überall auftun.

Das gefälschte Bild, die schlitzäugige *Madonna unter den Tannen*, befindet sich nach wie vor in Breslau. Wo aber das echte Bild ist, wissen offensichtlich nur noch wenige. Möglicherweise fristet es immer noch sein Dasein in einem Banksafe in der Schweiz. Oder aber es hat einen neuen unbekannten Besitzer. Immer wieder wird nach dem Bild gesucht – gefunden hat es bislang niemand.

Kopisten und Restauratoren im Zwielicht

Im 19. Jahrhundert hatte sich die Ausbildung von den Künstler-Werkstätten endgültig an die Akademien verlagert. Wichtigster Ausbildungsschritt aber war und blieb das Kopieren der Alten Meister und damit auch das Nachahmen, vor allem der Renaissance-Künstler. Ferner beschränkte sich die Sammlertätigkeit immer weniger auf Fürsten oder Adlige, und neue Museen wurden gegründet. Der Bedarf an Kunst war größer als die Zahl der zur Verfügung stehenden Kunstwerke. Reisende, die eine Erinnerung mit nach Hause nehmen wollten, verlangten oft nach einer Kopie. Es gab also viele Gründe für einen florierenden Kopisten-Markt, vor allem in Italien. Die Kopisten bemühten sich um möglichst genaue Wiedergabe und erforschten die Techniken, in denen früher gearbeitet wurde. Natürlich wurden nicht alle Kopien als solche gekennzeichnet und kamen dann als vermeintliche Originale auf den Markt. Das betraf in großem Umfang Arbeiten in Ton wie die Majolika, aber auch Skulptur und Tafelmalerei.

Hinzu kamen die Restauratoren, die für den Erhalt, aber auch die Vervollständigung alter Malereien und Skulpturen verantwortlich waren. Sie besaßen natürlich das Wissen um die alten Techniken. Was lag näher, als auch einmal ein neues Werk in altem Stil herzustellen? Und wenn sich dann auch noch Käufer fanden, die dafür Geld ausgaben, umso besser. Was diese Käufer später beim Weiterverkauf erklärten, war nicht mehr das Problem der Restauratoren.

Einige jener Kopisten werden heute als Fälscher bezeichnet. Begabte Bildhauer unter ihnen waren in Fälle verwickelt, in denen man ihre Werke tatsächlich für die von Donatello, Desiderio da Settignano oder anderen berühmten Renaissance-Künstlern hielt; dabei stammten sie in Wirklichkeit von Giovanni Bastianini oder Alceo Dossena, um nur zwei zu nennen. Andere wie Icilio Federico Joni und Umberto Giunti waren auf dem Gebiet der Wand- und Tafelmalerei tätig. Sie alle finden sich in den Büchern über Fälschungen. Aber waren sie wirklich Fälscher oder eher Nachahmer? Das hängt davon ab, ob sie selbst sich bereicherten oder ob sich andere auf ihre Kosten gesund gestoßen haben.

Denn in diesem Kapitel spielen auch die Händler eine große Rolle. Der Kunstmarkt begann zu florieren, immer mehr Händler bestellten Werke bei Künstlern und Restauratoren «im Stile von …» und gaben sie dann als Originale aus. Die Funktion des Experten wurde erfunden, Gutachten wurden geschrieben, die sich oft daran ausrichteten, wie spendabel der Auftraggeber war. Solche Machenschaften finden sich auch in den folgenden Biographien.

Der «Renaissance»-Bildhauer Giovanni Bastianini – Opfer oder Fälscher?

Am 15. Dezember 1867 gab der italienische Kunsthändler Giovanni Freppa in der Zeitschrift *Chronique des Arts et de la Curiosité* bekannt, dass die Terracotta-Büste des Renaissance-Dichters Girolamo Benivieni, die der Louvre im Jahr zuvor für die stolze Summe von über 13 000 Francs erworben hatte, mitnichten 400 Jahre alt war und auch nicht von einem berühmten Renaissance-Meister geschaffen worden war, sondern, gerade einmal vier Jahre zuvor, von dem Florentiner Bildhauer Giovanni Bastianini. Er selbst, Freppa, habe ihm den Auftrag erteilt und ihm eine Vorlage geliefert (Abb. 7).

Die Wogen schlugen hoch. Der Graf von Nieuwerkerke, Direktor der königlichen Kunstsammlungen im Louvre, beharrte auf der Authentizität des Werkes und erklärte, in der Gegenwart sei niemand im Stande, ein solch treffliches Bildnis zu schaffen. Das war auch die Meinung der Kunstwelt insgesamt, und alle glaubten, dass Freppa den Betrug nur behauptete, weil nicht er, sondern der Sammler und Kunsthändler Louis-Félix, Vicomte de Nolivos, den großen Reibach gemacht hatte. Denn der hatte Freppa die Büste für läppische 700 Lire abgekauft.

Dann aber schaltete sich Giovanni Bastianini in die Diskussion ein und versicherte, er sei tatsächlich der Urheber der *Benivieni*-Büste. Um den Schaden zu begrenzen und die Diskussion nicht noch weiter anzuheizen, schlug der Graf von Nieuwerkerke Bastianini vor, eine weitere Büste zu modellieren. Er wolle ihm dafür 15 000 Lire zahlen, wenn ihm dies gelänge (Franc und Lire waren damals gleich viel und deutlich mehr wert als im späteren 20. Jahrhundert). Bastianini war einverstanden und bot sogar an, die Büste für nur 3000 Francs anzufertigen. Für das restliche Geld würde er Porträts von zwölf römischen Imperatoren modellieren. Doch dann starb er vollkommen überraschend am 2. Juli 1868, nicht ganz 38 Jahre alt. Bis heute ist nicht geklärt, woran er starb, ob es sich um einen natürlichen Tod handelte oder ob andere irgendwie beteiligt waren.

Den Beweis konnte Bastianini also nicht mehr liefern. Allerdings hatte er nicht nur nach dem Kupferstich gearbeitet, den ihm Freppa zur Verfügung gestellt hatte, sondern auch nach einem Modell, einem Florentiner Tabakarbeiter, der ähnliche Gesichtszüge besaß wie Benivieni. Der Tabakarbeiter war zwar inzwischen gestorben, aber seine Kollegen bezeugten, dass er das Modell für die Büste gewesen sei. Auch ohne die Beweisführung von Bastianini verdichtete sich der Verdacht, dass die *Benivieni*-Büste ein Produkt des 19. Jahrhunderts war und genau genommen aus dem Jahr 1863 stammte. Bastianini hatte dafür 300 Lire erhalten, Freppa mit de

Abb. 7
Giovanni Bastianini, Büste des Girolamo de Benivieni, um 1867, Terracotta, Paris, Louvre

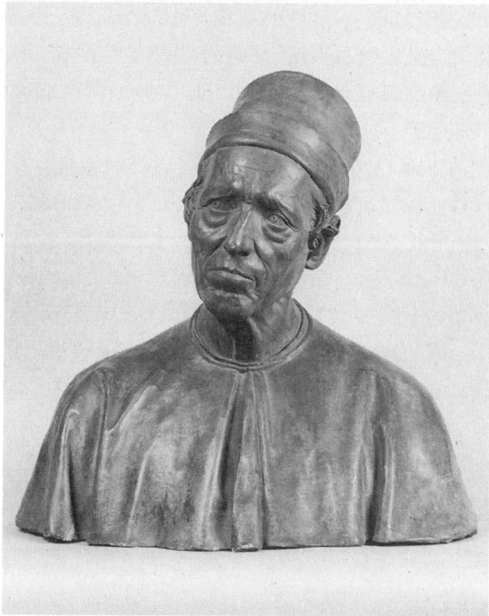

Nolivos ausgehandelt, dass er ihn bei einem größeren Gewinn beteiligen würde. Der wollte ihn aber mit nur 1000 Francs abspeisen, weshalb sich Freppa zur Aufdeckung des Betrugs entschloss.

1872 bot Nieuwerkerke dem Louvre an, die nämliche Büste zurückzukaufen, doch der lehnte ab. Die Büste war – da waren sich die Spezialisten einig – ihren Preis wert, auch wenn es sich um ein zeitgenössisches Werk handelte. Der *Benivieni* wurde in die Sammlung der Veristen des 19. Jahrhunderts eingeordnet, wo er sich auch heute noch befindet. Der Vorwurf, Bastianini habe die Büste gefälscht, tauchte in all den Anschuldigungen nicht auf. Er wurde erst viel später erhoben.

Einen genauen Einblick in den Ablauf des Benivieni-Skandals liefert der Florentiner Kunstsammler Alessandro Foresi, dessen

Buch *Tour de Babel* 1868 in Paris und Florenz erschien. Darin schildert er die Ereignisse und bezichtigt Bastianini nicht einmal, Fälschungsabsichten gehabt zu haben. Im Gegenteil, er verteidigt ihn als einen großen Künstler. Wer aber war dieser Giovanni Bastianini?

Giovanni Bastianini wurde am 17. September 1830 in Camerata, einem kleinen Ort in der Nähe von Fiesole, geboren. Er ging nicht zur Schule, sondern arbeitete schon als Kind in den dortigen Steinbrüchen. Mit dreizehn kam er zu dem Kupferstecher Francesco Inghirami, der auf Bücher über etruskische Altertümer und toskanische Geschichte spezialisiert war und der den Jungen gegen ein geringes Entgelt in seinem Laden beschäftigte. Hier bekam Bastianini erste Einblicke in die Kunstwerke früherer Zeit. Die Skulpturen, die er bereits damals fertigte, zeigen seine Begabung. Er begann 1844 in der Werkstatt des Florentiner Bildhauers Pio Fedi eine Lehre und wechselte ein Jahr später zu Girolamo Torrini. Beide Lehrer arbeiteten im Stil der Renaissance. 1848 bot der Kunsthändler Giovanni Freppa dem Achtzehnjährigen eine umfassende Ausbildung im Lesen, Schreiben und Rechnen an (Bastianini war nach wie vor Analphabet), dazu die Förderung in Kunsttechniken und Kunstgeschichte sowie eine eigene Werkstatt.

Freppa stellte ihm nicht nur das Material zur Verfügung, sondern gab ihm auch die Gelegenheit, Werke der Renaissance in eigener Anschauung zu studieren, indem er sie ihm in die Werkstatt stellte. Als Lohn erhielt Bastianini zwei Lire täglich. Einzige Bedingung: Bastianini durfte nur für Freppa arbeiten. Der junge Mann sah darin die Chance seines Lebens und willigte ein. Die Verbindung hielt bis 1866 und wurde dann einvernehmlich aufgelöst, nachdem sie offensichtlich schon vorher gelockert worden war.

In den Jahren, die Bastianini für Freppa arbeitete, entstanden unterschiedliche Werke: allegorische Figuren, meist als Kinder oder Putten gebildet, die an Figuren zum Beispiel von Andrea Verrocchio erinnern und wohl auch an diesen geschult waren; Porträts von Zeitgenossen, die wie Renaissance-Büsten anmuten und bei denen häufig die Vorbilder aus dem 15. Jahrhundert benannt werden können. Außerdem schuf Bastianini aber Porträts von historischen Personen, keine Kopien existierender Büsten, sondern Neuschöpfungen. Eine Büste des großen italienischen Dichters Dante signierte er sogar. Andere wie *Ginevra de' Benci, Piccarda Donati* und *Alyossa Strozzi* waren 1851 und 1855 ausgestellt – als eigene Werke. Neben der *Benivieni*-Büste gelangten jedoch auch weitere Büsten als «Renaissance-Werke» in renommierte Museen. Und diese Büsten machten ihn zum Fälscher, der er gar nicht war, und Freppa zum hinterhältigen Kunsthändler, der er in anderen Fällen durchaus gewesen sein mag, nicht aber in Bezug auf die Werke von Bastianini.

Die erste Büste ist die der *Giovanna degli Albizzi*, aus Holz und Stoff, farbig und golden gefasst, die sich in der National Gallery in Washington befindet. Datiert auf 1459 wurde sie früher Desiderio da Settignano zugeschrieben und ging durch einige Hände, bevor sie 1937 mit der Sammlung Mellon in die National Gallery kam. Da die Porträtierte allerdings erst 1468 geboren wurde, hätte die falsche Datierung schon längst Zweifel geweckt haben müssen. Die kamen den Experten der National Gallery allerdings erst 1952. Eine Röntgenuntersuchung bestätigte diese Zweifel, und die Aufzeichnungen von Alessandro Foresi in *Tour de Babel* wiesen eindeutig auf Bastianini als Urheber hin.

Die zweite «anstößige» Büste zeigt *Girolamo Savonarola*, Dominikaner-Mönch in Florenz. Sie tauchte gleichsam wie ein «Renaissance»-Wunder auf, als der einstmals verehrte, aber 1498 auf dem Scheiterhaufen verbrannte Bußprediger eine Art Revival erlebte. Bastianini schuf die Büste aus Terracotta 1863 und verkaufte sie für etwas mehr als 500 Lire – nicht über Freppa, sondern direkt. Nach einem weiteren Besitzerwechsel erhielten die beiden Sammler Giovanni Costa und Cristiano Banti die Büste als ein hervorragendes Werk aus der Renaissance. Sie bezahlten dafür 10 000 Lire. Doch als dann der Skandal um die *Benivieni*-Büste bis nach

Florenz drang, erkundigten sich die Sammler direkt bei Bastianini, ob auch diese Büste von ihm stamme – und der war ehrlich. Kurze Zeit später kam der *Savonarola* zusammen mit anderen Werken Bastianinis in das Victoria & Albert Museum in London, als Werke des 19. Jahrhunderts.

Die dritte Büste war dann die oben beschriebene des Renaissance-Dichters und Savonarola-Freundes *Girolamo Benivieni*, die Bastianini 1863 oder 1864 aus Terracotta modellierte und für die ihm Freppa 300 Lire zahlte – gemessen an dem *Savonarola* ein Freundschaftspreis.

Eine vierte Figur wurde erst kürzlich «entlarvt»: eine ganzfigurige Terracotta-Statue von *Giovanni delle Bande Nere*, dem Vater von Cosimo I. de' Medici, Großherzog der Toskana. Sie kam 1871 in die Sammlung von Richard Wallace und befindet sich bis heute in der Wallace Collection in London. Sie wurde lange als *Figur eines Kriegers* bezeichnet und galt als einer der sehr seltenen *bozzetti* (Entwürfe/Modelle) für ein großes Renaissance-Denkmal, bis Jeremy Warren, Mitarbeiter der Wallace Collection, 2005 den Briefwechsel zwischen Foresi und einem französischen Sammler publizierte, aus dem eindeutig hervorgeht, dass diese Figur von Bastianini geschaffen wurde. Dass Bastianini eine Figur des Giovanni delle Bande Nere angefertigt hatte, wusste man schon länger, ihr Standort war jedoch unbekannt gewesen. Warren bemühte sich darum nachzuweisen, dass die Figur, die nun als *Giovanni delle Bande Nere* identifiziert werden kann, von Bastianini als Fälschung konzipiert war. Doch dieser Nachweis wurde von einer anderen Bastianini-Forscherin bereits 2006 widerlegt. Anita F. Moskowitz zeigt auch, dass Bastianini weder von den Käufern der *Savonarola*-Büste noch von den Mitarbeitern des Louvre jemals als Fälscher angeprangert wurde.

Als solcher wurde er erst später bezeichnet. Und später kamen auch die Legenden um sein Leben auf, wie etwa die Geschichte, er habe heimlich nachts in der Werkstatt von Freppa seine Fälschungen geschaffen. Das klang geheimnisumwittert. Andererseits sei er so naiv gewesen, dass er – zumindest vor dem Skandal um die *Benivieni*-Büste – keine Ahnung vom Wert seiner Skulpturen gehabt habe, die Freppa dann mit viel Gewinn verkaufte.

Doch selbst das letztere stimmt nicht. Freppa machte mit den Werken Bastianinis keine großen Gewinne. Es gibt Quellen, die belegen, wie viel er Bastianini bezahlte und dann selbst für die Figuren erhielt. Und Bastianini war in Florenz ein angesehener Künstler, der sogar Ehrenämter innehatte. Als er noch für Freppa arbeitete, erhielt er bereits offizielle Aufträge: 1862 schuf er fünf Statuen, mit denen das damals neue, heute zerstörte Theater Politeama Fiorentina geschmückt wurde. 1866 sollte er in dem Komitee mitwirken, das entschied, welche Kunstwerke in das neu gegründete Museo Nazionale di Bargello überführt werden sollten.

Hätte er länger gelebt, wäre ihm bestimmt noch eine große Karriere beschieden gewesen, denn er hatte eine außergewöhnliche Begabung. Seine Plastiken sind keine Kopien, sondern wirkliche Neuschöpfungen, die aber aus der Renaissance zu stammen scheinen. Bei den meisten Fälschungen und Kopien erkennt man oft nach einigen Jahrzehnten Mängel und Fehler. Nicht so bei den Werken Bastianinis. Sie halten auch heute noch der Überprüfung stand und sind ohne Quellenfunde nicht zu «entlarven».

Alceo Dossena oder Die abgeschlagene Hand

Der römische Kunsthändler und Dichter Augusto Jandolo, dessen Geschäft ganz nah bei dem Atelier lag, in dem der Bildhauer Alceo Dossena arbeitete, veröffentlichte 1935 seine Memoiren, die 1939 in Berlin auch auf Deutsch erschienen, als *Bekenntnisse eines Kunsthändlers*. Ein Kapitel dieses Buches heißt: «Der Roman des Fälschers Dossena». Noch nicht einmal dieser Titel konnte andere Autoren davon abhalten, die teilweise völlig frei erfundenen Geschichten abzuschreiben, auch nachdem 1987 die Biographie Dossenas von David Sox erschienen war. Und so stehen uns zwei doch recht unterschiedliche Lebenswege des Alceo Dossena zur Verfügung.

Dossena wurde am 8. Oktober 1878 in Cremona geboren (nicht am 9., wie man häufig lesen kann), und zwar in ärmlichen Verhältnissen, allerdings waren die Eltern nicht künstlerisch vorbelastet, wie vielfach behauptet wird. Dossena kam auf die Scuola d'Arte, ein Typ Kunstschule, wie er in fast allen italienischen Städten anzutreffen ist. Er arbeitete wohl auch in einer Marmorwerkstatt, in der vor allem historistische Brunnen, Portale, Balustraden ausgeführt und alte Marmorarbeiten restauriert wurden. Hinzu kam eine kurze Lehrzeit bei dem Mailänder Bildhauer Annibale Monti, der auf Skulpturen des 15. Jahrhunderts in Süditalien spezialisiert war. Auch um 1900 gab es in Italien noch Kunst-Handwerker, die versuchten, den Stil der Alten Meister, vorwiegend der Renaissance, nachzuempfinden. Da Dossena aus Cremona stammte, der Stadt, in der Antonio Stradivari 200 Jahre zuvor seine berühmten Geigen gebaut hatte, erklärte man ihn später auch zum Fälscher dieser alten Musikinstrumente. Wahrscheinlicher ist, dass Dossena Cremonas Renaissance-Skulpturen eingehend studierte, etwa die von Giovanni Antonio Amadeo und Giovanni Pietro da Rho.

1900 heiratete Dossena und zog ein Jahr später mit Frau und Kind nach Parma. Dort arbeitete er offensichtlich als Steinmetz, fertigte aber auch Skulpturen im Stile der Renaissance an. Viele davon verkaufte er nach Frankreich und in die Schweiz, ob als nachempfundene Werke oder als «Originale» ist nicht bekannt. Das Marmorrelief in der Fondazione Giorgo Cini – ein *Hieronymus in der Wüste* mit der Inschrift «Giovan Pietro da Rho» – ist wohl auch damals entstanden. Heute wird dieses Relief auf 1907 datiert.

Im Ersten Weltkrieg war Dossena erst in Perugia stationiert und kam dann 1915 nach Rom, wo er in einem Waffendepot arbeitete. Das verschweigt uns Jandolo in seinen Memoiren. Dafür erzählt er die rührselige, immer wieder reproduzierte Geschichte, wie es dazu kam, dass Dossena zum Fälscher wurde. Der Soldat kehrte am Weihnachtsabend 1916 heim nach Rom. Er hatte nichts als die Uniform auf dem Leib und ein Relief bei sich, das er in seiner Freizeit gemacht hatte. Er bot das Stück in einer Kneipe an, in der er noch ein Glas Wein trank. Der Wirt kannte einen Goldschmied oder Kunsthändler – jedenfalls ein Schlitzohr – namens Alfredo Fasoli und ließ diesen kommen. Der erkannte sofort den Wert des Reliefs und zahlte Dossena 100 Lire dafür. Das war damals eine Menge Geld; Dossena konnte damit für Frau und Kind ein schönes Weihnachtsfest ausrichten. Fasoli jedoch verkaufte das Relief um ein Vielfaches, auch wenn er gemerkt hatte, dass es sich nicht um ein Original aus der Renaissance handelte, wie er erst geglaubt hatte, sondern um ein zeitgenössisches Stück. Ihm war klar, dass er auf eine Goldgrube gestoßen war, und er setzte alles daran, den Soldaten wiederzutreffen.

Tatsächlich hatte Dossena ab 1918 ein Atelier in Rom. Frau und Sohn lebten allerdings in Parma, denn er hatte inzwischen eine weitere Lebensgefährtin. Der Sohn aus dieser Verbindung, Walter Lusetti, war später selbst Bildhauer und verwaltete das Erbe des Vaters. Beide Söhne wurden Mitarbeiter in der Werkstatt, außerdem zwei Restauratoren, die wohl eher für die technischen Probleme (wie zum Beispiel das Altern der Figuren) zuständig waren.

Der «Alterungsprozess» seiner Figuren gelang Dossena hervorragend. Verschiedentlich kann man lesen, er habe sie in ein Säurebad gelegt, dessen Zusammensetzung bis heute nicht bekannt ist, und sie anschließend mit Wachs behandelt. Der bekannte Restaurator Giuseppe «Pico» Cellini beschreibt eine sehr viel aufwändigere Prozedur. Dossena badete demnach die Skulpturen nicht, sondern behandelte sie mit mehreren chemischen Mitteln, die er dann in den Stein einbrannte. Dem folgte eine schwarze Substanz, die aufgetragen und später wieder entfernt wurde. Und erst dann wurden die Figuren poliert.[16]

Welche Tricks auch immer Dossena benützte, die Skulpturen erschienen auch bei technischen Untersuchungen wie alt, der UV-Test, sonst eine sichere Methode, um das Alter einer Skulptur zu erkennen, griff nicht. Dossena und seine Mitarbeiter müssen also gewusst haben, welcher chemischen Behandlung es bedarf, um eine Skulptur vom Material her wirklich alt wirken zu lassen. Und so hielt sein *Grabmal der Maria Caterina Savelli* von «Mino da Fiesole» – aus dem 15. Jahrhundert! – allen exakten Prüfungen im Museum of Fine Arts in Boston stand.

Dossena arbeitete nicht nur für Fasoli, den es tatsächlich gab, auch wenn die Weihnachtsgeschichte und ihre Begegnung 1916 frei erfunden waren, sondern auch für andere Kunsthändler. Schnell sprach es sich herum, dass da einer imstande war, auf Bestellung Werke nicht nur einer Epoche auszuführen. Antike Stücke beherrschte Dossena ebenso gut wie mittelalterliche und solche der Renaissance – er fertigte eben das, was nachgefragt wurde. Es gelang ihm sogar, nach dem berühmten Bild des mittelalterlichen Malers Simone Martini eine *Verkündigung* in Marmor zu meißeln, die sich heute in Pittsburgh (Frick Collection) befindet. Dies Werk entfesselte damals einen Sturm der Begeisterung. Simone Martini, Maler in Siena, wurde nun postum auch als Bildhauer gefeiert. Weitere Sensationen waren das bereits erwähnte *Grabmal der Caterina Savelli*, das in einer verfallenen Kapelle «gefunden» wurde. «Eindeutig von der Hand Mino da Fiesoles», erwarb es das Boston Museum of Fine Arts für 100 000 Dollar. Der Kunsthändler Jacob Hirsch mit Niederlassungen in Paris und New York soll für die «antike» Statue der *Göttin Athena* 30 Millionen Lire gezahlt haben.

Doch wo kamen all die Meisterwerke plötzlich her? Denn meist fehlte doch der lückenlose Provenienznachweis.

Dieser Mangel war damals einfach zu erklären. Nach dem Krieg waren viele Adlige verarmt und mussten sich vom Familienerbe trennen. Das hing man ungern an die große Glocke. Und da

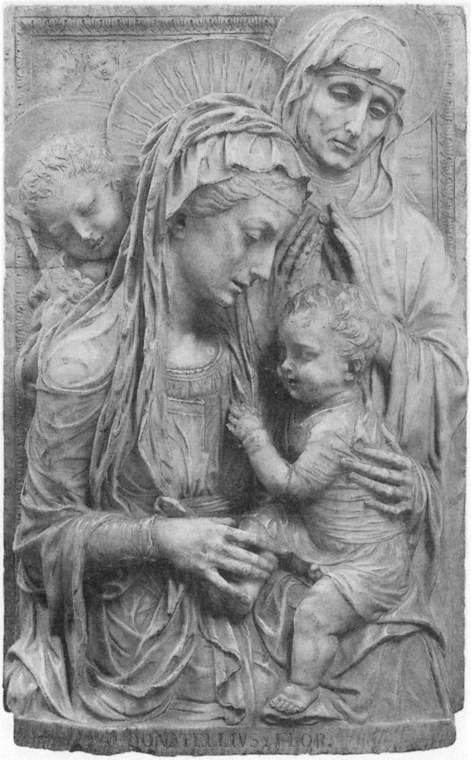

Abb. 8
Alceo Dossena, Maria mit Kind, der hl. Anna und dem Johannesknaben sowie zwei Cherubim (nach Donatello), vor 1927, Marmor, Mailand, Privatsammlung

alle Werke aus Rom stammten – das zumindest wusste man –, lag es nahe, den Vatikan zu verdächtigen, ein wenig vom «Familiensilber» zu verhökern. Aber so etwas erzählte man sich nur hinter vorgehaltener Hand.

Alceo Dossena hatte angeblich keine Ahnung. Er arbeitete auf Bestellung für diverse Kunsthändler und scherte sich nicht darum, was die mit seinen Werken machten. Immerhin: Er hackte fertiggestellten Figuren Hände oder Finger ab, um den Zahn der Zeit sichtbar werden zu lassen. Er behandelte sie mit einer Flüssigkeit, die ihnen den Anschein von Patina gab. Und er signierte die Werke nicht etwa mit seinem Namen, sondern zum Beispiel mit Giovan Pietro da Rho. Das Relief mit der *Muttergottes, Jesus, der Hl. Anna und dem Johannesknaben* in einer Mailänder Privatsammlung trägt die Inschrift «Donatellius. Flor.» (Abb. 8). Dossena kannte sich in der Kunst der Antike, des Mittelalters und der Renaissance so gut aus, dass die Kunsthistoriker seine Werke hervorragend zuordnen konnten – Nicola (oder Niccolò) Pisano, Mino da Fiesole, Donatello und anderen berühmten Künstler aus Mittelalter und Renaissance. Kann es also sein, dass Dossena wirklich nichts von den unsauberen Geschäften wusste?

Er verdiente nicht schlecht, die Kunsthändler zahlten ihm jedoch nur einen Bruchteil von dem, was sie selbst einnahmen. 1927, nach dem Tod seiner Frau – so will es die Fama, die aber nicht sagt, ob es die Frau oder die Geliebte war –, brauchte Dossena Geld, um eine standesgemäße Beerdigung ausrichten zu können. Er forderte von einem seiner Auftraggeber einen Vorschuss. Der aber wurde ihm nicht gewährt – erst die Ware, dann das Geld.

Vielleicht stimmt die Geschichte mit dem Vorschuss. Allerdings waren inzwischen auch einige amerikanische Kunsthändler misstrauisch geworden und hatten Dossena im Verdacht zu fälschen. Davon wiederum hatten Fasoli und andere Kunsthändler gehört, die mit Dossenas Werken handelten und ihn nun loswerden wollten. Und das war vermutlich auch Dossena nicht entgangen. Dossena beriet sich mit einem Rechtsanwalt und zeigte dann die Kunsthändler an, die mit seiner «Ware» handelten: wegen Betrugs. Die Anzeige erschütterte die Kunstwelt. Ob es aber stimmt, dass die Besitzer seiner Werke, also private Sammler und Kustoden verschiedener Museen, glaubten, Dossena wolle sich nur wichtig machen, muss offen bleiben. Zu schnell wird man an Bastianini erinnert. Die Kunsthändler sollen übrigens auch Dossena angezeigt haben – wegen antifaschistischer Äußerungen. Der nahm sich daraufhin einen der bekanntesten faschistischen Anwälte.

In den Memoiren des Antiquars Jandolo spielen die *Athena* und Jacob Hirsch die entscheidenden Rollen. Hirsch, der die *Athena* gekauft hatte, fuhr von New York aus nach Rom und besuchte den Bildhauer in seinem Atelier. Er wollte nicht glauben, dass dieser Mann die *Athena* geschaffen hatte, die er, Hirsch, für eine antike Skulptur hielt. Doch Dossena kramte in einer Kiste, holte die abgeschlagene Hand hervor und überreichte Hirsch das Beweisstück. Jandolo bedient nun alle Klischees: «Die Hände des Juden zitterten, während er das Fragment betastete. Eine leise Blässe hatte sein olivenfarbiges Gesicht überzogen.» Dossena will ihm klarmachen, dass die Hand, die Hirsch in Händen hält, von der *Athena* stammt. Hirsch kontert daraufhin: «‹Glauben Sie nur nicht, daß ich restlos überzeugt bin, aber Statuen aus Ausgrabungen, so schön und interessant sie auch sein mögen, kaufe ich, das schwöre ich, niemals mehr.› Mit diesen Worten schoß er wild wie ein Teufel zur Tür hinaus.»[17]

Jacob Hirsch hatte die *Athena* zwar gekauft, sie aber gleich weitergereicht an den amerikanischen Kunsthändler Harold Woodbury Parsons, den Einkäufer für das Cleveland Museum. Es mag stimmen, dass Hirsch Dossena besucht hat. Fest steht jedenfalls, dass sich auf Anregung von John Marshall, einem anderen US-amerikanischen Kunsthändler, der für das Metropolitan Museum in New York Einkäufe tätigte, eine Gruppe Sachverständiger Anfang 1928 in München traf, darunter Jacob Hirsch, die Archäologen Franz Studniczka und Bernard Ashmole sowie natürlich John Marshall. Sie diskutierten über eine weitere antike Figurengruppe, die Hirsch nach München gebracht hatte und die eine *Entführung* darstellte. Hirsch und Studniczka hielten sie für ein antikes Meisterwerk, Marshall und Ashmole (zu Recht) für eine Fälschung. Auch sie stammte von Dossena.

John Marshall hatte Dossena längst im Visier gehabt, konnte seine Vermutungen aber nicht mehr verifizieren, weil er direkt nach der Münchenreise starb. Es war sein Verdacht, von dem die Kunsthändler gehört hatten und der Dossena dann zu seiner Anzeige bewog.

1928/29 wurde Dossena der Prozess gemacht. Doch dieser endete mit einem Freispruch. Man konnte ihm nichts vorwerfen, denn er hatte nie ein Original kopiert, sondern immer nur «in der Art von ...» gearbeitet. Er hatte die Werke nie selbst verkauft und dabei behauptet, dass es sich um alte Kunstwerke handele. Er hatte sie auch nicht in alten Kapellen aufgestellt. Das hatten die Händler getan. Der Fall Alceo Dossena füllte die Gazetten. Plötzlich war der Bildhauer berühmt und signierte seine Werke nun mit Neo-Donatello. 1930 drehte Hans Cürlis einen Film über ihn. In seinem im selben Jahr erschienenen Buch beschreibt er die Arbeitsweise Dossenas und resümiert dann: «Das Ungewöhnliche seines Schaffens wird so selbstverständlich, daß es uns erst nachher zu Bewußtsein kommt, der Inkarnation eines Meisters der Renaissance und eines attischen Bildhauers zugeschaut zu haben (...) für einen Kunsthistoriker (...) muß dieser Gedanke erschreckend und zugleich ergreifend sein.»[18]

Dossena arbeitete nun auf eigene Rechnung. Er bekam Aufträge von Kirchen, und er sollte ein Gefangenendenkmal in Cremona ausführen. Dazu kam es allerdings nicht. Doch Dossena arbeitete weiter, und offensichtlich fanden sich auch jetzt noch amerikanische Museen, die seine Werke kauften. So entstand noch 1937, also kurz vor seinem Tod am 11.10. des Jahres, eine «etruskische» *Diana*, die ein Kunsthändler für 56000 Dollar an das Saint Louis Art Museum verkaufte. Wir können davon ausgehen, dass Dossena in diesem Fall auch gut entlohnt wurde. Und so ist er auch nicht in einem Armenhospital gestorben, wie uns Jandolo in einer zweiten Ausgabe und der deutschen Übersetzung seines Buches glauben macht und wie seither überall kolportiert wird. Sein Sohn Walter Lusetti sorgte für die Beerdigung des Vaters und wurde zu seinem Nachlassverwalter. Nominell war er auch der Autor des Buches mit den Dossena-Fälschungen, das 1955 erschien. Das hatten aber in

Wirklichkeit der Restaurator Giuseppe «Pico» Cellini und der Kunsthändler Harold Woodbury Parsons geschrieben. Sie wollten damit unter anderem dem Saint Louis Art Museum beweisen, dass dessen *Diana* nicht etruskisch sei. Es dauerte jedoch noch einmal über zehn Jahre, bis sich das Museum von seiner «etruskischen» *Diana* verabschiedete.

Auch heute noch werden Werke von Dossena als solche decouvriert. 1990 veröffentlichte David Sox in der Zeitschrift *Apollo*[19] das Relief einer *Anbetung der Hirten* im Saint Louis Art Museum, das 1953 als Werk von Giovanni Antonio Amadeo erworben worden war und das Sox nun vor allem aus stilistischen Gründen Dossena zuschrieb.

In der Berliner Antikensammlung befindet sich eine sitzende Frauenfigur, bezeichnet als *Persephone von Tarent*, die ins zweite Viertel des 5. Jahrhunderts vor Christus datiert wird. Auch zu ihr wurden immer wieder Stimmen laut, dass es sich um eine Fälschung handeln könnte. Dabei fiel auch der Name Dossena. Giuseppe «Pico» Cellini vermutete,[20] dass der *Kuros* im Getty-Museum in Malibu, den er für eine Fälschung hielt, und die Berliner *Persephone* aus einer Quelle stammen könnten. In den Verkauf der *Persephone* war wiederum Jacob Hirsch involviert, der wohl häufiger von italienischen Händlern betrogen wurde. Allerdings weiß man bereits seit 1914 von Teilen der Figur, sodass es unwahrscheinlich ist, dass Dossena dahintersteckt, denn er hatte damals kein großes eigenes Atelier. Die Berliner halten an der Echtheit ihrer Figur fest, die erst vor kurzem restauriert wurde.

Der Goldschmied und der Holzschnitzer

Alceo Dossena wirkte zwar zu Beginn des 20. Jahrhunderts, gehört aber doch in die Reihe der sogenannten Kopisten-Fälscher des 19. Jahrhunderts. Auch wenn man meist eher die Händler als

Betrüger bezeichnen muss, nicht die Künstler oder Kopisten, wird es sich nicht immer in Erfahrung bringen lassen, inwieweit die Kopisten-Fälscher in die betrügerischen Machenschaften eingeweiht waren. So war es auch im Fall des 1860 geborenen Goldschmieds Israel Rouchomowski, der in Odessa für zwei Brüder arbeitete. Sie lieferten ihm die Bücher, in denen er Motive fand, mit denen er die bestellten Stücke zu verzieren hatte. Viele seiner Werke fanden den Weg in den europäischen Kunsthandel. Die sogenannte *Tiara des Saitaphernes* wurde 1896 vom Louvre für viel Geld angekauft, nachdem die Kunstsachverständigen in Wien abgewinkt hatten. Nur wenig später, 1903, stellte sich dann heraus, dass diese angeblich um 300 v. Chr. für den Skythenkönig Saitaphernes geschaffene goldene Tiara von Rouchomowski stammte, der in Paris sein Können unter Beweis stellte. Er behauptete freilich, nichts von den betrügerischen Absichten der Händler gewusst zu haben, für die er die Tiara, «antike» Trinkkelche, Halsschmuck und andere Dinge geschaffen hatte. Ob er damit die Wahrheit sagte, war schon damals unmöglich zu überprüfen.

Bei dem 1921 geborenen Joseph Rifesser aus Ortisei (St. Ulrich) in Südtirol hingegen weiß man ganz genau, dass er keine betrügerischen Absichten hegte, als er begann, Madonnenfiguren zu schnitzen, wie man sie aus der Gotik kennt. Der aus einer alteingesessenen Holzschnitzerfamilie stammende Peppi (so nennt er sich auch selbst) lernte in der Schule der ebenfalls in Ortisei ansässigen Familie Crepaz die Schnitzkunst und bildete sich auf Reisen weiter, immer die mittelalterlichen Skulpturen im Blick. Er entdeckte Methoden, mit denen es ihm gelang, die geschnitzten Figuren alt aussehen zu lassen, machte aber nie einen Hehl daraus, dass sie von ihm stammten. Zu ihm kamen viele Leute und kauften seine Figuren, darunter auch ein Händler, der bald zur Stammkundschaft zählte und damit Vertrauen genoss. Der kaufte ihm Ende der 1950er Jahre eine besonders schöne Madonna ab. Und diese entdeckte Peppi Rifesser dann im Katalog eines Wiener Auktionshauses: als Arbeit aus Burgund, um 1380 datiert. Er schaltete sofort einen Rechtsanwalt ein. Auf den unvermeidlichen Expertisenstreit folgte die Verhaftung des Händlers.

Dieser Skandal machte Peppi Rifesser berühmt. Er folgte Einladungen in die USA, wurde mehrfach von Fernsehteams bei der Arbeit gefilmt, seine Figuren fanden reißenden Absatz. Er verdiente so gut, dass er sich ein großes Haus bauen konnte, hoch oben, mit freiem Blick auf den Langkofel.

Doch so viele Figuren, wie im Umlauf waren, konnte Rifesser gar nicht produziert haben. Es gab also gefälschte Rifessers. Dieser Boom ist inzwischen Vergangenheit, denn seit einigen Jahren sind alte Madonnen nicht mehr gefragt. Seine Figuren stehen jetzt in seinem großen Haus in einem Raum zusammengepfercht und warten darauf, dass doch vielleicht mal wieder jemand ins Grödnertal kommt, um nicht nur dem Langkofel seine Referenz zu erweisen, sondern auch Peppi Rifesser und seinen Madonnen.

Wie backe ich mir einen Botticelli?

«Das Bild ist so typisch für Botticelli und zeigt den hervorragenden Disegno und die ausgezeichnete Komposition dieses größten aller Florentiner Maler. Die himmlische Schönheit der Madonna ist schwerlich zu vergessen», konnte man 1932 in einer Publikation der in London ansässigen Medici-Gesellschaft lesen. Diese hatte das erst kurz zuvor in London eingetroffene Gemälde *Madonna mit dem Schleier* (*Madonna del Velo*; Abb. 9) zum Bild des Jahres gekürt. Zwei Jahre zuvor war dieses Bild entdeckt worden, und der Kunstsammler Arthur Hamilton Lee, First Viscount Lee of Fareham, hatte es für die stolze Summe von 25 000 Dollar erworben, nachdem es der Kunsthistoriker William George Constable und der Maler und Restaurator Nico Jungmann nach eingehender Untersuchung für echt erklärt hatten.

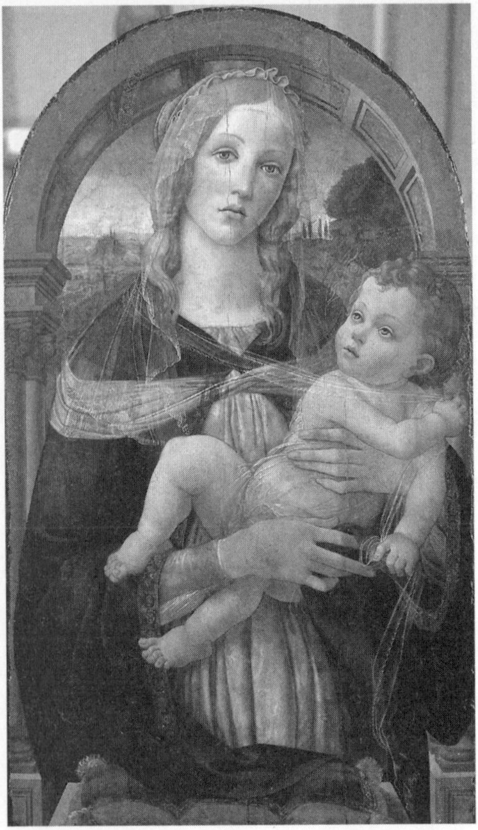

Abb. 9
Umberto Giunti,
Madonna del Velo,
um 1920/29,
Tempera auf Holz,
London,
The Courtauld
Gallery

Lee war Soldat, Diplomat, Politiker und gründete 1932 gemeinsam mit Samuel Courtauld das Courtauld Institute of Art, ein bis heute renommiertes Forschungsinstitut für Kunstgeschichte an der Londoner Universität. Erster Direktor des Instituts war eben jener Constable, der 1923 bis 1931 an der National Gallery in leitender Position tätig gewesen war. Nico Wilhelm Jungmann war ein in England lebender holländischer Maler, der wohl aus Freundschaft zu Lee für diesen auch restauratorisch arbeitete.

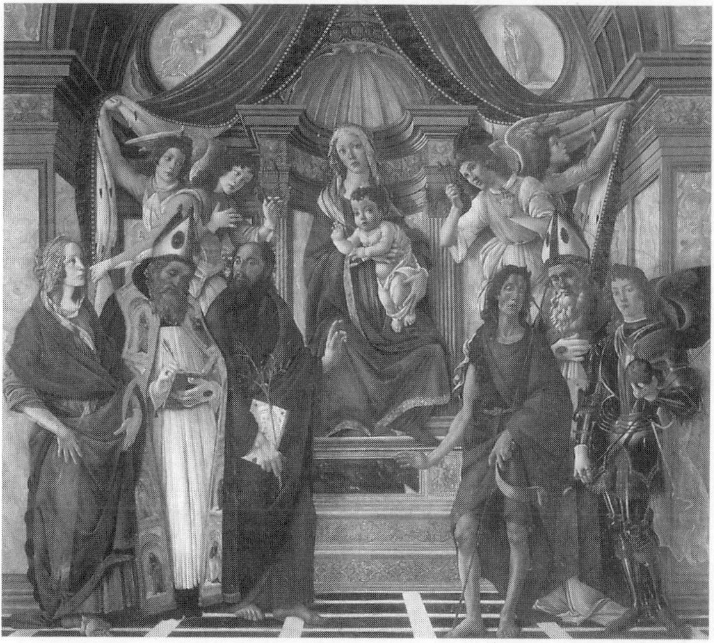

Abb. 10 Sandro Botticelli, Thronende Madonna mit dem Kinde, um 1490, Tempera auf Holz, Florenz, Uffizien

Im Frühjahr 1930 war Lee nach Italien gereist, um für seine Sammlung Werke einzukaufen. Die Idee des Instituts war bereits geboren, hinzu sollte eine veritable Sammlung treten. Lee hatte Kontakt zu einem jungen Juristen und Kunsthändler aus Passion, Luigi Albrighi, von dem er während seines Italienaufenthaltes mehrere Gemälde erwarb, darunter besagte *Madonna*. Im Herbst 1930 mietete sich Lee in Venedig einen Palast, der dem Kunsthändler Carlo Balboni gehörte. Dorthin kamen auch Constable und Jungmann, wohl auf Einladung von Lee. Nachdem sie das Bild der *Madonna del Velo* auch röntgenologisch hatten untersuchen lassen, folgerte Constable: «Ich habe keinen Zweifel, dass das Bild aus dem späten 15. Jahrhundert stammt.» Jungmann bestätigte dies und fügte hinzu, er könne es sich nicht vorstellen, dass irgendein Zweifel an Authentizität und Datum bestehe. Am 27. Oktober 1930 wurde der Kauf perfekt gemacht, und das Bild ging am 11. November 1930 auf die Reise nach London. Ihm folgten später noch eine *Hl. Familie mit dem Lamm*, Raffael zugeschrieben, und eine *Krönung Mariens* von Guido da Siena, die bis heute als sienesisches Werk des 13. Jahrhunderts gilt.

In London angekommen, wurde das Bild erneut genauestens untersucht und gereinigt. Jungmann bestätigte in einem Brief vom 23. Mai 1933, dass es übermalt und leicht beschädigt gewesen sei, sich darunter aber die originale Tempera-Malerei befunden habe, wie man ja nun, nach der Restaurierung, unschwer erkennen könne. Schon zuvor hatte man das Bild mit der sogenannten *Madonna di San Barnaba* verglichen, einer großen Tafel von Botticelli, die er um 1488 geschaffen hat und die sich heute in den Florentiner Uffizien befindet (Abb. 10). Und obwohl es bereits kurz nach der Entstehung der Altartafel für die Kirche San Barnaba zahlreiche Kopien und Adaptionen dieses Werkes gab, schien die in ihren Gesichtszügen sehr ähnliche *Madonna del Velo* mit Sicherheit ein Werk Sandro Botticellis zu sein. Sie fand einen prominenten Platz in der Sammlung von Lee, die er ab 1938 in neuen Galerieräumen präsentierte.

Doch nicht alle reihten sich in den Jubel ein. Bereits 1933 wurden erste Zweifel an der Echtheit des Bildes laut, geäußert von dem damaligen Shooting-Star der Kunsthistoriker, dem mit 30 Jahren jüngsten Direktor der National Gallery in London, Kenneth Clark. Ihn erinnerte die *Madonna* an die Schönheit einer Stummfilm-Diva. Vermutlich teilte auch der Sammler Bernard Berenson, von dem noch die Rede sein wird, diese Zweifel.

Lee war an neuen wissenschaftlichen Untersuchungsmethoden sehr interessiert. Nur zwei Jahre nach Gründung des Courtauld Institute sorgte er dafür, dass eine Abteilung eingerichtet wurde, die neue technologische Untersuchungen der Bilder durchführen konnte, also mikroskopische Analysen, Materialanalysen, vor allem aber auch Röntgenuntersuchungen. Allerdings waren die technischen Voraussetzungen noch nicht so weit gediehen, dass es dadurch tatsächlich möglich gewesen wäre, die Malweise eines Künstlers zu erkennen. So war bei der *Madonna del Velo* durch die Untersuchung lediglich gesichert, dass nur alte Materialien gebraucht worden waren. Das zweite von Lee gekaufte Bild, die *Heilige Familie mit dem Lamm*, angeblich von Raffael, wurde von Arthur Pillans Laurie, Chemieprofessor und erstem Experten für die Analyse von Gemälden, folgendermaßen charakterisiert: «Dieses Bild ist ein Ölgemälde auf Holz und ein authentisches Werk vom Ende des 15. oder Anfang des 16. Jahrhunderts. Die benützten Farben stammen aus der Zeit Raffaels.»[21] Doch ob es sich nun um einen Raffael handelte oder nicht, konnte mit naturwissenschaftlichen Methoden damals nicht herausgefunden werden.

1947 starb Lee, und seine Sammlung kam ins Courtauld Institute, wo sie sich auch heute noch befindet. Mitte der 1950er Jahre wurde die *Madonna del Velo* dann einer erneuten Prüfung unterzogen. Und mit den nun zur Verfügung stehenden Mitteln stellte man eindeutig fest, dass es sich um eine Fälschung handelt. Die Tafel besteht aus drei Brettern, einem großen und zwei kleineren. Die Bretter stammen zwar aus der Zeit Botticellis, die Röntgenaufnahme zeigte aber auch, dass das Holz wurmstichig war. Die Löcher des Holzwurms waren vor der Bemalung ordentlich zugeschmiert worden. Und das ist (wie schon im Anfangskapitel erwähnt) ein ziemlich sicherer Beweis dafür, dass das Holz bei der Bemalung schon alt war. Eindeutig wurde der Tatbestand der Fälschung dadurch, dass moderne Nägel die Bretter zusammenhielten. Die Krakelluren waren offensichtlich durch Backen im Ofen entstanden. Und bei der chemischen Analyse zeigte sich dann auch, dass moderne Pigmente verwendet worden waren. Diese wurden 1993 bei einer erneuten Untersuchung noch genauer bestimmt, sodass nun mit Sicherheit gesagt werden kann, dass es sich nicht um Übermalungen eines alten Bildes, sondern um eine Neuschöpfung handelt. Doch wer war der Fälscher?

In Siena hatte sich um die Jahrhundertwende eine ganze Gruppe von Künstlern etabliert, die im alten Stil malten und die Bilder dann verkauften. Händler brachten sie ins Ausland. Wie für Skulpturen gab es auch für Malereien vor allem in den USA einen großen Markt, der bedient werden wollte. Kunsthändler wie Carlo Balboni tauchten immer wieder als Zwischenhändler auf, zum Beispiel auch für Jacob Hirsch (s. S. 89). Einer der führenden Köpfe dieser Sieneser Künstler war Icilio Federico Joni. Als Waisenjunge hatte er bei einem Vergolder seine Ausbildung erhalten. Schon damals merkte er, dass er eine Begabung fürs Kopieren hatte, darüber hinaus aber auch Eigenes im Stil der Alten Meister schaffen konnte. Zu seinen späteren Bewunderern gehörten die Sammler Bernard und Mary Logan Berenson. Letztere hielt die erste Begegnung mit Joni am 4. Oktober 1899 in ihrem Tagebuch fest: «Wir haben unseren Fälscher aufgestöbert – das war nicht schwer –, denn es ist eine ausgelassene Bande junger Männer, Verwandte und Freunde, die diese Werke als Gemeinschaftsarbeit machen. Einer zeichnet, einer koloriert, einer packt Dreck drauf, einer macht die Rahmen und eine Schar von Kindern mit einem riesigen Hund bewacht die Bilder, die in der Sonne liegen, um zu ‹altern›. Eine richtige Renaissance-Gruppe von ganz guten Handwerkern, mit Sportsgeist, Lust auf Burleskes und auf ihre Arbeit, die sie nicht im Geringsten als Kunst betrachten. Ihr Anführer heißt Federigo Joni, ein verwegen aussehender dreißigjähriger Mann, sehr frei und unbekümmert – ein guter Kerl. Sie verstecken nichts.»[22] Zuvor, im Juni des Jahres, waren die Berensons in Venedig bei einem Antiquitätenhändler auf Bilder gestoßen, die ihrer Meinung nach Fälschungen waren, eine Tatsache, die der Händler leugnete. Ihnen kamen schon damals Zweifel, ob alle Bilder in ihrem Besitz echt waren.

Natürlich schrieb auch Joni irgendwann seine Memoiren, in denen Berenson einmal mit vollem Namen genannt wird, dann aber auch als Samberen aufscheint. Dort lässt sich Joni – allerdings sehr diskret – auch über einen Freund und Mitarbeiter aus, Umberto Giunti. Er hatte in Jonis Werkstatt gearbeitet, gehörte also fraglos zu den jungen Männern, die Mary Logan Berenson beschrieben hatte. Giunti studierte am Istituto d'Arte in Siena und wurde dann Mitarbeiter von Joni, der sich dafür einsetzte, dass der junge Mann an besagtem Institut bereits 1923 Professor für Ornamentik wurde. Sein Können stellte Giunti vor allem bei der Ausmalung der Sala della Consulta im Sieneser Palazzo Pubblico unter Beweis, wo er 1927 den damaligen Podestà (eine Art Bügermeister) malte, wie er die Stadt Siena aus den Händen der Jungfrau Maria empfängt – alles im Stil der Renaissance. Dieser Giunti war auch der Schöpfer der *Madonna del Velo*. Das sollte aber erst Gianni Mazzoni Anfang der 1990er Jahre herausfinden.

Freskenfragmente in verschiedenen Museen, die Sassetta, Filippino Lippi oder Botticelli zugeschrieben waren, wurden 1971 von dem Kunsthistoriker Federico Zeri als Fälschungen ein und derselben Hand erkannt und einem «Meister» mit dem Notnamen «falsario in calcinaccio» zugeschrieben, was sich frei als «Fälscher in Kalkputz» übersetzen lässt. Gianni Mazzoni stellte anhand von Stilvergleichen zum Beispiel mit den offiziell von Giunti gemalten Fresken in Siena die These auf, dass es sich um niemand anderen als eben diesen Umberto Giunti handele. Dies konnte dann anhand von Giuntis Archiv, das sich bei seinen Erben fand, verifiziert werden. Und dort fanden sich auch Unterlagen, die seine Arbeitsweise bei der *Madonna del Velo* dokumentieren, die nun um 1920/29 datiert wird.

Giunti besaß zum Beispiel eine Photographie der *Madonna di San Barnaba*, mit deren Hilfe ja auch die Zuschreibung der *Madonna del Velo* an Botticelli überzeugend gelungen war. Dazu besaß er aber auch noch zwei Aufnahmen nur des Kopfes der Madonna. Eine von ihnen war seitenverkehrt. Und genau so hat Giunti die Madonna dann bei der *Madonna del Velo* gemalt, mit quasi derselben Kopfhaltung, wie sie die Madonna auf der Barnaba-Tafel besitzt, eben nur in die andere Richtung gedreht (Abb. 11). Es fand sich auch noch das Photo einer jungen Frau mit einer ähnlichen Kopfhaltung, deren Gesichtszüge ebenfalls der *Madonna del Velo* vergleichbar sind, denn wie viele Kollegen (z. B. Bastianini) bediente sich auch Giunti moderner Gesichter bei seinen Fälschungen (was wiederum für die Beobachtungsgabe von Kenneth Clark spricht). Die Darstellung von Zeitgenossen ist einer der Gründe, weshalb Fälschungen oft in ihrer Zeit nicht erkannt werden. Erst eine Generation später schüttelt man den Kopf über die Expertisen. Hierfür ist die *Madonna del Velo* ein hervorragendes Beispiel. Bis auf ganz wenige Zweifler (eben Clark und vielleicht noch Berenson) waren sich alle darüber einig, dass es sich bei der *Madonna* um ein herausragendes Werk von Botticelli handelt. Vergleichen wir heute nur die beiden Gesichter, wird ziemlich schnell deutlich, wie viel weniger Ausdruck die Giunti-Madonna besitzt. Ihre Augen blicken nicht den Betrachter an, sondern starren ins Leere. Ihrem Gesicht fehlt die Modellierung von Licht und Schatten, die es lebendig erscheinen lässt. Alle Unebenheiten sind eliminiert, das macht sie nicht schöner, sondern irgendwie «charakterschwächer». Es nimmt nicht Wunder, dass das Bild nach geraumer Zeit noch einmal einer wissenschaftlichen Prüfung unterzogen wurde – wahrscheinlich nachdem bereits vom Augenschein her Zweifel an der Authentizität aufgekommen waren.

Arthur Lee hat nicht mehr erlebt, dass «seine» Botticelli-Madonna als Fälschung entlarvt wurde. Wahrscheinlich hat sich Umberto Guinti jahrzehntelang ins Fäustchen gelacht. Warum hätte er sich outen sollen? Er war ein renommierter Kunstprofessor. Wie erst durch die Öffnung des Archivs der Familie Giunti bekannt wurde, arbeitete er offensichtlich sehr erfolgreich mit Luigi Albrighi zusammen, dessen eigentlicher Beruf als Rechtsan-

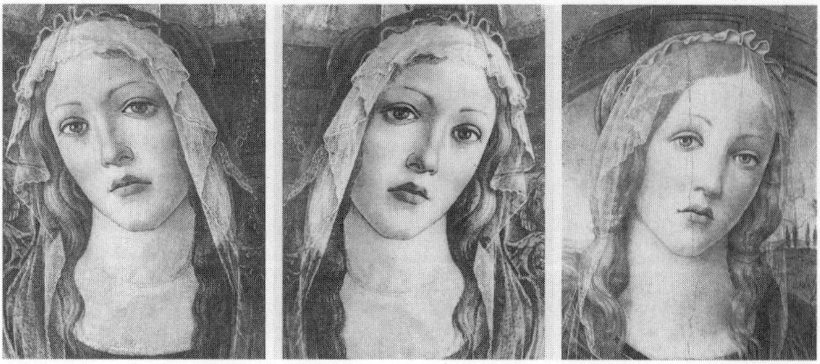

Abb. 11 Die drei Köpfe der Madonna (Abb. 9 und 10): Original – seitenverkehrte Photographie (Nachlass U. Giunti) – Fälschung

walt auch ihn seriös scheinen ließ. Albrighi hatte wohl nicht nur die *Madonna del Velo* an Lee verkauft, sondern auch andere Werke von Giunti erfolgreich veräußert.

Erst ein Jahr nach Giuntis Tod kam ihm Federico Zeri auf die Spur, doch konnte er ihn noch nicht identifizieren. Das dauerte noch einmal zwei Jahrzehnte. Heute besitzen wir durch das erhaltene Archiv mit seinen Photos und Briefen einen Fundus an Wissen darüber, wie man Bilder fälscht.

Denn Giunti hielt seine Erfahrungen nicht komplett geheim. Er pflegte zum Beispiel einen regen Austausch mit seinem Schüler Bruno Marzi darüber, wie dieser ein Bild fertigen sollte, das dann Matteo di Giovanni (um 1435–1490) zugeschrieben werden konnte. Giunti schickte Marzi eine Zeichnung, bei der ihm mehrere Bilder von Matteo di Giovanni als Vorlagen gedient hatten, sodass es sich nicht um die genaue Kopie eines Bildes, sondern um ein «neues» Bild handelte. Diese Zeichnung nun sollte Marzi in eine «alte» Altartafel umsetzen. Sein Lehrer gab dazu auch noch technische Anweisungen: Die Grundierung solle er mit bestimmten Sorten Kasein, Eiweiß und Leim anmischen. Für die Farben benötige er dann eine Mischung aus Eigelb und Dextrin, um die Pigmente zu binden. Nach all den Erklärungen bemerkt Giunti zwar, dass Marzi das alles eigentlich auch wisse, es aber immer wieder wichtig sei, sich alle Schritte vor Augen zu halten, um sorgfältig zu arbeiten.

Marzi gehörte also auch zum Kreis der Sieneser Fälscher. Er wusste mit Sicherheit, wer die *Madonna del Velo* gemalt hatte, wer der «falsario in calcinaccio» war. Aber auch er schwieg.

Expertisen und Experten

Heutige Kunstfälscher freuen sich immer wieder darüber, den Experten ein Schnippchen zu schlagen. Sie brüsten sich damit, wenn es ihnen gelingt, Echtheitsnachweise und Gutachten für frisch gemalte Bilder zu erhalten. Und einige windige Experten freuen sich ihrerseits, Händlern und Kunstliebhabern dasselbe Schnippchen zu schlagen. Experten und Expertisen hat es auch früher schon gegeben. Rolle und Reputation haben sich im Laufe der Jahrhunderte allerdings entscheidend geändert.

Zwölf Bilder suchen ihre Meister

Gerrit Uylenburgh (häufig auch Ulenborch genannt) war der älteste Sohn des Amsterdamer Kunsthändlers Hendrick Uylenburgh, für den Rembrandt in jungen Jahren gearbeitet hatte. Der Sohn war in der renommierten Kunsthandlung des Vaters beschäftigt und übernahm diese nach dessen Tod.

In der Literatur wird er jedoch zu einem talentlosen Malergehilfen, der junge, begabte Maler um sich scharte, sie Bilder fälschen ließ und diese dann zum Verkauf anbot. Als er 1671 dem Kurfürsten von Brandenburg Bilder italienischer Meister andrehen wollte, ließ dieser die Bilder von seinem Hofmaler Hendrick Fromantiou prüfen, der selbst einmal bei Uylenburgh gearbeitet hatte und die Bilder als Fälschungen erkannte. In dem nachfolgenden Prozess traten über fünfzig Sachverständige auf. Die einen erklärten die Bilder für Originale, die anderen für Fälschungen.

Als erster «Kunstskandal mit gekauften Sachverständigen» liest sich die Geschichte noch einmal ein wenig anders: Fromantiou äußerte dem Kurfürsten gegenüber die Vermutung, dass die Originale in holländischen Sammlungen hingen, die aber nicht zugänglich seien. Daraufhin lehnte der Kurfürst die Bilder ab, Fromantiou brachte sie zurück nach Holland und konsultierte dort andere Maler, welche die Bilder ebenfalls als Fälschungen bewerteten. Uylenburgh seinerseits erreichte daraufhin, dass eine Sachverständigenkommission einberufen wurde, in der lauter Vertraute von ihm saßen, die die Bilder erwartungsgemäß als Originale einschätzten. Darauf folgte wiederum eine von Fromantiou einberufene Kommission. Letztendlich hatten viele Sachverständige die Bilder als Originale, viele andere sie als Kopien bewertet. Der Kurfürst kaufte die Bilder nicht, und Uylenburghs Versuch, sie anderweitig zu verkaufen, schlug fehl.

In beiden Varianten steckt ein Stückchen Wahrheit. Spannend ist, dass so viele Künstler als Sachverständige aufgeboten wurden, um ein Urteil über die Bilder abzugeben. Aber ging es tatsächlich um Original und Fälschung?

Heute wissen wir, dass die Bilder wohl alle keine Fälschungen waren, denn es ist sicher, dass sie nicht als Kopien in Uylenburghs Werkstatt entstanden sind. Die Quellen, die Friso Lammertse und Jaap van der Veen in den Archiven von Berlin, Antwerpen, Rotterdam und anderen Orten fanden und auswerteten, sprechen eine sehr deutliche Sprache.[23] Wieder wurde eher eine Geschichte gefälscht als die Kunstwerke selbst. Die «wahre» Geschichte lässt sich wohl so rekonstruieren:

1671 bot Uylenburgh dem Großen Kurfürsten, Friedrich Wilhelm von Brandenburg, Gemälde von Michelangelo, Tizian, Giorgione und anderen italienischen Meistern, dazu antike Skulpturen zum Verkauf an. Der Kurfürst schickte eine Delegation nach Amsterdam. Alexander Freiherr von Spaen führte die Verhandlungen und kam mit Uylenburgh überein, dreizehn Bilder und einige

Skulpturen in Kommission nach Berlin zu schicken. Der Große Kurfürst hatte also auch das Recht, sie abzulehnen. Er war jedoch begeistert, und der Vertrag wurde geschlossen.

Nun behauptete aber sein Hofmaler Fromantiou, die Bilder seien Kopien. Ob es sich um zeitgenössische, in Italien gefertigte Kopien oder erst zu einem späteren Zeitpunkt in Holland ausgeführte handelte, sagte er nicht. Als Uylenburgh von diesen Unterstellungen hörte, reiste er sofort nach Berlin, im Gepäck eine Bescheinigung der Bürgermeister von Amsterdam über seine Ehrlichkeit und Integrität (heute würden wir so etwas als amtliches Führungszeugnis bezeichnen). Der Große Kurfürst war sichtlich beeindruckt und forderte seinerseits nun Fromantiou auf, mit den Bildern nach Amsterdam zu fahren, um sie dort Malern zur Prüfung vorzulegen, sobald das Eis geschmolzen und die Flüsse wieder schiffbar seien.

Anfang Mai 1672 kam Fromantiou in Amsterdam an. Die Bilder wurden ausgestellt, doch Fromantiou interessierte sich nicht für die vom Magistrat bestellten Sachverständigen, sondern lud selbst Maler seiner Wahl ein. Die einen Maler hielten die Bilder für schlecht gemalte, armselige Arbeiten, andere für italienische Werke, die meisten sehr gut ausgeführt. Uylenburgh beschuldigte Fromantiou, dass er nur Maler ausgesucht habe, die mit ihm befreundet seien und kein objektives Urteil abgegeben hätten. Und da hatte er wohl nicht ganz Unrecht. Denn Fromantiou selbst suchte, nachdem die Mehrzahl der Maler ein positives Urteil abgegeben hatte, nach weiteren Beweisen und reiste mit den Bildern weiter – nach Den Haag, Antwerpen und Rotterdam. Überall holte er die Meinungen bekannter Maler ein. Sogar Johannes Vermeer urteilte über die Bilder, sein Urteil war eher niederschmetternd. Uylenburgh folgte Fromantiou und ließ überall dort, wo die Bilder ausgestellt waren, nun seinerseits Experten urteilen. Das interessanteste dieser Urteile ist wohl das von Constantijn Huygens d.J., Sekretär des Statthalters, der darauf hinwies, dass die Bilder aus der Sammlung des Kaufmanns Gerard Reynst stammten und dort auch als Originale gegolten hätten. Wir behalten das im Auge.

Fromantiou kehrte nach Amsterdam zurück, überließ die Bilder einem befreundeten Maler, setzte Uylenburgh davon in Kenntnis, dass er sie dort abholen könne, und fuhr zurück nach Berlin. 1673 endlich erhielt Uylenburgh die Bilder zurück – wie man sich vorstellen kann, in einem denkbar schlechten Zustand. Nun versuchte er, sie in einer größeren Auktion zu verkaufen, doch die Zeiten hatten sich vor allem durch den Holländisch-Französischen Krieg (1672–1678) geändert, den Kunstsammlern saß das Geld nicht mehr so locker in der Tasche. Uylenburgh blieb auf seinen Bildern sitzen und musste 1675 Konkurs anmelden.

Da sich eine Liste der fraglichen Bilder erhalten hat, konnte man inzwischen feststellen, dass viele von ihnen tatsächlich aus der Sammlung Reynst stammten und heute wenigstens durch reproduzierende Kupferstiche, die damals von ihnen gemacht wurden, bekannt sind. Es waren zwar wohl nicht alles Werke der Maler, denen sie damals zugeschrieben wurden, aber doch zumindest Werkstattarbeiten aus Italien. Die Art und Weise, wie Fromantiou agierte, lässt darauf schließen, dass er, aus welchen Gründen auch immer, ein großes Interesse daran hatte, Uylenburgh zu schaden. Das ist ihm nicht nur damals gelungen, denn dessen Konkurs ist bestimmt auch auf diese Aktion zurückzuführen, sondern wirkt bis heute, wo wir immer noch lesen können, dass Uylenburgh ein Betrüger war. Fromantiou hingegen ist ein unbescholtener (wenn auch ziemlich unbekannter) Künstler geblieben.

Bernard Berenson und Joseph Duveen

«Dennoch ist der Experte alles in allem unser bester Verbündeter in punkto Bilder-Marketing. Daß er gelegentlich Fehler macht, gereicht uns nur zum Vorteil», schrieb Eric Hebborn in seinem

Handbuch.[24] Ein Experte oder Kenner (Connaisseur) gerät immer dann in die Kritik, wenn er zu erfolgreich ist. Denn solch ein Erfolg, so meint man, kann nicht mit rechten Dingen zugehen. Und so ist auch die Unterstellung, Bernard Berenson habe mit unlauteren Mitteln gearbeitet, zu verstehen.

Der in Litauen geborene Berenson kam mit seinen Eltern als Neunjähriger nach Boston, hatte das Glück, gefördert zu werden, und erhielt die Gelegenheit, in Harvard Kunstgeschichte zu studieren. Dank einer reichen Mäzenin, Isabella Stewart Gardner, konnte er ab 1887 in Europa die Malerei vor Ort studieren. Er eignete sich die Morelli-Methode (s. S. 37 ff.) an, erweiterte sie aber für sich um den Aspekt, dass ein Werk auch in seiner ganzen Komplexität zu berücksichtigen sei. Berenson blieb in Europa und ließ sich in Florenz nieder. Er kaufte für Isabella Stewart Gardner Bilder ein, wobei er sowohl vom Verkäufer als auch von ihr Provision verlangte. Außerdem baute er sich eine eigene Kunstsammlung auf – vor allem mit günstigen Bildern. Viele davon waren gefälscht, wie sich später herausstellte, und stammten aus dem Laboratorium von Icilio Federico Joni, mit dem Berenson später eine enge Freundschaft verband (s. S. 98). Joni restaurierte auch für Berenson. Ob dieser allerdings jemals wissentlich Bilder von Joni durch sein Urteil «veredelte», bleibt unklar. Joni behauptete dies in seiner Autobiographie, änderte allerdings den Namen «Berenson» in «Samberen». Die englische Ausgabe dieser Autobiographie war innerhalb kürzester Zeit vergriffen. Dahinter – so vermutet man – steckte der Kunsthändler Joseph Duveen, der kein Interesse daran hatte, dass Jonis Enthüllungen in Amerika publik wurden. Auch das mag jedoch wieder nur ein Gerücht sein.

1895, also acht Jahre, nachdem Berenson die USA verlassen hatte, in die er nur noch besuchsweise zurückkehrte, wurde in London eine Ausstellung eröffnet, die Werke aus venezianischem Privatbesitz zeigte. Zwei Tage nach der Eröffnung publizierte Berenson auf eigene Kosten einen Katalog, in dem er zu beweisen suchte, dass fast alle Bilder falsche Zuschreibungen besäßen. Von 33 Tizian-Gemälden hielt er ein einziges für authentisch, der Rest war für ihn minderwertige Ware.

Die Empörung war groß. Kunsthändler und Besitzer polemisierten öffentlich gegen Berenson. Einer aber, besagter Joseph Duveen, nahm trotz lauten Protests Kontakt mit Berenson auf und fragte ihn, ob er bereit sei, als Berater für ihn tätig zu werden. Duveen hatte gemeinsam mit seinem Onkel Henri eine florierende Kunsthandlung mit Sitz in London und New York. Die Zusammenarbeit von Berenson und seiner Frau Mary mit Duveen hielt bis 1937 an, ab 1912 hatte Berenson sogar einen schriftlich verfassten Beratervertrag. Und das Ehepaar Berenson verdiente nicht schlecht bei Duveen. Immerhin konnten die beiden es sich schon 1905 leisten, die Villa I Tatti bei Florenz zu kaufen, in der sie bereits seit fünf Jahren lebten. Berenson überlebte seine Frau und residierte bis zu seinem Tod in der Villa, die seitdem ein amerikanisches Forschungszentrum für Kunsthistoriker geworden ist.

Über Duveen gibt es einige nicht ganz lautere Geschichten – wie über fast jeden Kunsthändler. In eine Reihe von Fällen soll Berenson involviert gewesen sein. Man sagt ihm nach, er habe Fälschungen mit falschen Expertisen hochgejubelt. Auf der anderen Seite sollen er und Duveen Bilder zu Fälschungen oder zu minderwertiger Ware erklärt haben, um den Preis zu drücken und sie über Strohmänner selbst zu erwerben. Den Reibach machten sie dann gemeinsam. Diese Behauptungen werden unterstützt durch ein Buch des Journalisten Colin Simpson, der sich allerdings in der Kunstgeschichte nur schlecht auskannte und deshalb vollkommen falsche Dinge in die Welt setzte. Der Knalleffekt, den das Buch haben sollte, blieb aus. Und trotzdem finden sich in den Büchern, die von Fälschungen handeln, die Namen Berenson und Duveen immer wieder, gestützt auf die von Simpson herausgefundenen «Fakten».

Berenson, der Sohn eines jüdischen Forstangestellten aus Litauen, später Hausierer in Boston, hatte es mit dem Wissen eines «Connaisseurs» (und er wird oft als der Letzte dieser Spezies bezeichnet) und der Erfahrung eines guten Kunsthändlers zu wirklichem Reichtum gebracht. Das machte skeptisch, gerade in Kreisen, in denen sich die Familien bewegten, die seit Generationen über genügend Geld verfügten. Einer, der aus einer solchen Familie stammte, der Hamburger Kunsthistoriker Aby Warburg, lehnte Berensons Methode der Zuschreibung ab. Ihn interessierten andere, historische und interkulturelle Ansätze und nicht die Händescheidung, also die Frage nach der Urheberschaft eines Werkes, die sich dann häufig auf die Frage verlegte, ob ein Bild nun von Raffael, seinem Schüler, einem Nachahmer oder dem Freund eines Schülers sei. Berenson und seine Frau Mary gehörten für ihn zu den «enthusiastischen Kunstgeschichtlern» oder besser noch zu den «Attribuzzlern». Er verachtete aber auch den Aufsteiger und Geschäftemacher und bezeichnete ihn als einen der «schnuppernden Gelichter».[25] Das Urteil Warburgs und anderer Mitglieder des Großbürgertums mögen zu dem Ruf beigetragen haben, den Berenson (auch) hatte. Andere schätzen ihn gerade wegen seiner Kennerschaft und erkannten, dass er zu den Begründern einer modernen italienischen Kunstgeschichte gehörte.

Wilhelm Bode und die Florabüste oder: Wenn ein Bild lange genug im Museum hängt ...

Im Berliner Bode-Museum befindet sich eine *Flora* genannte Wachs-Büste, deren Herkunft und Datierung bis auf den heutigen Tag umstritten sind. Im Bildarchiv Preußischer Kulturbesitz ist aus den Angaben zu entnehmen, dass die Büste aus dem 16. Jahrhundert stammt und der Schule oder dem Umkreis Leonardos zuzurechnen ist. Im Bode-Museum selbst ist man sich da nicht (mehr) so sicher. Dort ist die Büste in den Studiensaal verbannt. Die Beschriftung lautet: «England?, 19. Jh.? (...) Sowohl Leonardo da Vinci bzw. seinem Umkreis zugeschrieben als auch als Fälschung des 19. Jahrhunderts betrachtet.»

Was es mit diesen unterschiedlichen Einschätzungen auf sich hat, erzählt eine Geschichte, in der es um Original und Fälschung geht, um Behauptung und Gegenbehauptung, um Zu- und Abschreibungen und vor allem um die Macht eines Museumsmannes.

Wenn ein Bild lange genug in einem Museum hängt, wird es zu einem Original. Diese Ansicht vertrat Elmyr de Hory in dem Film *F for fake* von Orson Welles (s. S. 130 f.). Wilhelm Bode, langjähriger Direktor der Berliner Museen, war offensichtlich schon vor Elmyr dieser Meinung.

1909 gelang ihm ein großer Coup: Er kaufte ebenjene *Flora*-Büste für den exorbitanten Preis von 160 000 oder 185 000 Goldmark – über die genaue Summe sind sich die Quellen nicht einig. Erst kurz zuvor war die Büste auf dem englischen Kunstmarkt aufgetaucht. Woher sie stammte, wusste niemand, aber ihr Urheber hieß mit an Sicherheit grenzender Wahrscheinlichkeit Leonardo da Vinci. Davon war Bode überzeugt, und davon ließ er sich auch nicht abbringen, als in England Stimmen laut wurden, die behaupteten, dass der Bildhauer Richard Cockle Lucas die Büste Mitte des 19. Jahrhunderts geschaffen habe. Das bestätigte auch der Sohn des Bildhauers, der Maler Albert Dürer Lucas, der sich, damals schon über achtzigjährig, zu Wort meldete und sich genau daran erinnerte, wie sein Vater im Jahr 1846 an der Büste gearbeitet hatte.

Lucas war bekannt für seine Kopien und spezialisiert auf Werke der Antike und der Renaissance. Die Büste hatte sich auch tatsächlich in seiner Werkstatt befunden und war von dort aus in den Kunsthandel gelangt. Lucas junior verfasste nicht nur eine eidesstattliche Erklärung, er wusste auch noch genau, dass sich im Kern der Büste Stoffreste befinden müssten. Diese fanden sich dann tatsächlich. Doch all diese Argumente erschütterten Bodes Urteil, dass es sich um eine Arbeit von Leonardo handeln müsse, nicht. Daraufhin entbrannte ein Streit, der sowohl in der allgemeinen Presse als auch in den Fachzeitschriften ausgetragen wurde und sich über zwei Jahre hinzog. Über 700 Artikel finden sich zu diesem Thema. Sie wurden von der Kunsthistorikerin Ute Wolff-Thomsen ausgewertet und analysiert, vor allem um zu zeigen, wie das «System Bode» funktionierte, das heißt, wie ein mächtiger Museumsmann es verhinderte, dass sein Ruf beschädigt wurde. Allerdings musste sie die Antwort schuldig bleiben, ob die Büste nun aus dem 16. oder aus dem 19. Jahrhundert stammt, denn auch die technischen Untersuchungen ergaben keine ganz eindeutigen Befunde.

Aus den Wachsanalysen ging hervor, dass die Büste sowohl Walwachs enthält, das es im 16. Jahrhundert noch nicht in ausreichenden Mengen gab, als auch Stearin, das erst Anfang des 19. Jahrhunderts hergestellt wurde. Das Stearin konnte allerdings auch bei Restaurierungen verwendet worden sein. Und Walwachs hatte es immerhin damals schon gegeben. Deshalb wurde die *Flora* auch noch 2007 in Publikationen dem Umkreis Leonardos zugerechnet.

2008 ergab sich eine völlig neue Situation. Auf dem Kunstmarkt wurde eine Wachsbüste angeboten, die auf verblüffende Weise der Berliner *Flora* ähnelt. Sie trägt die Inschrift: «Pozetto, Romae 1779, C. Domenico». Demnach wurde sie 1779 in Rom hergestellt, wohl von einem C. Domenico. Heute befindet sie sich in einer Mannheimer Privatsammlung. Diese Büste legt die Vermutung nahe, dass auch die Berliner *Flora* in Rom im 18. Jahrhundert – vermutlich sogar in derselben Wachsgießerei – entstanden ist. Lucas hat sie vielleicht in Bruchstücken erhalten mit dem Auftrag, sie wieder zusammenzufügen. Orientiert hat er sich dabei dann an einem Bild der *Flora*, das damals Leonardo zugeschrieben wurde und das in dem *Flora*-Streit auch immer wieder zitiert wurde – von beiden Seiten und mit unterschiedlichen Argumenten. Die starken Eingriffe von Lucas würden dann das Stearin ebenso erklären wie die Tatsache, dass sich der Sohn noch an die Arbeit an der *Flora* und ihr Innenleben erinnern konnte. Lucas veränderte vor allem ihre Haltung. Der Kopf ist nicht so stark zur Seite geneigt wie bei der «neuen» Figur des Domenico. Es könnte also sein, dass vor allem der Hals von Lucas neu geschaffen wurde.

Das alles sind im Moment noch Hypothesen, sie ließen sich aber durch eine vergleichende Gegenüberstellung der beiden Büsten, ihre genaue Vermessung und naturwissenschaftliche Untersuchungen gewiss überprüfen. Dass dies noch nicht geschehen ist, liegt vielleicht auch daran, dass das «System Bode» in Berlin noch immer greift.

Immer wieder passiert es, dass Experten Zweifel an der Echtheit von Kunstwerken äußern, Zuschreibungen bezweifeln, Datierungen infrage stellen. Das wird vor allem dann zu einem Problem, wenn ein Kunstwerk mit öffentlichen Geldern zu einem hohen Preis gekauft wurde – und sich dann herausstellt, dass die Käufer, die meist hochrangige Museumsmitarbeiter sind, einem Betrug aufgesessen sind. Dies beschädigt das Ansehen und kann sich vernichtend auf die Karriere auswirken. Deshalb kann ein von sich und seiner Urteilsfähigkeit überzeugter Mensch kaum zugeben, dass er geirrt hat. Und so bleibt dann eben ein Kunstwerk das, als was es eingekauft wurde: in diesem Fall ein Werk Leonardos (und damit die einzige plastische Arbeit, die wir von ihm kennen) oder zumindest eines aus seinem Umkreis.

Ganz ähnlich ist ein Fall im Getty-Museum in Malibu (s. S. 152 f.) verlaufen – dort ging es um eine Zeichnung des Fra Bartolommeo – oder auch die Geschichte in der Neuen Pinakothek in München. 1986 kaufte der Generaldirektor der Bayerischen Staatsgemäldesammlungen Erich Steingräber das Gemälde *Landschaft bei Auvers* von Charles-François Daubigny für 1,6 Millionen Mark, ein Preis, der für diesen französischen Maler damals als völlig überzogen galt. Bald wurden Stimmen laut, der Daubigny sei gefälscht. Untersuchungen ergaben dann allerdings, dass er wohl aus der Zeit stamme, also keine sehr viel spätere Fälschung sein könne. Steingräbers Nachfolger, Hubertus Falkner von Sonnenburg, hielt das Bild zumindest für zweitrangig. Es wanderte ins Depot. Außerdem äußerte Sonnenburg Zweifel an der Rechtmäßigkeit der Art der Bezahlung. Steingräber hatte während seiner Dienstzeit große Popularität in München erlangt, sodass die Empörung nun groß war. Die Münchner wollten ihn nicht in dieser Weise beschädigt wissen.

Das Bild von Daubigny wurde nicht an den Kunsthändler zurückgegeben, wie es der Kultusminister vorgeschlagen hatte. Vom Depot kam es ins Amtszimmer des nächsten Kultusministers, Hans Zehetmair. Inzwischen hängt es wieder in der Neuen Pinakothek, als «Daubigny» – und keiner stört sich daran. So gilt auch hier der Satz: Ein Bild, das lange genug in einem Museum hängt ...

Selbsternannte Experten – Manche mögen's dreist

Der kanadische Kunstexperte Rolph Medgessy behauptete 1964 zum ersten Mal, dass Goya in seinen Bildern versteckte Signaturen angebracht habe. Diese fand er auch in Bildern, die bislang ganz anderen Künstlern zugeschrieben worden waren. Es handelte sich dabei um prominente Werke aus verschiedenen Zeiten, nämlich den damals noch Rembrandt zugeschriebenen *Mann mit dem Goldhelm* (s.S. 40), die *Venus mit dem Spiegel* von Diego Velázquez und – quasi als Krönung – Leonardo da Vincis *Madonna in der Felsengrotte* sowie Raffaels *Drei Grazien*. Alles prominente Werke, die der junge Goya angeblich während seines Aufenthaltes in Italien gemalt hatte. Die Geschichte geisterte 1987 noch einmal durch die Gazetten und wurde, nach verständlichen Protesten etlicher Museumsleute, wieder vergessen.

Sucht man im Internet, um mehr über diesen Rolph Medgessy zu erfahren, landet man auf der offiziellen Seite der Polizei von Los Angeles. Dort taucht der Name im Zusammenhang mit Kunstraub und Fälschung auf. Medgessy ist bekannt dafür, falsche Expertisen ausgestellt zu haben, damit gefälschte Bilder gut verkauft werden konnten. Der selbsternannte Experte arbeitete also offensichtlich mit Händlern und Fälschern zusammen. Was er allerdings mit den Goya-Signaturen bezwecken wollte, bleibt wohl sein Geheimnis. Wollte er sich einfach nur wichtig machen?[26]

Doch man muss gar nicht nach Kanada oder Los Angeles schauen, auch in unserer direkten Umgebung finden sich Beispiele dafür, wie sorglos mit vermeintlichen Beweisstücken umgegangen wird, wie leicht diese als Fälschungen zu erkennen sind.

Ein Beispiel ist der höchst aktuelle Fall eines Immobilienmaklers aus Bayern, der Bilder besitzt, die angeblich von Marc Chagall, Salvador Dalí, Paul Gauguin, Edouard Manet und Pablo Picasso stammen. Diese von ihm im treuen Glauben, aber zum Teil zu Spottpreisen, die eigentlich stutzig machen sollten, erworbenen Werke wollte er wieder abstoßen, jetzt aber zu den handelsüblichen Marktpreisen. Die Bilder wurden beschlagnahmt, der Besitzer kam erst in Untersuchungshaft, wurde dann aber wieder auf freien Fuß gesetzt. Die Bilder wurden von verschiedenen Spezialisten untersucht. Bei dem «Manet», der 1870 datiert ist und eine Signatur trägt, finden sich auf der Rückseite praktischerweise Echtheitszertifikate von 1959 und 1960, das eine handschriftlich, das andere mit einer alten Schreibmaschine verfasst. Das klingt gut, aber: Erstens wurden die Zertifikate der Galerien mit einem Tintenstrahldrucker gedruckt, und diese Technik stand 1959 definitiv noch nicht zur Verfügung. Und zweitens wird Titanweiß, das in dem Bild als Farbe verwendet wurde, erst seit 1920 produziert, es kommt davor ab 1909 vereinzelt vor, aber in keinem Fall schon 1870.

Und so fiel das Kartengebäude zusammen. Erste Gerichtsverhandlungen haben stattgefunden. Zuständig ist ein Amtsgericht, und damit ist klar, dass den Immobilienmakler eine Höchststrafe von vier Jahren erwartet.

Berühmte Fälscher

Jede in diesem Kapitel vorgestellte Person wird immer wieder als «der berühmteste Kunstfälscher des 20. Jahrhunderts» oder als «König der Fälscher» bezeichnet. Könige kann es mehrere geben, beim Superlativ ist es schon schwieriger. Berühmt sind sie alle, jeder zu seiner Zeit, an seinem Ort. Und noch eines ist ihnen gemeinsam: Sie haben bereitwillig über ihr Leben Auskunft gegeben – in mündlicher oder schriftlicher Form –, aber natürlich erst, nachdem sie entlarvt worden waren oder sich selbst entlarvt hatten. Ob allerdings das Leben, das sie «veröffentlicht» haben, mit dem Leben übereinstimmt, das sie gelebt haben, ist nicht immer ganz sicher. Das mag am Erinnerungsvermögen liegen, an Dingen, die man sich einbildet, bis man irgendwann sicher ist, dass sie so stimmen. Das mag aber auch der Tatsache geschuldet sein, dass gefälschte Kunst besser in eine gefälschte als in eine wirklichkeitsgetreue Biographie passt. Einerlei wie das wahre Leben genau verlief, aufregend war es sicher oft genug.

Warum wird man zum Fälscher? Um sich zu bereichern? Das war selten der Hauptgrund, wenn man den Selbstzeugnissen glaubt. Da gab es Rachegefühle den Kunstkritikern gegenüber, die das kreative, eigenständige Werk des Künstlers hochmütig ablehnten, da spielte der Zufall eine Rolle oder ein lukratives Jobangebot. Und schon war man dabei. Natürlich gibt es auch Künstler, die zwar gelegentlich einmal gefälscht haben, dies aber nicht als ihren Lebenszweck ansahen und es auch schnell wieder aufgaben. Zu ihnen gehört Fernand Léger, der in einem Gespräch erzählte, er habe als

Student Kontakt zu einer Fälscherwerkstätte gehabt, in der angeblich Bilder des Landschaftsmalers Camille Corot retuschiert wurden. Léger merkte schnell, dass hier nicht gesäubert oder retuschiert, sondern neu gemalt und auf alt gemacht wurde. Er behauptete von sich, er habe an die dreißig «Corots» gemalt, die er allerdings nie wiedergesehen hat, im Gegensatz zu den «Modiglianis», die seine Kollegen malten und denen er später in Amerika wiederbegegnete. Denn er, Léger, hatte die Modigliani-Fälscher dazu gebracht, einen kleinen Bleistiftpunkt auf den Keilrahmen zu setzen, damit wenigstens sie selbst später die falschen von den echten Modiglianis unterscheiden könnten. Und diese Punkte fand er auf vielen Modiglianis in amerikanischen Sammlungen wieder.

Ob dies alles so stimmt, sei dahingestellt. Doch Léger hat, wenn überhaupt, nur die Gemälde geliefert, den Alterungsprozess hat sein Auftraggeber übernommen, damit hatte er nichts zu tun. So will es die Fama.

Einer, der nicht nur malte, sondern auch die künstliche Alterung beherrschte, der sich außerdem angeblich alles allein beigebracht hatte, war der Holländer Han van Meegeren.

Die christlichen Bilder des Jan Vermeer alias Han van Meegeren

«Es ist ein wundervoller Moment im Leben eines Kunstliebhabers, wenn er plötzlich mit einem bislang unbekannten Bild eines großen Meisters konfrontiert wird, unberührt, auf der originalen Leinwand und ohne jegliche Restaurierung, so, wie es die Werkstatt des Malers verlassen hat! Und was für ein Bild! (...) *das* Meisterwerk von Johannes Vermeer van Delft.»[27] So schwärmte der bekannte Kunsthistoriker, -kritiker und -sammler Abraham Bredius, als er 1937 das Bild *Christus und die Jünger in Emmaus* gezeigt bekam (Abb. 12). Es trägt die Signatur «I.V.Meer» – eindeutig ein Vermeer. Die Sätze, die Bredius in der bekannten Kunstzeitschrift *Burlington Magazine* veröffentlichte, müssen dem eigentlichen Schöpfer des Bildes, Han van Meegeren, wie Himmelsmusik geklungen haben. Nun war er am Ziel seiner Wünsche angelangt. Der große Bredius lobte ihn. Das waren andere Töne als die seines Vaters, so wie Han van Meegeren sich später an sie erinnerte.

«Du weißt nichts, du bist nichts und du kannst nichts» und «Du bist ein Betrüger und wirst es immer bleiben», soll der Vater, ein gestrenger Schulmeister, zu seinem schwächlichen Sohn Henricus Antonius van Meegeren gesagt haben.[28] Der Zweitgeborene war nach ihm benannt worden, doch es war der Erstgeborene, Herman, der es dem Vater recht machte. Der jüngere widersetzte sich – so schwächlich und krank, wie er war. In der Schule passte er nicht auf, stattdessen zeichnete er. Der Vater fand die Blätter und zerriss sie. Das Geräusch sollte Han noch bis ins hohe Alter verfolgen.

Diese Geschichte kennt man – in Abwandlungen – aus den verschiedensten Künstlerbiographien, ebenso wie den weiteren Ausbildungsweg. In der Schule findet sich ein verständiger Zeichenlehrer, der die Begabung des Jungen erkennt und ihn fördert. Bei Han van Meegeren hieß dieser Zeichenlehrer Bartus Korteling. Natürlich arbeitete dieser neben seinem Lehrerberuf auch als freier Künstler und unterwies den Knaben. Korteling hielt nichts von der modernen Malerei. Sogar den Impressionismus lehnte er noch ab. Die wirklich große Kunst sah er im Goldenen Zeitalter des Barock, bei Rembrandt, Pieter de Hooch, Frans Hals und natürlich Jan Vermeer.

Ein ähnliches Schicksal kann man übrigens in der Biographie von Claude Monet nachlesen. Auch er ging ungern zur Schule, zeichnete lieber, sollte aber einen «anständigen» Beruf erlernen. Auch er fand einen Maler, der ihn förderte, allerdings lehnte dieser die modernen Strömungen in der Malerei nicht ab. Und Monet wurde später kein Fälscher, sondern der Mitbegründer einer neuen Malweise, des Impressionismus.

Zurück zu van Meegeren: 1907 verließ er das Elternhaus in Deventer, um in Delft zu studieren. Wenn er schon so gut zeichnen konnte, dann sollte er Architekt werden, das Künstlerische mit dem Nützlichen verbinden. Einige Jahre ließ er sich darauf ein, studierte, nahm an einigen Prüfungen teil, doch daneben malte er weiterhin und besuchte Kurse an der Kunstschule. Dort lernte er eine Studentin kennen, Anna de Voogt. Gegen den Willen der Eltern heirateten sie 1912. Kurz darauf wurde der Sohn Jacques geboren, der später auch Maler wurde. Sie lebten jetzt bei der Großmutter von Anna in Rijswijk. Han van Meegeren beschloss, das Abschlussexamen nicht abzulegen, und konzentrierte sich auf die Malerei. Und tatsächlich gewann er bei einem nur alle fünf Jahre stattfindenden Wettbewerb der Technischen Hochschule in Delft 1913 mit einem Kircheninterieur den ersten Preis: die Goldmedaille.

Im Sommer 1914 zog er mit Frau und Sohn nach Scheveningen und schrieb sich an der Kunstakademie in Den Haag ein, um dort das Diplom zu machen, was ihm auch spielend gelang. Ihm wurde eine Professur angeboten, die er ablehnte, weil er freier Künstler bleiben wollte. 1915 wurde die Tochter Pauline geboren. Meegeren malte, arbeitete als Restaurator und Kunsthändler, hatte bald mit seinen Bildern Erfolg und konnte es sich leisten, direkt in Den Haag zu wohnen. Was er malte, entsprach dem Geschmack großer Teile der Bevölkerung, nicht aber dem des künstlerisch interessierten Publikums. So kam es, dass Meegeren zwar mit Bildverkäufen und dem Malunterricht, den er reichen Damen zuteil werden ließ, viel Geld verdiente, aber dennoch in Kreisen der Avantgarde-Künstler und -Kritiker keine Anerkennung erhielt. Das ist auch nicht weiter verwunderlich, denn er lehnte die moderne Kunst, die für ihn spätestens mit dem Impressionismus einsetzte, nach wie vor strikt ab. Dennoch wollte er für seine Bilder, die entweder wie Plagiate aus früherer Zeit wirkten oder den Geschmack des Kleinbürgers bedienten, als Künstler geachtet werden. Das aber verweigerte man ihm. Später behauptete er, er habe mit seinen Fälschungen all jene Kritiker bloßstellen wollen; die Fälschungen habe er nur aus Rache gemalt, und das Geld habe eine sekundäre Rolle gespielt.

Doch schon damals zerrann ihm das Geld zwischen den Fingern. Er brauchte es für ein ausschweifendes Leben mit viel Alkohol und Liebeleien. Außerdem hatte er eine andere Frau kennengelernt, die Schauspielerin Johanna Oerlemans. Dieses Leben hielt seine Ehefrau Anna nicht aus – sie ließ sich 1923 scheiden und zog mit den Kindern nach Paris.

Bereits seit 1921 hatte van Meegeren Kontakt zu dem Maler, Restaurator und Fälscher Theo van Wijngaarden, der eine ähnliche Kunstauffassung vertrat wie er selbst. Bei ihm lernte van Meegeren nicht nur zu restaurieren, sondern auch zu fälschen. Erste Bilder, die man für Werke von Jan Vermeer van Delft halten sollte, entstanden wohl bereits damals. Darunter befand sich *Die Spitzenklöpplerin* (Washington, National Gallery of Art), die Wilhelm Bode eindeutig als einen Vermeer erkannte. Daraufhin kaufte der Kunsthändler Joseph Duveen dieses Bild (und das *Lachende Mädchen*, ebenfalls von Bode als Vermeer identifiziert) für viel Geld und verkaufte es seinerseits wiederum an Andrew Mellon, dessen Sammlung später an die National Gallery in Washington ging.

Drahtzieher bei diesen ersten Fälschungen van Meegerens war ein englischer Industrieller, Theodore W. H. Ward. Der hatte einen seiner Angestellten, Harold R. Wright, 1927 mit der *Spitzenklöpplerin* nach Berlin zu Bode geschickt, nachdem dieser bereits durch einen anderen Mittelsmann das *Lachende Mädchen* erhalten hatte. Wright wiederum hatte Kontakt zu Wijngaarden, der wohl die Bilder besorgt, aber nicht selbst gemalt hatte. Der Maler hieß offensichtlich Han van Meegeren, der dann später, 1928, mehrmals bei Ward in England war und ihn porträtierte.

Diese Erkenntnisse sind relativ neu und basieren auf den Recherchen von Arthur K. Wheelock und Jonathan Lopez. Das heißt aber auch, dass van Meegerens Biographie noch einmal neu geschrieben werden muss. Denn nun ist klar, dass er eben nicht erst durch die Ablehnung der Kunstkritiker Ende der 1920er Jahre so gekränkt war, dass er sich vornahm, sie alle hereinzulegen. Er hatte schon vorher gefälscht – neben den Vermeers zumindest auch noch einen Frans Hals –, doch hatte er damals die Werkstatt und das Netzwerk von Wijngaarden nutzen können. Andererseits waren an dem Deal, der dann mit Duveen zustande kam, so viele Leute beteiligt, dass van Meegeren zwar gut bezahlt wurde, den großen Teil des Kuchens aber andere erhielten.

In diesen Jahren der Zusammenarbeit mit Wijngaarden reiste van Meegeren viel, lebte von Porträtaufträgen und begann mit der Schauspielerin Jo ein neues Leben. Sie heirateten 1928. Weiterhin lehnte er die Kunst ab, die seit dem Impressionismus entstanden war, und tat dies auch laut in der eigens dafür von ihm und Wijngaarden gegründeten Zeitschrift *De kemphaan (Der Kampfhahn)* kund, die in drei Bänden von 1928 bis 1931 erschien. Doch diese ätzende Kritik verschreckte auch die wohlmeinenden Journalisten.

Trotzdem beschäftigte sich van Meegeren noch intensiver mit der Malweise der Alten Meister, als er es bereits zuvor getan hatte, denn nun wollte er auf eigene Faust arbeiten – ohne Wijngaarden und ohne Theodore Ward. Die Pinselführung beherrschte er, das reichte aber noch nicht. Er lernte alles über die im 17. Jahrhundert gebräuchlichen Farben und Bindemittel, beschäftigte sich mit dem Problem, wie Ölfarben schnell trocknen können und wie man die auf alten Bildern entstehenden Krakelluren so nachmachen kann, dass sie auch eingehenderen Untersuchungen standhalten. 1932 mietete er sich ein Haus an der Côte d'Azur, richtete sich ein Laboratorium ein und begann zu experimentieren. Daneben nahm er natürlich immer noch Aufträge an, malte weiterhin Porträts und verdiente so seinen Lebensunterhalt.

Die technischen Versuche waren aber nur ein Teil der Vorbereitung auf den großen Coup. Der andere bestand darin, alte Dinge zu sammeln: Pokale, Kerzenleuchter und ähnliches mehr, was ihm als

Modell für die Staffagen der zu malenden Bilder dienen sollte, fand er in Antiquitätenläden, außerdem Bilder von unbekannten Malern aus jener Zeit, damit er die neuen Bilder auf alte Leinwände malen konnte. Und schließlich erforschte er gründlich, was und wie Vermeer gemalt hatte, was man alles von diesem Maler aus Delft wusste. Sicher fand van Meegeren auch heraus, dass sich die Kunstwelt darüber wunderte, dass Vermeer keine christlichen Bilder gemalt hatte, bis auf eines, in seiner Frühzeit. Waren sie vielleicht nicht erhalten oder befanden sie sich an einem unbekannten Ort?

Zu einem solchen Ort wurde nun das Haus in Roquebrune. Ein Vermeer nach dem anderen entstand. Fingerübungen, nicht zum Verkauf bestimmt, bis auf eines, das van Meegeren bereits 1932 malte und an einen Sammler verkaufte: *Mann und Frau an einem Spinett*. Erst das später dann von Bredius im *Burlington Magazine* gerühmte Gemälde *Christus und die Jünger in Emmaus* durfte wieder das Haus verlassen (Abb. 12). Es wurde zum Versuchsballon und zur Sensation.

Van Meegeren hatte von einer alten Leinwand die Ölfarbe entfernt, die Grundierung aber gelassen. Dann spannte er sie wieder auf den ursprünglichen Keilrahmen und befestigte sie mithilfe der Nägel, die er zuvor ganz vorsichtig entfernt hatte, um sie ja wieder benutzen zu können. Die Farben rührte er selbst mit Pigmenten an, die damals gebräuchlich waren. Für das Blau nahm er Lapislazuli im Wert von 12 000 Gulden – er ließ sich das Experiment etwas kosten. Nachdem das Bild gemalt, mit einem dunklen Firnis überzogen und gebacken war, rollte er es über einen Zylinder – und nun entstanden wunderbare Krakelluren. In die einzelnen Risse kam dunkle Tinte. Sie simulierte den Schmutz der Jahrhunderte. Das Bild war fertig.

Van Meegeren bot sein Kunstwerk nicht selbst zum Kauf an. Er hatte ein Netz von verschiedenen Mittelsmännern gesponnen, sodass es schwer war, ihn ausfindig zu machen. Das hatte er mit Sicherheit von Ward gelernt.

1937 ließ sich ein Rechtsanwalt von dem eingangs zitierten Abraham Bredius, dem damals bekanntesten Kunstkenner, bescheinigen, dass es sich bei dem Bild *Christus und die Jünger in Emmaus* um einen echten Jan Vermeer van Delft handele, wahrscheinlich aus der frühen Zeit. Holland stand Kopf. Dem Boijmans van Beuningen Museum in Rotterdam gelang es, die Kollegen in Den Haag und Amsterdam auszustechen. Es kaufte das Bild! Begeisterte Kritiken konnte man überall lesen, nicht nur im *Burlington Magazine*, und in Holland brach ein Vermeer-Fieber aus. Nur gut, dass weitere Gemälde des Meisters auf dem Kunstmarkt auftauchten, auch sie sakrale Bildwerke. Die *Jünger in Emmaus* bezeugten darüber hinaus scheinbar einen direkten Einfluss von Caravaggio, von dem man wusste, dass er großen Eindruck auf Vermeer gemacht hatte.

Angeblich hatte van Meegeren die Fälschung gleich decouvrieren wollen, um Bredius und all die anderen Kunsthistoriker und Kritiker bloßzustellen. Das jedenfalls behauptete er später seiner Biographin gegenüber. Aber hätte er sich das überhaupt leisten können? Er hatte immense Ausgaben – für die Pigmente, vor allem das Lapislazuliblau, für die Mittelsmänner, für seine Lebenshaltungskosten. Jetzt gab es Geld, so viel Geld, dass er allen Leuten erzählte, er habe im Lotto gewonnen. Und das Erstaunliche war – die Bilder wurden kaum geprüft. Immer hatte man sich sakrale Bilder von Vermeer gewünscht, nun waren sie da, und man freute sich an ihnen. Zur Kunst des Fälschens gehört eben auch zu wissen, was die Kunstwelt gerade will. Denn wenn heiß ersehnte Bilder oder Objekte auftauchen, werden sie viel weniger unter die Lupe genommen als Werke, die gerade nicht en vogue sind.

Van Meegeren hielt still – und legte viel Geld in Immobilien an. 1938 kaufte er sich eine Villa in Nizza, kehrte aber kurz vor Beginn des Zweiten Weltkriegs zurück in die Niederlande. Dort lebte er erst in einem Haus in Nordholland, wo er wieder eine Fälscherwerkstatt aufbaute und wo die weiteren «Vermeers» entstanden. 1943 zog er dann nach Amsterdam in ein großes Haus an der Kei-

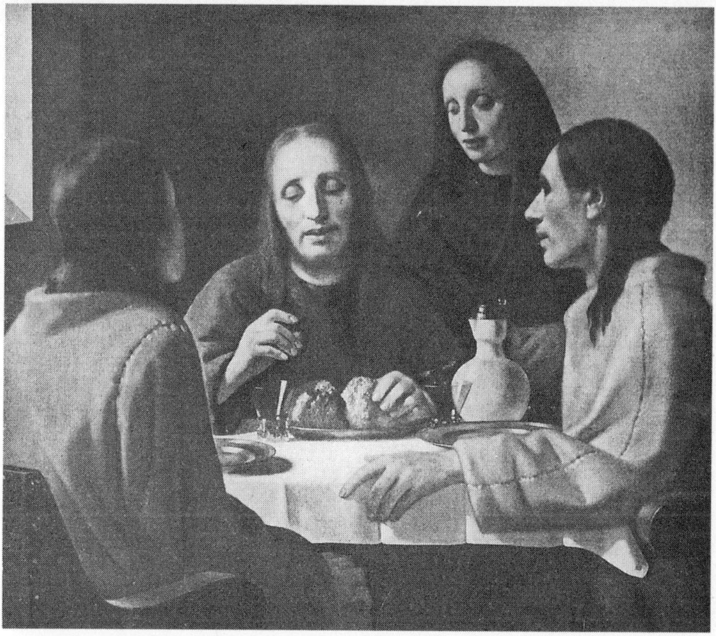

Abb. 12 Han van Meegeren, Christus und die Jünger in Emmaus, 1937, Öl auf Leinwand, Rotterdam, Museum Boijmans van Beuningen

zersgracht, zusammen mit seiner inzwischen von ihm geschiedenen Frau, der er eine große Summe Geldes und das Haus überschrieben hatte. War das als Abfindung gemeint oder ein geschickter Schachzug? Später kamen die Gläubiger an dieses Geld nicht heran. Vermutlich fand auch die Scheidung statt, um Jo zu schützen und Geld zu retten. Später dann behauptete er außerdem, dass Jo von seinen Fälschungen nichts gewusst habe. Der Frau, mit der er zuvor all seine künstlerischen Probleme geteilt hatte, will er nichts erzählt, sie von seinem Studio ferngehalten haben. Sie soll sich in der fraglichen Zeit in Nizza aufgehalten haben. Diese Behauptungen waren offensichtlich Schutzmaßnahmen, damit sie nicht als Mittäterin verhaftet werden konnte. Jo hatte van Meegeren kein halbes Jahr allein gelassen, und sie war bei ihm in ihrem gemeinsamen Haus in Roquebrune, das haben Zeugen später bestätigt. Und vielleicht hat sie sogar Modell gestanden beziehungsweise gesessen für die Personen auf den dort entstandenen Bildern.

Van Meegeren hatte alle Bilder so geschickt in Umlauf gebracht, dass man ihn weder als Verkäufer noch als einstigen Besitzer ausfindig machen konnte. Nur einmal klappte das nicht. Das war im Jahr 1942, als der Einkäufer von Hermann Göring das Bild *Christus und die Ehebrecherin* erwarb. 1945 wurde dieses Bild mit vielen anderen, die Göring für sein Haus Carinhall erworben hatte, in einem Salzbergwerk sichergestellt und überprüft. Und schon bald wurden die niederländischen Behörden auf Han van Meegeren aufmerksam, der offensichtlich Kulturgut von nationalem Interesse ins feindliche Ausland verkauft hatte. Ein Vergehen, das hohe Haftstrafen nach sich zog – im schlimmsten Fall die Todesstrafe. Van Meegeren entschloss sich nach seiner Verhaftung am 29. Mai 1945, ein Geständnis abzulegen. Dass ihm erst einmal niemand glaubte, ist durchaus möglich. Auch die vorherigen Warnungen verschiedener Kunsthändler, dass es sich bei den Vermeers um Fälschungen handele, waren nur als von Neid motiviert abgetan worden. Interessanterweise stammten diese Warnungen ausgerechnet von den Pariser Mitarbeitern der New Yorker Kunsthandlung Duveen (s. S. 108), welche die frühen «Vermeers» von van Meegeren ge- und wieder verkauft hatte.

Im Gefängnis soll Han van Meegeren nach seinen Malutensilien gefragt haben, um den Beweis seiner Kunstfertigkeit zu liefern. Hier entstand sein letzter und schlechtester «Vermeer», *Der zwölfjährige Jesus im Tempel.* Parallel dazu wurden die anderen Bilder mit naturwissenschaftlichen Methoden untersucht, und es zeigte sich, dass es sich tatsächlich um Werke des 20. Jahrhunderts handelte.

Eine andere Version besagt, dass der Captain, der van Meegeren verhaftet hatte, ihn aus Mitleid malen ließ. Denn beim Malen brauchte er Platz, den er in der Gefängniszelle nicht hatte. Deshalb war er während der Zeit, in der das Bild entstand, besser untergebracht als später.

Die Aufregung war groß. Experten wie Abraham Bredius hatten versagt. Die Bilder hingen im Amsterdamer Rijksmuseum und in berühmten Sammlungen. Keiner hatte gemerkt, wie schlecht die Figuren teilweise ausgeführt waren, dass zum Beispiel bei dem allerersten Bild *Christus und die Jünger in Emmaus* der Arm des linken Jüngers entweder gebrochen sein muss oder gar nicht vorhanden ist, betrachtet man sich den Ärmel des Gewandes. So wie er fällt, scheint er leer zu sein. Erstaunlich ist dennoch die Fähigkeit von van Meegeren, solche Bilder zu malen, wenn man diese mit seinen eigenen Werken wie dem *Hirschlein* (*Hertje*) vergleicht, welches – ähnlich wie die Hummel-Figuren in Deutschland – als Reproduktion in vielen holländischen Haushalten zu finden war.

Gemessen an dem wirtschaftlichen Schaden, den van Meegeren dem Staat zugefügt hatte, war das Urteil milde, das im Herbst 1947 gesprochen wurde: ein Jahr Gefängnis. Van Meegeren trat die Strafe nicht an. Er wurde Ende November nach einem Herzanfall ins Krankenhaus eingeliefert, wo er am 30. Dezember 1947 starb.

Als van Meegeren die Fälschung gestanden hatte, war er zu einem Volkshelden geworden. Die Holländer freuten sich darüber, dass da einer sowohl die Nationalsozialisten als auch die eigenen Kunstkritikergötter derart vorgeführt hatte. Wieder einmal war die Kunstfälschung zum Kavaliersdelikt geworden, der Fälscher eher zum Star als zum Verbrecher. Und wie bei allen berühmten Fälschern erzielten seine Bilder nun erstaunlich hohe Preise und wurden – gefälscht! Jedenfalls behauptete sein Sohn Jacques kurz vor seinem eigenen Tod 1977 gegenüber einer Krankenschwester, er habe Bilder seines Vaters gefälscht. Wie es sich gehört, wurden später einerseits weitere Bilder in Museen als Fälschungen bezeichnet, wofür es aber bislang keine Beweise gibt, andererseits die Fälschung gerade des Bildes *Christus und die Jünger in Emmaus* immer mal wieder infrage gestellt und behauptet, es handele sich doch um einen echten Vermeer.

Übrigens: Han van Meegerens Fälschungswerk ist gar nicht so groß, allerdings hat er, anders als beispielsweise Elmyr de Hory, mehrere Millionen Gulden damit verdient. Die ersten Bilder, die in Frankreich entstanden, waren Proben, die er nicht verkaufte; sie wurden später in seinem Haus gefunden. Es handelte sich im Einzelnen um eine *Dame beim Musikstudium*, eine *Musizierende Dame*, ein *Herrenporträt* und das *Bildnis einer trinkenden Frau*, die alle im Zeitraum zwischen 1935 und 1936 als Vorübungen zu den *Jüngern in Emmaus* in Roquebrune entstanden waren. Dort malte er 1938/39 auch noch *Das letzte Abendmahl 1. Fassung*, das er ebenfalls nicht verkaufte.

1937 kaufte die Stiftung Boijmans (heute Museum Boijmans van Beuningen) die *Jünger in Emmaus* für 520000 oder 550000 Gulden. Der Sammler Daniel George van Beuningen kaufte gleich drei Bilder: die *Trinkergesellschaft* von 1937/38, den *Christuskopf* von 1940/41 und *Das letzte Abendmahl 2. Fassung* von 1940/42 für insgesamt etwa 2,3 Millionen Gulden. Der Sammler Willem van der Vorm gab insgesamt etwa 1 490 000 Gulden für *Die Kartenspieler* von 1938/39 und den *Segen Jakobs* von 1941/42 aus. Die Genrebilder stammten übrigens nicht von «Vermeer», sondern von «Pieter de Hoch». *Die Fußwaschung* von 1941/43 erwarb der niederländische Staat für das Rijksmuseum in Amsterdam, und schließlich erhielt Hermann Göring das Gemälde *Christus und die Ehebrecherin*, das 1941/42 entstanden war, für 1 650 000 Gulden. Zieht man alle Kosten für die wertvollen Malmittel und die verschiedenen Mittelsmänner ab, bleibt dennoch eine durchaus nennenswerte Summe übrig. Der letzte «Vermeer», *Jesus unter den Schriftgelehrten*, den van Meegeren von Juli bis September 1945 im Gefängnis malte, erzielte beim Nachlassverkauf immerhin noch 3000 Gulden.

Han van Meegeren hat zwischen 1937 und 1945 ein in gewisser Weise sorgenfreies Leben geführt. Mit seiner (geschiedenen) Frau Jo verstand er sich offensichtlich nach wie vor gut, es störte sie allem Anschein nach auch nicht, dass er eine neue Geliebte hatte. Auch stand er in engem Kontakt zu seinen Kindern. Sein Sohn Jacques hat angeblich sofort erkannt, dass die *Emmaus-Jünger* von seinem Vater stammten. Dass van Meegeren – drogenabhängig und alkoholkrank – über so viele Jahre unerkannt blieb, war durchaus auch eine Leistung und erforderte eine Menge krimineller Energie.

Elmyr de Hory, der Mann mit den sechzig Namen

«Ich ging zeitlich nie weit zurück, weil ich soviel unterwegs war. Wenn man etwas aus dem 19. oder 18. Jahrhundert oder noch früherer Zeit malen will, muß man in einem Haus leben, sich ruhig hinsetzen können, alles sehr sorgfältig vorbereiten und dann das Werk jahrelang trocknen lassen. Ich hatte dafür weder die Zeit noch die Energie, weder das Geld noch die Geduld. Ich machte ein paar Chagalls, aber er war noch am Leben, und es war riskant. Er ist ziemlich untolerant, was Fälschungen anbelangt. (...) Ich habe keinen Klee gemacht. Ich glaube nicht, daß er ein großer Maler ist (...). Utrillo und Corot wurden so oft kopiert, daß ich mich damit gar nicht abgab. (...) Sogar die echten Mirós sehen wie Fälschungen aus.»[29]

Der das sagte, malte lieber in der Manier von André Derain, Kees van Dongen, Henri Matisse, Amedeo Modigliani und vor allem Pablo Picasso. Wie alle guten Fälscher kopierte er nicht, sondern schuf neue Sujets, studierte die Malweise seiner «Vorbilder» ganz genau und war also ein häufiger Gast in Museen, die später seine Arbeiten erwarben. Und angeblich befinden sich auch heute noch «unentdeckte» Bilder von ihm in den großen Museen der Welt, deklariert als Derain, van Dongen und so weiter.

Elmyr de Hory – das ist zumindest sein bekanntester Name – lebte von 1961 bis zu seinem Tod im Jahr 1976 hauptsächlich auf Ibiza. Ursprünglich stammte er aus Ungarn und wurde vermutlich 1906 geboren. Aber so genau weiß man das alles nicht, denn die Biographie, die im Umlauf ist, ist vermutlich ebenso gefälscht wie die vielen Bilder, die er malte und zeichnete. Er lebte in Paris, in den USA, in Mexiko, in Australien und dann eben auf der spanischen Mittelmeerinsel Ibiza. Dort lernte er den US-amerikanischen Schriftsteller Clifford Irving kennen, der das Leben von Elmyr de Hory aufschrieb, nachdem dieser sich ihm offenbart hatte. Bis zum Erscheinen des Buches im Jahr 1969 wusste keiner seiner vielen Freunde auf Ibiza, und es war nicht bekannt, womit Elmyr sein Geld verdiente, wovon er lebte. Aber man machte sich darüber auch keine Gedanken, denn es schien ihm gut zu gehen. Elmyr lebte erst in einem gemieteten Haus, 1964 ließ er sich dann an exponierter Stelle – auf einer Klippe – eine moderne große Villa bauen, die *La Falaise* genannt wurde. In dieser Villa gab er rauschende Partys und erhielt manchmal Besuch von zwei sehr viel jüngeren Männern. Sie hießen Fernand Legros und Réal Lessard, waren Kunsthändler und verkauften angeblich das Familienerbe von Elmyr: Gemälde von Derain, van Dongen und so weiter. Sie spielten im Leben von Elmyr de Hory eine große Rolle.

Fernand Legros war ein in Ägypten geborener Franzose. Auch seine Biographie gibt es in verschiedenen Varianten, eine davon wurde von ihm autorisiert. Sie stammt von dem französischen Schriftsteller, Diplomaten und damals bereits bekennenden Homosexuellen Roger Peyrefitte und erschien 1976 unter dem Titel *Tableaux de Chasse ou la vie extraordinaire de Fernand Legros*. In diesem Buch war Legros in jungen Jahren ein Balletttänzer und Lover des zweiten UN-Generalsekretärs Dag Hammarskjöld. Später wurde er dann ein erfolgreicher Kunsthändler, CIA-Agent und half Regierungen in der Dritten Welt, indem er Waffen schmuggelte, sie aber auch finanziell unterstützte. Außerdem war er befreundet mit André Malraux und vielen anderen Politikern, prominenten Schauspielern und Filmemachern und besaß ein ungeheures Vermögen. Er war verheiratet mit einer Amerikanerin (wohl hauptsächlich, um die amerikanische Staatsbürgerschaft zu erhalten, was auch gelang), hatte diverse Geliebte beiderlei Geschlechts, auch eigene Kinder, er unterstützte junge Männer, die ihm gefielen, zahlte ihnen eine Ausbildung, machte ihnen teure Geschenke und adoptierte einige sogar. Sein wichtigster Partner war Réal Lessard, der bei Peyrefitte «Julien» heißt.

Dieser stammte aus Kanada und kam als junger Mann in die USA. Dort lernte er Fernand Legros und Elmyr de Hory kennen und wurde der Liebhaber von Legros. Irving vermutet, dass auch Elmyr de Hory in den hübschen Knaben verliebt war. Lessard veröffentlichte seine Version der Geschichte 1988 unter dem Titel *L'Amour du faux*. Er behauptet darin, dass Legros selbst seine Biographie geschrieben und Peyrefitte sie lediglich sprachlich überarbeitet habe. Vieles darin erklärt er zur Legende, ebenso wie Teile des Buches von Irving über Elmyr. Vor allem aber nimmt er für sich in Anspruch, dass er selbst all die Bilder gemalt hat, mit denen Fernand reich wurde – nur dass er Legros' Geschäfte selbst erst viel zu spät bemerkt habe. Elmyr habe lediglich die Signaturen gefälscht.

Sowohl Peyrefitte als auch Lessard bezichtigen Clifford Irving falscher Darstellungen in seinem Buch über Elmyr. Damit liegen sie sicher richtig, allerdings stimmen ihre Versionen auch nicht. Zudem war es einfach, Irving als Lügner abzustempeln, war er doch selbst kurz nach Erscheinen des Buches über Elmyr mit dem Titel *Fake!* in einen großen Fälschungsskandal verwickelt.

Kurz vor Erscheinen seiner angeblich autorisierten Biographie über den menschenscheuen Flugpionier und Millionär Howard Hughes meldete sich dieser zu Wort und erklärte, er habe weder Irving noch dessen Kompagnon Richard Suskind jemals mit Material versorgt und Irving auch nie getroffen. Irving und Suskind gestanden, die angeblichen Briefe von Hughes gefälscht zu haben. Irving wurde in den USA zu dreißig Monaten Gefängnis verurteilt, seine Frau, die Malerin Edith Sommer, die in der Schweiz unter falschem Namen ein Konto eröffnet hatte, wurde dort wegen Bankbetrugs inhaftiert. Gleichzeitig klagte Legros Irving wegen Diffamierung an, da die Darstellung seiner Person in dem Buch *Fake!* jeder Grundlage entbehre (deshalb wird er wohl auch in der deutschen Ausgabe «Armand Gabriel» genannt). Die Behauptung in Peyrefittes Buch, Legros habe die amerikanische Ausgabe von *Fake!* sofort einstampfen lassen, ist dagegen falsch. Aus Rache soll Legros außerdem die Sängerin Nina van Pallandt (bekannt durch das Duo Nina und Frederik), die Geliebte von Irving, bestochen haben, gegen ihren Lover auszusagen. In seinem Buch *Der Fälscher*, das 2007 auf deutsch erschien, behauptet Irving, ihr Manager habe Pallandt dazu gedrängt auszusagen.

Ob Irving selbst die gefälschten Briefe von Hughes schrieb oder ob ihm dabei sein guter Freund Elmyr half, wird nicht mehr herauszufinden sein. Allerdings merkte Irving selbst sehr bald, dass viele von Elmyrs Geschichten freie Erfindungen waren. Das erklärt er in dem 1974 von Orson Welles gedrehten Film *F for fake*, in dessen Mittelpunkt die Elmyr-de-Hory-Geschichte steht. Der Film besteht zum Teil aus altem Filmmaterial von François Reichenbach, einem ehemaligen Kunsthändler und Filmemacher. Der hatte Jahre zuvor einen Film über Elmyr geplant. Bewusst mischte Welles dieses alte Filmmaterial mit neuen Sequenzen, die er selbst drehte. Durch geschickte Schnitte und ein ungeheures Tempo gelang so ein «Dokumentarfilm», in dem sich die Zuschauer nie sicher sind, was «wahr» ist – zumal wenn ihnen Hintergrundinformationen fehlen. Welles verbindet die alten Fragen nach Wahrheit und Wirklichkeit mit Illusion und Fälschung, wobei ihm das Medium Film entgegenkommt.

Im Film lernt man den Bohemien Elmyr auf Ibiza kennen (dazu später mehr). Man sieht ihn aber auch, wie er mit sicherem Strich erst einen «Matisse», dann einen «Modigliani» und später einen «Picasso» zeichnet. Dadurch glaubt man ihm seine Fähigkeiten als Fälscher sofort. Dann versucht er sich an einem Ölbild, wieder einem «Matisse», der jedoch weniger überzeugend wirkt.

1974, als der Film gedreht wurde, war Elmyr knapp siebzig Jahre alt. Genau weiß man das nicht, denn sogar um sein Geburtsdatum hat er ein Geheimnis gemacht. Er selbst behauptete, er sei 1911 geboren. Wahrscheinlicher ist es, dass er bereits fünf oder sechs Jahre früher das Licht der Welt erblickte, also 1905 oder 1906. Auch sein Geburtsname bleibt im Dunklen. «Elmyr de Hory» liest man bei Clifford Irving, «Elementer Hoffmann» heißt er bei Peyrefitte. Auf den englischen *Wikipedia*-Seiten findet sich «Elemér Hoffmann» und im norwegischen Dokumentarfilm *Almost True. The Noble Art of Forgery* (1997) von Knut W. Jorfald «Elmyra Horthy». Weitere Namen, derer er sich im Lauf seines Lebens bediente, sind Joseph Elementer Dory Boutin, Joseph Dory, Elmyr Herzog, Elmyr Hoffmann, Elmyr von Houry, Baron Herzog, Louis Cassou, L.E. Raynal …

Über sechzig Namen sollen es insgesamt gewesen sein. Das behauptet François Reichenbach im Film von Orson Welles und sagt einige von ihnen auf, so wie man ein Gedicht aufsagt. Réal Lessard hingegen spricht von «nur» fünfundvierzig Namen. Vermutlich wusste ihr Träger am Ende seines Lebens selbst nicht mehr so genau, wie er einmal geheißen hatte.

Es ist inzwischen wohl sicher, dass Elmyr – wie wir ihn der Einfachheit halber weiterhin nennen wollen – nicht aus der ungarischen Aristokratie stammte. Seine Mutter war nicht die Tochter jüdischer Bankiers und der Vater weder Diplomat noch Großgrundbesitzer, sondern eher ein Schneider. Natürlich kann er in jedem Fall als Kind wohlbehütet aufgewachsen sein, doch hatte er vermutlich kein Kindermädchen, wenn er aus einer Schneidersfamilie kam. Ob sich die Eltern scheiden ließen und ihn diese Scheidung in eine Krise stürzen ließ, lässt sich auch nicht mehr feststellen.

Bei Clifford Irving, der die von Elmyr erzählte Biographie aufgeschrieben hat, kann man lesen, dass der junge Elmyr Kunst studierte und dazu in München und Paris war. Überprüft man allerdings die genauen Angaben, kommen Zweifel auf. Die Akademie Heimann, eine private Malschule, gab es zu der Zeit in München ebensowenig wie einen Künstler Moritz Heimann. Im *Wikipedia*-Artikel über Elmyr heißt sie Akademie Heinmann. Auch diese ist nicht bekannt. Eine Malschule Heinemann, die später von einem anderen Maler namens Henrik Moor übernommen wurde, scheint es um diese Zeit jedoch gegeben zu haben.

Allerdings – und nun wird es spannend – gab es in Münster einen Kunsthändler namens Max Heimann, der einen ganzen Kreis von Künstlern und Handwerkern beschäftigte, um Fälschungen herzustellen. Das waren allerdings meist Skulpturen, von der Romanik bis zur deutschen Spätgotik. Der Betrug flog 1909 auf, 1911 wurde Heimann der Prozess gemacht. Nach einem Jahr Gefängnis war er wieder frei und «arbeitete» offensichtlich weiter wie bisher, da noch im Jahr 1924 Fälschungen nachgewiesen werden konnten.

Könnte es sein, dass Elmyr bei ihm gelernt hat und dann so viel später Münster und München durcheinanderbrachte? Auch Max und Moritz kann man ja leicht verwechseln. Doch irgendwann muss er in München gewesen sein, denn dort, in der Galerie Tannhauser[30] – und die gab es wirklich –, hat er seinen ersten Picasso gesehen: ein Frauenporträt, so jedenfalls erzählte er es Clifford Irving.

Auch in Paris halten die erzählten Fakten einer Überprüfung nicht stand. Elmyr kam angeblich 1926 nach Paris und studierte dort an der Académie de la Grande Chaumière bei dem berühmten Maler Fernand Léger. Doch Léger unterrichtete dort erst 1932 und eröffnete kurz darauf eine eigene Malschule. Da will Elmyr aber Paris schon wieder verlassen haben. In der Pariser Zeit hat er sie alle kennengelernt: Pablo Picasso, Gertrude Stein, Ernest Hemingway, Peggy Guggenheim, Man Ray … Befreundet war er mit Léger («weil er mein Lehrer war»!), mit Maurice de Vlaminck, vor allem aber mit Leon Zadkin. Vermutlich meinte er den Kubisten Ossip Zadkine.

1932 verließ Elmyr dann Paris mit unbekanntem Ziel, denn er kehrte erst nach Budapest zurück, nachdem sich Ungarn mit Deutschland verbündet hatte, also vermutlich 1940. Was er in den Jahren dazwischen gemacht hat, bleibt unklar.

In Budapest – so erzählte er Irving – kam Elmyr als politischer Häftling in ein Lager nach Siebenbürgen, also nach Transsilvanien. Doch das war ein Versehen. Er war nur zu eng mit einem englischen Journalisten liiert, und das hatte ihn der Spionage verdächtig gemacht. Es folgt eine der wunderbaren Geschichten, für die Elmyr später berühmt war: In der klirrenden Kälte der Heimat des Grafen Dracula porträtierte er den Lagerkommandanten, der einen Ofen in seinem Zimmer stehen hatte. Elmyr brauchte für das Porträt drei Monate! Drei Monate, in denen er die Wärme im Zimmer des Lagerkommandanten ausnutzen konnte. Dann wurde er entlassen. Nach einem Jahr wurde er erneut inhaftiert, diesmal kam er als Jude und Homosexueller in ein deutsches Konzentrationslager. Bei einem Verhör schlugen ihn die Gestapoleute so brutal zusammen, dass sie ihm ein Bein brachen. Daraufhin kam er in Berlin in ein Gefängniskrankenhaus. Und dort gelang ihm die Flucht durch das unbewachte, geöffnete Tor. Auf Krücken! Freunde halfen ihm, sich zu verstecken. Er kehrte nach Budapest zurück und flüchtete dann mit Hilfe der wenigen Diamanten, die er aus dem unermesslichen Besitz seiner Eltern hatte retten können, 1945 nach Paris.

Diese Geschichte findet man in mehreren Varianten und mit unterschiedlichen Jahresangaben. Bis heute sind noch niemandem Zweifel daran gekommen, dass in den vierziger Jahren Häftlinge aus deutschen Konzentrationslagern in ein Krankenhaus überstellt wurden und von dort auf Krücken fliehen konnten. Doch nährt gerade diese Geschichte auch den Verdacht, dass Elmyr nie in einem Konzentrationslager gewesen ist, denn sonst hätte er sich wahrscheinlich nicht so eine hanebüchene Geschichte ausdenken können.

De Horys Geschichten handeln von Adel und Prominenz. Um dazuzugehören, brauchte er eine interessantere Vita, als es die des Sohns eines Schneiders wohl gewesen sein mag. Und so ist das Leben von de Hory bis zu seiner Ankunft in Paris im September 1945 vermutlich eine komplette Fälschung.

Wir haben allerdings noch ein anderes Leben von Elmyr, das wir erzählen könnten. Dieses Leben gibt Réal Lessard wieder. Seine Quellen sind angeblich Interpol und der Brief eines ungarischen Arztes, den dieser nach Erscheinen des Buches von Clifford Irving an den amerikanischen Verlag McGraw Hill geschrieben hat. Interpol hatte alle Daten von de Hory, weil er mehrfach und in verschiedenen Ländern wegen Scheckbetrug, Diebstahl von Schmuck und Handtaschen, Falschaussagen und Hochstapelei gesucht worden war. Seine Fingerabdrücke waren bekannt, deshalb nützten ihm auch seine fünfundvierzig verschiedenen Namen nichts.

Elemer Hoffmann, wie ihn Lessard nennt, wurde am 14. April 1906 in Budapest geboren. Der Vater hieß Adolphe, die Mutter Irène, geborene Tenner. 1927 kam er nach Berlin und Paris, 1929 hielt er sich in London auf, 1931 in Zürich. In der Schweiz wurde er zwischen 1927 und 1931 neunmal verurteilt. Bis zum Krieg klafft nun auch hier eine Lücke. Später war er dann offensichtlich in Ungarn, wo er als Jude interniert war. Er malte Porträts von den anderen Gefangenen – seine ersten künstlerischen Arbeiten. Als die Deutschen in Ungarn einmarschierten, stellte er sich ihnen zur Verfügung, half aber auch einer Ungarin zu fliehen. Dafür bekam er ihre Diamanten. Sein deutscher Name bewahrte ihn vor dem Schicksal der anderen Juden (allein diese Aussage zeigt die Ahnungslosigkeit von Réal Lessard). 1959 wurde er dann in Chicago wegen der Fälschung von Lithographien verurteilt.

Auch diese Geschichte klingt nicht sehr glaubwürdig, auch hier verschränken sich Dichtung und Wahrheit. Clifford Irvings Version der Biographie geht ab 1945 folgendermaßen weiter: Anders als in der Vorkriegszeit war Elmyr jetzt arm wie eine Kirchenmaus. Erst hatten die Deutschen die Besitztümer seiner Eltern konfisziert, dann die Russen die noch vorhandenen Ländereien enteignet. Elmyr kam mit gefälschten Papieren nach Paris – es war leicht, sich nach dem Zweiten Weltkrieg eine neue Identität zu schaffen und von vergangenen Reichtümern zu erzählen. Elmyr war da nicht der Einzige.

Mit seiner eigenen Kunst hatte er keinen Erfolg. Er begann, in der Art von Picasso zu zeichnen. Elmyr kopierte keine Bilder, er kopierte nur den Stil, zunächst den von Picasso. Später kamen dann auch andere Maler der klassischen Moderne dazu. Und eigentlich wollte er niemals ein Bild fälschen ... Dann aber passierte – immer noch nach Irving – Folgendes: 1946 besuchte ihn eine Freundin in seinem Atelier in Paris. Die Freundin war reich und verstand etwas von Kunst. Vor allem von Picasso. An der Wand hing eine Zeichnung, die sie auch sofort als ein Werk von Picasso erkannte und für einen stattlichen Preis kaufte. Als sie kurze Zeit später knapp bei Kasse war, verkaufte sie den Picasso in London – für ein Vielfaches. Das hat sie Elmyr später sogar gebeichtet. Es war der Beginn einer Fälscherkarriere – und eine wunderbare Legende.

Seit dieser Zeit fälschte Elmyr de Hory Bilder. Er begann also mit Picasso, dann versuchte er sich auch an anderen Künstlern. Doch er blieb dabei immer in «seiner» Zeit. Nie versuchte er sich an früheren Malern. Lange blieb er bei der Zeichnung und der (gefälschten) Druckgraphik. Erst später wagte er sich auch an die viel riskantere Ölmalerei. Aber er hatte Glück – zumindest über einen längeren Zeitraum.

Richtig wohl war ihm nicht dabei – so sagte er jedenfalls. Mehrfach versuchte er, von seiner «eigenen» Kunst zu leben, doch es gelang nie. Und wenn die Kasse leer war, zog sich Elmyr zurück, fälschte ein paar Exemplare Léger, Matisse, Modigliani, Vlaminck, also auch die Künstler, mit denen er angeblich im Paris der 1920er Jahre befreundet gewesen war. Dabei befand er sich in guter Gesellschaft, denn Léger hatte in jungen Jahren Bilder von Camille Corot gefälscht und Vlaminck solche von Paul Cézanne.

Sein Geheimnis konnte er jedoch nicht für sich behalten und teilte es mit Freunden wie Jacques Chamberlin, der dann den Agenten für ihn mimte – bis Elmyr merkte, dass er betrogen wurde, weil Chamberlin mehr Geld behielt als ausgemacht. Elmyr brach die gemeinsame Europareise ab, fuhr allein nach Dänemark und Schweden, nach Brasilien und dann nach New York. Dort kam er im August 1947 an und blieb, auch als das Touristenvisum längst abgelaufen war. In New York traf er alte Freunde wieder, lernte durch sie neue kennen (und sie alle waren reich und berühmt), feierte rauschende Partys, wurde eingeladen und verkaufte ab und zu ein paar Matisse, Renoir, Derain, die er hatte retten können aus der elterlichen Sammlung in Budapest – diese Masche zog immer. Er lebte mal in Los Angeles, mal in Florida und immer wieder in New York. Mal ging er selbst in Galerien, mal verschickte er seine Blätter mit der Post – so auch an das Fogg Art Museum, dem er 1955 einen Matisse verkaufte.

Doch der Schwindel flog auf, und das Museum stellte Untersuchungen an, konnte seiner aber nicht habhaft werden. In New Orleans versuchte er, seinen längst abgelaufenen französischen Pass auf dem dortigen Konsulat zu verlängern – das Ganze mit einem Touristenvisum, das ebenfalls längst abgelaufen war. Außerdem restaurierte er die Gemälde im alten Rathaus von New Orleans und erhielt neben einer wirklich guten Bezahlung die Ehrenbürgerwürde.

Es folgt die Begegnung mit Fernand Legros im Sommer 1958. Elmyr beschreibt – immer noch in dem Buch von Irving – Fernand als einen abgerissenen, ungepflegten und ungebildeten Franzosen mit einer griechischen Mutter, geboren und aufgewachsen in Ägypten. Zusammen fahren sie nach Miami, wo Elmyr am Strand Réal Lessard begegnet und ihn leider Fernand vorstellen muss. Liest man die Biographie von Roger Peyrefitte, wird man eines anderen belehrt: Da lernt Fernand Réal 1957 in Miami Beach kennen, als er sich gerade mit dem Filmemacher François Reichenbach unterhält, Elmyr trifft er hingegen erst 1962 auf Ibiza. Bei Réal Lessard liest man schließlich die dritte Variante: Hier trifft Réal auf fünf Personen am Strand, darunter Elmyr, Fernand und François Reichenbach. Er weiß sogar noch das genaue Datum – den 7. April 1958. Jedes Jahr wird er diesen Tag zelebrieren, bis Fernand Legros stirbt, auf den Tag genau 25 Jahre später.

Legros verkaufte seit 1958 die Bilder von de Hory, und Réal Lessard war bald der Dritte im Bunde. Das Dreiergespann muss sehr erfolgreich gewesen sein, zerbrach dann aber an den ungeheuren Wutausbrüchen, Eifersuchtsszenen und Anmaßungen von Fernand Legros, die sogar bei Peyrefitte beschrieben werden.

Dennoch waren sie 1959 alle drei in Paris. Elmyr lebte eine Zeitlang von den beiden unentdeckt in Rom, kehrte dann aber wieder nach Paris zurück, wo er prompt Fernand Legros in die Arme lief. Die nächsten Jahre waren geprägt von Fluchten vor Legros, der allmählich zu einem wohlhabenden Kunsthändler wurde – laut Elmyr durch Bilder, die Legros ihm stahl. Elmyr hatte sie als Notnagel in einem New Yorker Hotel deponiert und dummerweise Legros davon erzählt.

Elmyr lebte in dieser Zeit nach wie vor von seinen Fälschungen, mal besser und mal schlechter. Er entdeckte 1961 die Insel Ibiza für sich und wollte sich ganz dahin zurückziehen, nur ab und an von Reisen unterbrochen. Auf einer solchen Reise aber lief er erneut Fernand Legros und Réal Lessard in die Arme. Jetzt gelang es Legros, einen Vertrag mit Elmyr abzuschließen. Dieser erhielt eine monatliche Zuwendung und produzierte dafür Zeichnungen und Gemälde, die Réal dann signierte und mit einem Firnis versah.

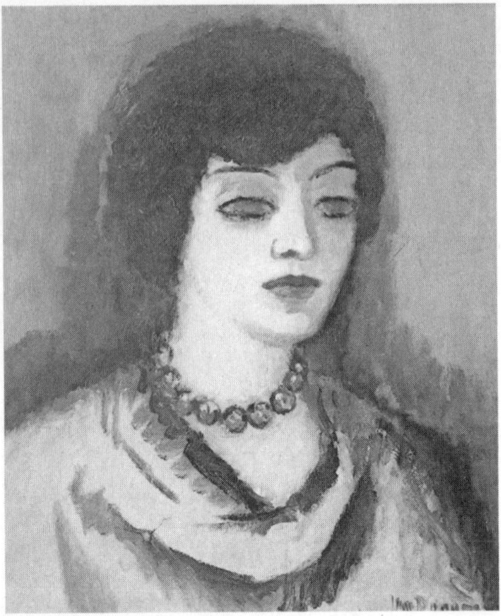

Abb. 13
Elmyr de Hory, Frau mit Perlenkette (nach Kees van Dongen), 1965, Öl auf Leinwand, Aufbewahrungsort unbekannt

Der Bau der Villa *La Falaise* auf Ibiza begann. Finanziert wurde sie von Fernand Legros, soviel ist wohl sicher. Der Architekt Erwin Broner war der Meinung, er baue sie für Elmyr, der dort dann ja auch tatsächlich lebte, allerdings manchmal ungebetenen Besuch von den Besitzern bekam. Die Partys, die Elmyr in der Villa feierte, sind Legende. Die angeblichen Partys von Fernand und seinen Schützlingen hingegen sind nur bei Peyrefitte und Lessard überliefert. Letzterer behauptet, er habe das Grundstück für *La Falaise* bereits 1961 gekauft und habe Elmyr de Hory zufällig wiedergetroffen, als er dort die Bauarbeiten überwachte. Das stimmt offensichtlich nicht. Doch wem die Villa dann letztendlich gehörte, Elmyr, Fernand oder Réal, bleibt unklar. Elmyr lebte dort bis an sein Lebensende – das ist verbrieft, auch wenn es hieß, er habe von Fernand oder Réal eine Räumungsklage nach der anderen erhalten.

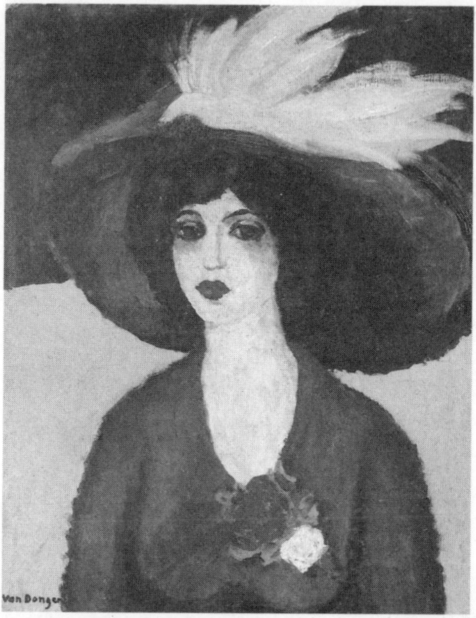

Abb. 14
Réal Lessard, Frau mit Hut (nach Kees van Dongen), 1958, Öl auf Leinwand, Aufbewahrungsort unbekannt

In dieser Villa aber befand sich ein Raum, den niemand kannte und in dem die Bilder entstanden, mit denen Fernand immer reicher wurde. Er war allerdings so geschickt, dass er zwischendrin auch immer wieder Bilder kaufte und verkaufte, die tatsächlich von den Künstlern stammten, deren Signaturen sich auf den gefälschten Bildern befanden. Außerdem gab er sich mit einer phantastischen Wohnung in Paris einen seriösen Anstrich.

Réal hingegen behauptete, dass er all die Bilder gemalt hatte und damit eine Ausstellung machen wollte. Stattdessen ließ sie Fernand von Elmyr signieren und verkaufte sie hinter seinem Rücken. Das steht auch im Testament, das Fernand 1973 verfasste und das im Buch von Réal Lessard abgedruckt ist. Papier ist geduldig. Alle drei haben nicht nur Bilder gefälscht, sondern auch Biographien – und dazu gehörte es natürlich auch, Papiere zu fälschen.

Réal und Elmyr haben teilweise Bilder von denselben Malern gefälscht. Eine Geschichte, in welcher der Maler Kees van Dongen die Hauptrolle spielt, kommt in beider Versionen vor, allerdings mit unterschiedlichen Akteuren. Elmyr malte 1965 eine *Frau mit Perlenkette* (Abb. 13). Réal fuhr mit diesem Bild zu dem weit über achtzigjährigen van Dongen, der in der Nähe von Monte Carlo lebte, und ließ sich von dem Maler bestätigen, dass er das Bild gemalt habe. Van Dongen datierte es um 1907/08 und erinnerte sich noch lebhaft an das Modell, das er mehrfach geliebt habe. So Cliffort Irving nach Elmyr. Réal hingegen hatte bereits 1958 eine *Frau mit Hut* (Abb. 14) im Stil von van Dongen gemalt, mit der Fernand 1960 zu van Dongen fuhr, der ihm ein Zertifikat ausstellte, dass es sich dabei um ein Bild von ihm aus dem Jahr 1910 handele – was van Dongen noch einmal 1966 bestätigte. So liest man es bei Réal.

Wahrscheinlich sind aber auch diese Bestätigungen Fälschungen, denn auch wenn van Dongen damals schon ein alter Mann war, so lebte er doch mit einer sehr viel jüngeren Frau zusammen, die bei diesen Verifizierungen vermutlich misstrauisch geworden wäre.

Fernand Legros verkaufte ab 1964 eine ganze Reihe Bilder an den texanischen Millionär Algur Hurtle Meadows. Irgendwann wurde Meadows misstrauisch und ließ die Bilder gleich von mehreren Kunstsachverständigen prüfen. Die Bilder stellten sich als Fälschungen heraus. Erst einmal fiel der Verdacht auf Fernand Legros, der Meadows all die Bilder verkauft hatte und der schon mehrfach wegen unseriöser Machenschaften aufgefallen war. Doch wurden die Ermittler auch auf Elmyr aufmerksam, und im Dezember 1968 wurde in Verbindung mit dem Skandal um Meadows und Legros auch sein Name genannt.

Elmyr de Hory wurde Ende 1968 für zwei Monate auf Ibiza inhaftiert, allerdings nicht wegen Kunstfälschung, sondern wegen damals streng geahndeter homosexueller Delikte. Er verließ Ibiza anschließend für eine Weile, kehrte dann aber zurück und erzählte

Clifford Irving sein Leben oder das, was er gerne als Leben gehabt hätte.

Die Geschichte, wie Clifford Irving sie aufschrieb, handelt von einem liebenswerten Menschen, der eigentlich kein Unrechtsbewusstein hatte, der gern Geschichten erzählte und so auch seine Biographie zu einer Dichtung werden ließ. Er brauchte immer Geld und gab es schnell aus: für schicke Kleidung, Luxusgüter, rauschende Feste, hübsche junge Männer. War das Geld alle, tauchte er ab, zog sich zurück, malte ein paar neue Bilder, stellte Zeichnungen oder falsche Lithographien her. Dann konnte das luxuriöse Leben wieder weitergehen, und alle, die ihn auf Ibiza kannten, erzählten von den Kaschmirpullovern, den seidenen Schals, den maßgeschneiderten Anzügen und dem Monokel.

Genauso stellt er sich auch in dem Film von Orson Welles dar: ein netter älterer Herr mit guten Manieren, elegant gekleidet, ein bisschen verrückt vielleicht, aber umso charmanter. So sahen ihn auch die Freunde auf Ibiza. Als Maler nahmen sie ihn nicht ernst, aber sie mochten den gebildeten schillernden Paradiesvogel und kamen gern auf seine Feste. In *Ibiza heute*, dem deutschsprachigen Monatsmagazin der Insel, werden in der Ausgabe vom Oktober 2007 zwei seiner Freunde genannt: der Maler Erwin Bechtold und jene Edith Sommer, die später Clifford Irving heiratete. Beide hatten Elmyr kurz nach seiner Ankunft auf Ibiza kennen und schätzen gelernt.

Nachdem das Buch von Clifford Irving erschienen war, konnte Elmyr zwar keine gefälschten Bilder mehr verkaufen, doch die mit «Elmyr» signierten Bilder nach Picasso, Matisse, Modigliani erzielten nun fast so hohe Preise wie die Originale. Jetzt konnte er endlich von den «eigenen» Bildern leben. Es folgte der Film von Orson Welles, der ihm sicher auch eine gute Gage brachte. Damals lebte bereits der junge Amerikaner Mark mit dem programmatischen Nachnamen Forgy bei ihm, der sich als sein Leibwächter ausgab und der wohl eine stattliche Anzahl an Werken von Elmyr besitzt. Heute ist er in den Medien zum «Kunstsammler» avanciert. Und Elmyr ist in: Forgy hat im Frühjahr 2010 eine Ausstellung mit Werken Elmyrs im Hillstrom Museum in St. Peter/Minnesota veranstaltet. Ein neuer Film über Elmyr ist in Planung sowie ein Buch – der im Internet bereits veröffentlichte biographische Teil scheint allerdings keine großen Neuigkeiten zu enthalten. Eines der Bilder in der Ausstellung macht jedoch misstrauisch. Es handelt sich um das Porträt von Elmyr und seinem Bruder als brave Knaben in Matrosenanzügen, gemalt von dem bekannten ungarischen Porträtisten Philip de László und 1910/12 datiert. De László lebte allerdings seit 1907 in England. Der Verdacht drängt sich auf, dass auch dieses Jugendporträt von Elmyr selbst stammt, der damit seine adlige Abstammung untermauern wollte.

All die Jahre, in denen Elmyr auf Ibiza lebte, versuchten die französischen Gerichte, Spanien dazu zu bringen, Elmyr auszuliefern. In Paris liefen mehrere Gerichtsverfahren gegen Fernand Legros, über den immer neue Skandale aufgedeckt wurden. Es gelang ihm aber immer wieder, die Haftstrafen gegen hohe Kautionen nicht absitzen zu müssen oder die Verfahren niederzuschlagen. Denn er hatte gute Rechtsanwälte und genügend Geld. Elmyr war sicher ein interessanter Zeuge, aber er hatte mit seinen Fälschungen auch großen finanziellen Schaden verursacht. Nach jahrelangen Verhandlungen gaben die Spanier Ende 1976 endlich nach.

Elmyr entzog sich der Auslieferung. Vielleicht hatte er Angst vor den französischen Gefängnissen, vielleicht war es aber auch Fernand Legros, dessen Rache er fürchtete. Am 11. Dezember 1976 schluckte Elmyr mithilfe einer Flasche Brandy eine Menge Schlaftabletten. Als Mark Forgy ihn fand, war er noch am Leben. Eine letzte schöne, aber erfundene Geschichte erzählt, dass er diesen Tod nur vorgetäuscht habe und – wie schon so oft – geflohen sei. Beerdigt ist er auf dem alten Friedhof von Eivissa, also Ibiza-Stadt. Auf seinem Grabstein steht der Name «Joseph Elementer Dory Boutin».

Wie viele Bilder Elmyr gefälscht hat, wusste er vermutlich nicht einmal selbst. Es waren jedenfalls nicht sieben gut vorbereitete Gemälde wie bei Han van Meegeren. Vielleicht rund tausend? Aber er verdiente auch nie so viel Geld mit einem einzelnen Werk. Doch auch er beherrschte das ABC des Fälschers. In Schreibwarengeschäften kramte er in den hintersten Winkeln und fand immer mal wieder alte Zeichenblöcke. Und aus alten Büchern, die für wenig Geld zu haben waren, trennte er das Vorsatzpapier heraus. So hatte er Papier aus der «Entstehungszeit». Er kaufte billige Bilder vom Trödel, kratzte die Farbe ab und verwendete die alten Leinwände ein zweites Mal – für ein Meisterwerk von Monet beispielsweise oder von Cézanne.

Und er erhielt höchst clevere Schützenhilfe von Legros und Lessard. Aus den Kunstbüchern lösten sie die Abbildungen, die damals üblicherweise eingeklebt waren, heraus und ersetzten sie durch Blätter, die Werke von Elmyr zeigten. Ein mit *Landschaft* betiteltes Bild ließ sich leicht durch eine andere Landschaft ersetzen. Und das war fast noch effektiver als die gefälschten Zertifikate und Expertisen. So wurde Elmyrs *Landschaft* quasi kanonisiert. Ein anderer Trick war, sich am Zoll mit gefälschten Bildern erwischen zu lassen und dann zu erklären, es seien Fälschungen. Jetzt kamen die Experten, die sich tatsächlich regelmäßig täuschen ließen, und überführten den Transporteur des Schmuggels mit Kunstwerken von nationaler Bedeutung, da es sich nicht um gefälschte, sondern um echte Ware handele. Die Kunstwerke durften nicht ausgeführt werden, doch den Händlern passierte nichts. Und schon hatten die beiden ein Zertifikat, wie es besser nicht sein konnte.

So erzählt es Clifford Irving. Ähnliche Geschichten finden sich auch in den Büchern von Roger Peyrefitte und Réal Lessard. Nur spielt Elmyr darin lediglich eine unbedeutende Nebenrolle, was mit Sicherheit falsch ist. Die Wahrheit über sein Leben wird kaum mehr zu erfahren sein, denn es ist unwahrscheinlich, dass Mark

Forgy sie kennt, bis auf die Jahre, in denen die beiden zusammenlebten. Und so wird Elmyrs Leben Fiktion bleiben, egal wie viele Bücher und Filme noch erscheinen mögen.

Seine Bilder aber wurden immer wieder ausgestellt, so 1999 in der Terrain Gallery in San Francisco. Und bei dieser Gelegenheit wurde erneut betont, dass lediglich 300 von über 1000 Bildern, die er gemalt habe, inzwischen als Fälschungen erkannt wurden. Die anderen befänden sich immer noch als vermeintlich echte Werke in öffentlichen Sammlungen und in Privatbesitz, auch weil die Besitzer ungern zugäben, dass sie übers Ohr gehauen wurden oder dass Steuergelder für Fälschungen bezahlt wurden. Doch die Preise der von Elmyr signierten Gemälde und Zeichnungen sind heute nicht mehr annähernd so hoch wie bei seiner Enttarnung. Die Preise der Maler, in deren Art er malte, sind jedoch exorbitant gestiegen. Und so kauft man sich heute gern einen Elmyr – mit der gefälschten Signatur vorn auf dem Bild und seiner Signatur hinten auf der Leinwand. Diese Werke steigen nicht, sie fallen im Preis. Man kann sie sich leisten und sich einbilden, man besäße einen Derain, van Dongen, Matisse oder Picasso. Man fälscht also den eigenen Kunstbesitz. Bei einer Ausstellung der Espacio Tribeca Galerie in Madrid 2006 kosteten kleinformatige Bilder von Elmyr nur noch zwischen 800 und 1200 Euro. Vielleicht aber werden sie im Preis wieder steigen, denn seit 2010 sind sie durch die Ausstellung im Hillstrom Museum in Minnesota geadelt.

Doch wenn all die Bilder nun gar nicht von Elmyr stammen, sondern von Réal Lessard? Und Elmyr sie nur signiert hat? Gegen diese Behauptung spricht der Film, in dem man sehen kann, mit welcher Geschwindigkeit Elmyr einen «Matisse» oder «Picasso» zeichnet. Und dieses Filmmaterial wurde wirklich gedreht – Computeranimation gab es damals noch nicht. Aber auch Réal war Maler, er lebt in Marrakesch und Brüssel, malt immer noch und signiert seine Bilder mit seinem eigenen Namen. Wahrscheinlich hat Legros damals die Bilder von beiden verkauft, von Elmyr und

Réal. Und vielleicht haben sie sich ja einen Spaß daraus gemacht und ihre Arbeiten gegenseitig signiert. Doch auch das wird nicht überprüfbar sein, wie so vieles in diesen gefälschten Biographien von Malern und Händlern gefälschter Kunst.

Lothar Malskat oder: Von Truthähnen, die ein anderer malte

«Als an Palmsonntag aber Feuer vom Himmel
auf die Stadt Lübeck und ihre Kirchen fiel,
brannte vom Backsteingemäuer die innere Tünche;
hoch ins Gerüst soll nun Malskat, der Maler,
abermals steigen, damit uns die Gotik
nicht ausgeht.»

So schrieb Günter Grass in seinem Roman *Die Rättin*, in dem er auch Lothar Malskat ein Denkmal setzte. Der war – wie Han van Meegeren – ein verkanntes Genie, aber ein schlecht bezahltes und ausgebeutetes obendrein. Und so ließ er alles auffliegen, auf die Gefahr hin, seine Strafe auch absitzen zu müssen. Das hat er dann letztlich auch getan.

Für Grass war der Fälscher Symbol für die Zeit der 50er Jahre, die in seiner Interpretation selbst eine Fälschung war. Zumindest in Deutschland, wo Konrad Adenauer und Walter Ulbricht quasi falschen Regierungen vorstanden, weil beide Länder eigentlich keine waren. Und auch die Restauration, die in den 50er Jahren überall zu beobachten war, brachte für Grass auf allen Ebenen nur Falschheit hervor.

War Malskat wirklich einer der ganz großen Fälscher, wie er von sich behauptete? Immerhin war dies auch noch im Jahr 2002 zur 50-Jahr-Feier des größten Kunstschwindels der Bundesrepublik in der *ZEIT* (21/2002) so nachzulesen.

Lothar Malskat kam – wie alle Kunstfälscher in ihren späteren Erzählungen – aus ärmlichen Verhältnissen, auch wenn der Vater einen Antiquitätenladen hatte – aber vielleicht war es ja auch nur ein Trödelladen. Die Begabung des jungen Malskat wurde natürlich früh erkannt. Dennoch musste der am 3. Mai 1913 in Königsberg geborene Knabe eine Malerlehre absolvieren, bevor er dann doch noch in Königsberg die Kunst- und Gewerkschule oder die Akademie besuchen durfte – hier sind sich die späteren Biographen nicht einig. Einige sprechen auch von einer äußerst erfolgreichen Ausstellung in Königsberg. Direkt im Anschluss daran soll Malskat nach Berlin gegangen sein und sich dort bei dem Kirchenmaler und Restaurator Ernst Fey als Mitarbeiter beworben haben. Der ließ ihn zwar erst einmal rein handwerkliche Arbeiten ausführen, gab ihm aber Bücher über mittelalterliche Kirchenmalerei zu lesen. Nach längeren Reisen durch Schlesien, bei denen Fey, sein Sohn Dietrich und der neue Gehilfe Kirchenfresken restaurierten – teilweise auch ergänzten beziehungsweise fast neu schufen –, kam 1937 ein Auftrag in Schleswig zustande.

Anderen Quellen zufolge ging der junge Malskat nach seiner Ausbildung in Königsberg auf Wanderschaft, wurde ein «König der Landstreicher», verdingte sich als Plakatmaler, war obdachlos, bis er dann 1937 auf Fey traf. Nachdem er dessen Gartenzaun gestrichen hatte (wodurch er offensichtlich seine Fähigkeiten als Restaurator hinlänglich bewies), fuhr er mit Dietrich Fey nach Schleswig.

Hier treffen sich die beiden Erzählungen wieder. Im dortigen Dom sollten erst einmal Reparaturarbeiten ausgeführt, dann aber auch die gotischen Wandmalereien von ihren Übermalungen befreit werden, die 1888 der Restaurator August Olbers ausgeführt hatte. Doch danach blieb bis auf wenige Farbspuren kaum etwas übrig von den älteren Wandbildern. Und so malte Malskat sie neu. Angeblich bekamen die Heiligen die Gesichtszüge von seinen Familienmitgliedern, von Freunden und der bekannten Schauspielerin Hansi Knoteck verpasst, die Malskat verehrte. Die Begeisterung über die Bilder war groß, Alfred Stange äußerte sich dazu in seinem Buch über die gotischen Wandmalereien im Schleswiger Dom unter anderem folgendermaßen: «Allein in diesem Augenblick war es möglich, daß ein großer Maler Menschen jener frühen Bürgergeschlechter, die den Nord- und Ostseeraum von Brügge und London bis Wisby und Nowgorod für Deutschland erobert hatten, in Bildern und Köpfen verwendete, sie lebensvoll und diesseitig als scharf geprägte Individualitäten und machtvolle Persönlichkeiten sah und darstellte.» Anschließend sinnierte er über den unbekannten Maler, dessen Leben im Dunklen bleibe, und endet mit den emphatischen Worten: «(...) strahlend aber sprechen für ihn seine Werke.»[31]

Nur die Fresken mit den Truthähnen störten. Doch auch hierfür fand sich eine Erklärung. Es waren eben die Wikinger gewesen, die lange vor dem Spanier Christoph Kolumbus Amerika entdeckt hatten, und seither kannte man im Norden Truthähne.

Die Truthähne kann man heute noch bewundern. Doch stammen sie ursprünglich gar nicht von Malskat, sondern von Olbers. Und der hatte seinen Irrtum schon bald erkannt. Über seine Restaurierungen und Neuschöpfungen, zu denen ihn die Kirchenleitung drängte, hat Olbers genaue Aufzeichnungen gemacht. Auch andere Quellen geben präzise Auskunft über den alten Bestand und die Neuschöpfungen durch Olbers. Von der ursprünglichen Ausmalung des Doms war auch schon Ende des 19. Jahrhunderts nicht mehr viel erhalten, aber dieses Wenige existiert immer noch. Malskat fälschte lediglich Olbers und hat das vermutlich auch gewusst.

Nach dem Krieg verschlug es Malskat nach Lübeck. In dieser Zeit traf er Dietrich Fey wieder, und beide brauchten Geld. Bilder von Malern der klassischen Moderne waren gefragt, das Angebot sehr viel geringer als die Nachfrage. Dem konnte man abhelfen: Malskat malte, Fey verkaufte – allerdings mit einer enormen Gewinnspanne, was Malskat nicht entgangen sein dürfte. Nach der Währungsreform aber wurde es schwieriger, all die Barlachs, Beckmanns, Chagalls, Munchs, Pechsteins und Utrillos zu verkaufen, und so kam der Auftrag, die Wandmalereien in der Lübecker Marienkirche freizulegen, gerade recht.

Die Kirche war 1942 während einer Bombardierung Lübecks stark beschädigt worden. Dabei war unter dem abgeplatzten Putz die mittelalterliche Ausmalung zum Vorschein gekommen. Diese hatte man 1944 notdürftig gesichert, nun sollte sie komplett freigelegt werden. Das zuständige Denkmalpflegeamt wies Fey an, keine Ergänzungen an den Figuren vorzunehmen. Doch Fey ließ Konturen nachzeichnen, Teile, die sich von der Wand lösten, auf frischem Grund nachmalen. Dennoch sind die meisten Fresken im Langhaus im Original erhalten geblieben und konnten später durch einen anderen Restaurator besser konserviert werden.

Nur im Obergaden des Chors waren kaum noch Malereien vorhanden. Genauer: die Putzschichten waren so miteinander verbunden, dass eine Freilegung der unteren Putzschicht auch eventuell noch vorhandene Freskenreste zerstört hätte. Und das gab Fey nicht bekannt – hier war schließlich viel Geld zu verdienen. Malskat malte auf sein Geheiß Heiligenfiguren, Fey achtete darauf, dass der «Restaurator» nicht gestört wurde. Ob er tatsächlich die damalige Doktorandin Johanna Kolbe daran hinderte, den Altbestand der Fresken zu sichten, bleibt fraglich.[32]

Am 2. September 1951, zur 700-Jahr-Feier der Lübecker Marienkirche, strahlten die 21 Figuren im Chor wieder in neuem Glanz. Es war ein denkwürdiger Tag. Sogar der Bundeskanzler war zu den Feierlichkeiten erschienen. Dietrich Fey wurde hoch gelobt. Einer jedoch ging leer aus, wurde nicht erwähnt, bekam noch nicht einmal einen Sekt angeboten und war in seiner Ehre tief gekränkt: Lothar Malskat.

Ein Motiv, das – neben der ärmlichen Herkunft – in fast allen Fälschergeschichten auftaucht: Die Händler oder Auftraggeber werden geldgierig und wollen auch den Ruhm für sich allein, sodass sie irgendwann diejenigen, die für sie schuften, derart verärgern, dass diese alles auffliegen lassen. Und so war es auch hier. Am 10. Mai 1952 schrieb Malskat an Dietrich Fey einen eingeschriebenen Brief, in dem er ihn aufforderte, öffentlich zu erklären, dass es sich bei den Wandmalereien um Neuschöpfungen handele. Doch der dachte nicht daran. Nachdem ihm selbst die Kirchenleitung nicht glaubte, wandte sich Malskat an die Presse. Sie hörte ihm begeistert zu – endlich bekam er Aufmerksamkeit. Und nun war er nicht mehr zu halten, erzählte von Familienmitgliedern, Freunden und der Schauspielerin, die er alle in den Heiligenfiguren verewigt hatte. Jetzt hatte er auch die Truthähne in Schleswig erfunden, um die Nazis zu foppen. Rückwirkend kann man sich viel schönreden. Die gesamte Lübecker Marienkirche sollte nun ein Werk Malskats sein, die Bilder auf den zur Jubiläumsfeier erschienenen Briefmarken ebenso wie alles andere auch. Die Zeitungen überschlugen sich. Andererseits dementierte Dietrich Fey so lange, bis Malskat am 7. Oktober 1952 durch seinen Anwalt Strafanzeige stellen ließ – gegen sich selbst und Dietrich Fey. Als Beweis dienten ihm seine Fotographien von den leeren verputzten Wänden und den entstehenden Bildern. Außerdem prüfte eine Kommission von Sachverständigen Malskats Aussagen und die Wandmalereien des Chores und kam bereits im Dezember 1952 zu dem Schluss, dass die 21 Chorfiguren Fälschungen seien – aber eben nur diese.

Erst wurde Dietrich Fey festgenommen, dann im Januar 1953 auch Malskat, da immer wieder neue Informationen an die Presse gegeben wurden und man ihn dahinter vermutete. Gutachten von der Denkmalbehörde wurden angefordert, am 9. August 1954 begann endlich die Hauptverhandlung, die sich bis Januar 1955 hinzog. Malskat und Fey wurden verurteilt, zu achtzehn und zwanzig Monaten Haft, unter Anrechnung der Untersuchungshaft. Malskat floh nach Schweden und bekam dort viele Aufträge. Als der Auslieferungsantrag der Bundesrepublik Deutschland kam, reagierte er mit der Bitte um Amnestie, stellte sich aber der Polizei und saß dann noch seine Gefängnisstrafe ab. Anschließend lebte er in der Nähe von Lübeck von Aufträgen. Malskat war zum Expressionisten geworden und fertigte wohl vor allem Porträts an. 1968 erschien ein Katalog mit eigenen Werken. 1974 ließ sich sogar der damalige Ministerpräsident von Schleswig-Holstein, Gerhard Stoltenberg, von ihm porträtieren.

1979 hörte man noch einmal von Malskat. In seiner zweiten Ausgabe stellte das Kunstmagazin *art* den Kreuzaltar des Barockmalers Adam Elsheimer vor, der bei seiner Entstehung Anfang des 17. Jahrhunderts aus sieben einzelnen Tafeln bestanden hatte. Sechs davon befanden sich damals im Frankfurter Städel, die siebte galt noch als verschollen. Aber man besaß eine zeitgenössische Beschreibung, wie der Altar einmal ausgesehen hatte. Um sich einen Gesamteindruck des Altars verschaffen zu können, beauftragte die *art*-Redaktion Lothar Malskat mit einer «Rekonstruktion» dieses siebten Bildes, angeblich weil er der Einzige sei, der dies könne. Warum die Redaktion das meinte, ist nicht nachzuvollziehen. Malskat hatte «gotische» Wandmalereien erschaffen und Bilder der klassischen Moderne gefälscht. Doch was hatte er mit barocken Bildern zu tun? Und wieso kann jemand, der Bilder fälscht, eine Komposition erahnen, die nur aus rudimentären Beschreibungen bekannt ist?

Malskat entwarf mehrere Kompositionen, in expressionistischer Manier, die eher an Beckmann als an Elsheimer erinnern. «Die ganze Bildszene muss erregt sein», zitierte ihn die Zeitschrift in der Ausgabe vom November 1979. Doch Elsheimer war ein Maler eher leiser Töne. Und die siebte Tafel, die tatsächlich 1981 in australischem Privatbesitz auftauchte, sieht völlig anders aus als die Vorschläge von Malskat.

Im Bericht im *art*-Heft wird auch der Lebensweg von Lothar Malskat kurz skizziert, und dieser Kürze ist es wohl geschuldet, dass laut diesem Artikel er es war, der beauftragt wurde, in der Lübecker Marienkirche die Wandbilder zu restaurieren. Dagegen verwahrte sich der Kunstfälscher in einem Leserbrief, in dem noch einmal die ganze Bitternis darüber zu spüren ist, wie Fey ihn behandelt hatte: «Für ihn war und blieb ich (...) der letzte Arsch.»[33]

Die Wandmalereien in Lübeck wurden 1957 entfernt, die Truthähne in Schleswig kann man heute noch bewundern. Malskat lebte noch dreißig Jahre in Wulsdorf bei Lübeck. Nach zwei Herzinfarkten und einem Schlaganfall starb er am 10. Februar 1988 und wurde auf dem Lübecker Burgfriedhof beerdigt; *art* war dies immerhin eine kleine Notiz wert. Bereits 1983 hatte aber Max Hasse in einem Buch über die Marienkirche in Lübeck versucht, den Anteil Lothar Malskats an den Lübecker Malereien noch einmal zu verdeutlichen. Darin zitiert er eine Autobiographie, die Malskat geschrieben habe, mit dem Titel *Ich, Malskat, Maler und Fälscher*, allerdings ohne genaue bibliographische Angaben. Es handelt sich dabei lediglich um einen Artikel in der Zeitschrift *Weltbild* aus dem Jahr 1953.

Trotz der Richtigstellungen von Hasse werden bis heute lieber die in diesem Artikel kolportierten Fakten reproduziert. Und so wird die Mär vom wirklich großen Fälschungsskandal, Truthähne inklusive, noch eine Weile in der internationalen Literatur über Fälschungen ihr Unwesen treiben.

Eric Hebborn und des Kunstfälschers Handbuch

Ein Fälschungsskandal kann schon mal einen Kunsthistoriker seinen Job kosten, allerdings meistens dann, wenn er (oder sie) auf eine Fälschung hereingefallen ist. Doch der englische Kunsthistoriker Nicholas Turner verlor eine der höchstdotierten Kuratorenstellen, von denen ein Kunsthistoriker nur träumen kann, nicht weil er Fälschungen gekauft hatte, sondern weil er in der Sammlung, für die er arbeitete, zahlreiche Zeichnungen als Fälschungen bezeichnete und sie auch noch alle einem Fälscher zuschrieb: Eric Hebborn.

Als Nicholas Turner 1998 seinen Posten verlor, war Hebborn bereits ermordet worden (s. S. 11). Den Beginn der kontrovers geführten Debatte über gewisse Zeichnungen in der Sammlung des Paul-Getty-Museums in Malibu könnte er noch mitbekommen haben. Turner hatte bereits 1993, ein Jahr bevor er die Stelle antreten sollte, Zweifel an einigen Blättern der Getty-Sammlung geäußert, die er dann konkretisierte, als er in Malibu arbeitete. Er hatte hochkarätige Blätter von zum Teil prominenten Künstlern im Visier, für die sein Vorgänger, George Goldner, große Summen ausgegeben hatte, Zeichnungen von Fra Bartolommeo, Desiderio da Settignano, Raffael, Martin Schongauer und einem norditalienischen Anonymus aus dem 15. Jahrhundert. Doch statt Turner für seine Beobachtungen, die er durch Untersuchungen der Restauratoren untermauern ließ, dankbar zu sein, feindete man ihn an und holte Gutachten anderer Spezialisten ein. Hinzu kam für seine Gegner zum richtigen Zeitpunkt die Affäre mit einer Mitarbeiterin, die ihm endgültig zum Verhängnis wurde, als diese ihn der sexuellen Belästigung beschuldigte, weil er die Affäre beenden wollte. Prozesse wurden geführt, und das Ende vom Lied war, dass Nicholas Turner 1998 seinen Hut nahm. Heute arbeitet er als freier Kunsthistoriker und ist in seinem Fachgebiet, der Graphik, immer noch sehr gefragt. Er entlarvt auch immer wieder Blätter von Hebborn und sagte 2001 in einem Artikel des *New York Times Magazine*: «So viele Leute sind auf Fälschungen von Hebborn hereingefallen, dass es von den Getty-Leuten naiv ist anzunehmen, ihnen allein bleibe diese Peinlichkeit erspart. In den letzten zwanzig Jahren haben sie mehr Zeichnungen gekauft als jede andere Institution. Es ist unausweichlich, dass sich darunter auch ein paar Fälschungen befanden.»[34]

Seit 1988 wurde der Bestand an europäischen Zeichnungen, der sich im Besitz des Getty-Museums befindet, in Katalogbänden veröffentlicht. Die meisten der Blätter, die Turner als Fälschungen bezeichnete, waren bereits von seinem Vorgänger publiziert worden, natürlich nicht als Fälschungen. In seiner Amtszeit bereitete Turner einen weiteren Katalogband vor. Der erschien allerdings erst im Jahr 2001, nachdem er geklagt hatte. Darin befindet sich nur eines der fraglichen Blätter: die Zeichnung von Fra Bartolommeo beziehungsweise Hebborn – als Fra Bartolommeo. Darauf hatte das Museum wohl bestanden.

Warum aber war sich Turner so sicher, dass all die Blätter ausgerechnet von Eric Hebborn stammten? Was war das Besondere an diesem Kunstfälscher?

Eric Hebborn wurde am 20. März 1934 in London geboren. Er stammte aus einfachen Verhältnissen, was ins gängige Bild vom Fälscher passt. Die Eltern zogen bald nach Essex. Hebborn hatte keine glückliche Kindheit. Das ist zwar kein Grund, die Schule in Brand zu stecken, aber er tat es, als Achtjähriger. So jedenfalls erzählt er es selbst in seiner Autobiographie *Drawn to Trouble*. Er kam für ein Jahr in eine Erziehungsanstalt und danach zu Pflegeeltern, bei denen er sehr viel glücklicher war als bei seinen leiblichen Eltern, die er in seiner Autobiographie auch nie mehr erwähnt. Wie so häufig in den (Auto-)Biographien von Künstlern und Fälschern erkannte ein Lehrer die zeichnerische Begabung seines Schützlings. Werke des gerade einmal fünfzehnjährigen Hebborn wurden ausgestellt, und er erhielt Kunstunterricht bei der Tochter des Malers und Kunsthistorikers Roger Fry, die selbst als Keramikerin arbeitete. 1949 gelang ihm der Sprung auf die Kunstschule, erst in Chelmsford, ab 1951 dann in Walthamstow, heute ein Außenbezirk Londons. Dort lernte er den zwei Jahre älteren David Graham Smith kennen. Die beiden blieben bis 1969 ein Paar.

Ab 1956 studierte Eric Hebborn an der Royal Academy in London, Graham Smith am Royal College of Art. Um Geld zu verdienen, arbeitete Hebborn damals bei einem Restaurator. Und wie viele Restauratoren gehörte auch dieser George Aczel zu denen, die alte Bilder nicht nur säuberten, sondern auch aufbesserten oder gleich ganz neu malten. So war wenigstens noch der Bildträger alt. Hier wurde Hebborn allmählich in die Kunst des Bilderfälschens eingeführt, was er dann erfolgreicher für andere Auftraggeber fortführte.

So kann man es in seiner Autobiographie nachlesen. Dort erzählt er auch ganz genau, wie er einen vollkommen neuen Willem van de Velde (gemeint ist der jüngere, 1633 geborene) entstehen ließ.[35] Dem widerspricht aber sein ehemaliger Partner: Hebborn habe nie einen van de Velde gemalt beziehungsweise gefälscht. Als Antwort auf *Drawn to Trouble* schrieb David G. Smith nämlich eine eigene Autobiographie,[36] in der er einiges anders darstellt und Hebborn auch Erfindungen unterstellt. In einem Gespräch mit Geraldine Norman hielt Hebborn dagegen, Smith suche nur Publicity für sein Buch.[37] Und wieder fragen wir uns, welche Teile von welcher Version denn nun stimmen.

Tatsache ist, dass Hebborn auf der Royal Academy das heiß begehrte Rom-Stipendium erhielt und von 1959 bis 1961 in der italienischen Hauptstadt lebte, sich zuvor aber von Mai bis September 1959 zu Fuß den Kontinent erwanderte, von Ort zu Ort und von Museum zu Museum. Ob er in Venedig tatsächlich eine reiche Amerikanerin kennenlernte, die Peggy hieß und wundervolle Bilder von Max Ernst und anderen ihr Eigen nannte, wollen wir nicht hinterfragen. Den Namen Guggenheim erwähnt er nicht. Sein Reisebegleiter, ein amerikanischer Maler namens David, kannte viele Größen der Kunstwelt und ließ Hebborn an den Treffen der Prominenz teilhaben. Doch wer dieser David war, erfährt man in Hebborns Buch auch nicht.

In Rom angekommen, lernte er nicht nur viele Menschen kennen, er spezialisierte sich auch auf graphische Techniken. Das erklärt auch, warum er sich später bei seinen Fälschungen auf den graphischen Bereich konzentrierte und nur sehr selten ein Bild malte. Wichtig war auch die Begegnung mit dem berühmten Kunsthistoriker Sir Anthony Blunt, der 1956 zum Ritter geschlagen worden war und 1979 dann als Geheimagent der Sowjetunion enttarnt wurde. Von Sir Anthony lernte Hebborn, wie Experten ein Blatt betrachten, auf was sie achten und auf was es ganz besonders ankommt, wenn man sie täuschen will. Die römische Begegnung führte zu einer langjährigen Freundschaft, doch erfuhr Sir Anthony wohl nie, dass Hebborn und Smith Bilder tatsächlich fälschten.

1961 kehrte Hebborn nach London zurück. Ihm wurde eine Stelle an der Royal Academy angeboten, die er dann aber doch nicht erhielt. Vielleicht hätte ihn diese Stelle davon abgehalten zu fälschen, um Geld zu verdienen. Das lässt sich nicht mehr beurteilen. Jedenfalls ist es sehr viel wahrscheinlicher, dass Hebborn gefälscht hat, weil er Geld brauchte, so Smith, als deshalb, weil er die Experten an der Nase herumführen wollte – so Hebborn selbst, der sich damit in die Riege der meisten Fälscher einreiht.

Hebborn und Smith hatten schon vor Hebborns Rom-Stipendium mit den Antiquitätenhändlern Louis Meier und Mary Gray zusammengearbeitet, und es mag durchaus sein, dass letztere Hebborn einen Stapel alten Papiers überließ und ihn dabei indirekt aufforderte, Bilder zu fälschen. Auf die einzelnen Blätter setzte er Zeichnungen, die zeitlich mit dem Papier übereinstimmten – ein Trick, der genial ist, der aber auch viel Wissen über die altersmäßige Einordnung von Papier erfordert.

Hebborn hatte mit seinen Fälschungen Erfolg. Gemeinsam mit seinem Lebenspartner gründete er die Pannini Galleries. Jetzt war er also auch Kunsthändler geworden. Mit dieser Galerie zogen sie 1964 nach Rom um. Hebborn zeichnete, und Smith half, die Blätter älter wirken zu lassen, so jedenfalls die Version von Smith. Bei Hebborn kommt diese Variante nicht vor, hier ist er allein für die Produktion verantwortlich – vielleicht weil er den ehemaligen Partner schützen wollte.

Eines jedenfalls ist sicher: Hebborn signierte die Zeichnungen nicht, und er verlangte auch nie einen höheren Preis als für ein mit dem eigenen Namen versehenes Werk. Die Zuschreibung überließ er den Experten. Und es waren wichtige Experten, unter ihnen Christopher Wright, der bei Colnaghi arbeitete, einem der bekanntesten Londoner Auktionshäuser, und Hans Calmann, ein bedeutender Kunsthändler, um nur zwei von denen zu nennen, mit denen er ständigen Kontakt hielt.

Smith kehrte 1969 nach London zurück, Hebborn blieb in Rom. Er wusste nicht, dass inzwischen erste Zweifel an Blättern laut geworden waren, die aus seinem Fundus stammten. Die Pierpont Morgan Library hatte ein Blatt gekauft, das dem Renaissance-Maler Francesco del Cossa aus Ferrara zugeschrieben war. Konrad Oberhuber, der Kurator der Graphischen Sammlung der National Gallery in Washington, wurde misstrauisch, als er das Blatt sah, ähnelte es doch zwei Blättern in der eigenen Sammlung, einem, das ebenfalls Cossa zugeschrieben war, und einem anderen aus dem italienischen 15. Jahrhundert. Bei genauer Betrachtung aller drei Blätter sah er auch die Ungereimtheiten in der Bearbeitung der Papiere (um sie alt erscheinen zu lassen) und bei den «Stempeln», die mit Tusche und Feder hinzugefügt worden waren. Oberhuber war sich schließlich sicher, dass es sich um Fälschungen handeln müsse, und zwar von ein und derselben Hand. Und er scheute sich nicht, das auch zu sagen. Noch war aber nicht klar, wer der Fälscher war.

In den nächsten Jahren häuften sich Beschwerden über eventuelle Fälschungen bei Colnaghi, und jedes Mal hatte die Kunsthandlung die Werke von Hebborn gekauft. Kurz nachdem der englische Restaurator Tom Keating (s. S. 165 f.) als Fälscher entlarvt worden war, war auch Hebborn fällig. 1978 erschien ein ausführlicher Artikel von Geraldine Norman in der Londoner Tageszeitung *The Times*, in dem sie Hebborn als Fälscher der Zeichnungen benannte.[38] Dieser jedoch fühlte sich unschuldig. Hatten denn nicht auch große Künstler Kopien von Werken anderer großer Künstler angefertigt? Und er nahm sich vor, weiterhin zu fälschen, selbstverständlich nur, um den Experten zu beweisen, dass er besser sei als ihr Urteilsvermögen, und nicht, um seinen Lebensunterhalt aufzubessern.

Natürlich konnte er jetzt keine Verkäufe mehr über die seriösen Kunsthandlungen wie Colnaghi, Sotheby's und Christie's tätigen. Aber er fand – mehr oder minder per Zufall – andere Möglichkeiten.

Auch diese Informationen kann man seiner Autobiographie entnehmen: Das Telefon klingelt, es meldet sich jemand (natürlich ohne den Namen zu nennen), fragt ihn, ob er ein Bild von einem bestimmten Künstler besitze, das er gern veräußern würde. Hebborn erbat sich dann ein paar Wochen Zeit, um in seinem Fundus zu suchen, erhielt die Adresse eines römischen Hotels und brachte zur vereinbarten Zeit ein eingewickeltes Paket dorthin. Im Gegenzug erhielt er einen mit Banknoten gefüllten Briefumschlag. Sein Name tauchte nirgends auf, er wusste aber auch nicht, wohin seine Bilder nun wanderten. Und so will er bis zum Erscheinen der Autobiographie weitere 500 Blätter gefälscht haben.

In *Drawn to Trouble* erzählt Hebborn nicht nur sein Leben von Kindheit an, sondern beschreibt auch einige Bilder ganz genau. Aber eben nur einige. Und gerade von diesen behauptet Graham Smith, dass Hebborn sie nie gefälscht habe, dass es eben doch Originale seien. Bei anderen sind sich die Institutionen sicher, dass es sich um Originale handelt. Dann aber bleibt zu fragen, ob sich wirklich noch so viele Werke von Hebborn in öffentlichen und privaten Sammlungen befinden, die noch nicht entdeckt worden sind. Im Gespräch mit Geraldine Norman behauptete Graham Smith 1995, dass Hebborn – entgegen der Erzählung in seiner Autobiographie – nie einen Corot gefälscht habe, um den Kunstkenner und Leiter von Colnaghi, James Byam Shaw, hereinzulegen. Auch die Geschichte mit dem Blatt von Brueghel, das Hebborn erst kopierte, um dann das Original im Klo herunterzuspülen, verwies Smith ins Reich der Legende. Die *Ruinenlandschaft* von Brueghel befindet sich heute im Metropolitan Museum of Art. Graham Smith behauptet, er habe sie gekauft und dann weiterveräußert. Auch in Hebborns Buch kann man lesen, dass Smith sie gekauft hatte und dass sie von Colnaghi Jan Brueghel dem Älteren zugeschrieben worden sei. Dann beschreibt Hebborn aber sehr ausführlich, wie er sich den Zeichenstil Brueghels aneignete, bevor er das Bild kopierte. Anschließend habe er das Original aus dem Rahmen genommen, seine Kopie hineingetan und diese wiederum an Colnaghi verkauft. Das alles geschah in den Jahren 1963 bis 1965. Seitdem befindet sich das Blatt, allerdings mit dem Titel *Die Tempel von Venus und Diana,* im Metropolitan Museum und wird auch heute noch als Original bezeichnet, allerdings Jan Brueghel dem Jüngeren zugeschrieben. Als Provenienz kann man lesen: Pannini Galleries und Colnaghi. Die Kuratoren des Metropolitan Museums glauben also nicht daran, dass Hebborn das Blatt gefälscht hat; im Internet findet sich aber der Hinweis, dass sich die Informationen über das Blatt nach neuerlichen Untersuchungen ändern könnten.

Zur Präsentation seiner Autobiographie kam Hebborn nach England. Er konnte aber nicht belangt werden, eben weil er die Blätter nicht signiert, also keine Urkundenfälschung begangen hatte. Er hatte auch keine überhöhten Preise verlangt, sondern das genommen, was ihm seine eigenen Kunstwerke auch wert schienen. Er lebte weiterhin in Rom und schrieb an seinem nächsten Buch, *The Art Forger's Handbook*. Das erschien allerdings zuerst in der italienischen Übersetzung: *Il manuale del falsario* kam im Herbst 1995 auf den Markt. Möglicherweise hatte die tödliche Attacke gegen Hebborn am 8. Januar 1996 tatsächlich etwas mit der Publikation zu tun. Allerdings gibt es auch zahlreiche andere Möglichkeiten, die in Betracht gezogen werden können. Trastevere ist nicht der sicherste Stadtteil Roms und ein Raubüberfall immer möglich. Eines ist aber klar festgestellt worden: Es war kein Selbstverschulden und keine Rauferei zwischen Betrunkenen, da der Angriff von hinten kam und wohl sehr überraschend war.

The Art Forger's Handbook erschien 1997 auf Englisch und 1999 auf Deutsch als *Kunstfälschers Handbuch*. Darin werden genaue Anweisungen gegeben, was man zum Fälschen von Zeichnungen und Gemälden benötigt. Im Anschluss an die sehr informativen «Rezepte», die auch dann nützlich sind, wenn man «nur» erfahren möchte, wie die Alten Meister gearbeitet haben, wie sich ein Gemälde aufbaut, was für Farbzusammensetzungen wann in Gebrauch waren, womit gezeichnet wurde usw., rechnet Hebborn ab: mit den Experten, den Händlern und den Sammlern, von denen allen er keine sehr hohe Meinung hat. Und zum Schluss legt er dar, wie man der Verhaftung und Verurteilung entgehen kann, auch wenn man Bilder gefälscht hat.

All diese Informationen nahm der Verlag, bei dem das Buch auf Deutsch erschien, zum Anlass, sich von dessen Inhalt zu distanzieren. Dennoch hat er es verlegt – Kunstfälschung ist auch dann ein einträgliches Geschäft, wenn nur beschrieben wird, wie sie funktioniert.

Und Nicholas Turner? Er veröffentlichte in der Festschrift für Konrad Oberhuber, den langjährigen Direktor der Albertina, im Jahr 2000 eine weitere Hebborn-Fälschung, die sich in Privatbesitz befindet. Dass Hebborn lediglich die Experten hereinlegen wollte, glaubt er ihm nicht. Die Fälschungen brachten doch mehr ein als die eigenen Werken und der Kunsthandel. Hebborns Behauptung, in den großen graphischen Sammlungen befänden sich immer noch Blätter von ihm, eben perfekte Fälschungen, kommentierte Turner in einem Interview im Deutschlandradio zu Hebborns 70. Geburtstag im Jahr 2004 folgendermaßen: «Nun, die perfekte Fälschung muss etwas sein, das niemand entdeckt hat. Wir werden nicht sagen können, was eine perfekte Fälschung ist, weil sie ihren Zweck so gut erfüllt.»

Jahre zuvor, 1990, hatte sich Hebborn bei Turner bitter beschwert, weil kein einziges seiner Blätter in der Ausstellung *Fake?* gezeigt wurde, an der auch Turner mitgewirkt hatte. Dabei sei doch das Anthonis van Dyck zugeschriebene Blatt des flämischen Barock, *Die Dornenkrönung Christi*, im British Museum von ihm.

Er zählte dann noch weitere Museen auf, die – unentdeckt – Blätter von ihm besäßen.

Die *Dornenkrönung* ist eines von elf Blättern im British Museum, die inzwischen nicht mehr den Alten Meistern zugeschrieben werden, sondern tatsächlich Hebborn. Auch die zehn anderen Blätter waren angeblich von Künstlern mit klingenden Namen erschaffen worden: Leonardo da Vinci, Claude Lorrain und Andrea Mantegna sind wohl die bekanntesten, es folgen Stefano della Bella, Ercole de' Roberti, Lorenzo di Credi und Lodovico Cigoli. Hebborn scheint sich wohl selbst nicht an den von ihm gegebenen Rat gehalten zu haben, hauptsächlich Werke von weniger bekannten Künstlern, von Schülern oder Werkstattmitarbeitern zu verfertigen. Von einigen dieser großen Künstler besitzt das British Museum sogar zwei Werke, die in Wirklichkeit von dem gekränkten Fälscher stammen.

Hebborn kann keine Verwirrung mehr stiften. Aber wie viele unerkannte Hebborns befinden sich noch in den großen graphischen Sammlungen, in kleineren Museen, in Privatsammlungen? Bestimmt mehr, als wir heute wissen.

Edgar Mrugalla: Vom Schrotthändler zum Kunstfälscher

König der Kunstfälscher heißt der Titel seiner Autobiographie, und auf der Startseite seiner Homepage stehen diese Worte auch in großen Lettern. Das deutet auf ein gesundes Selbstbewusstsein hin. Liest man aber die Lebensgeschichte, wird man eher von Mitleid gepackt angesichts der Schlechtigkeit der Welt und vor allem der Kunsthändler, die dem unschuldigen und unbedarften Edgar Mrugalla alle so übel mitgespielt haben. Er distanziert sich darin auch von den anderen Kunstfälschern: Man habe ihn in einem Atemzug mit Elmyr de Hory und Tom Keating genannt, doch gebe es einen großen Unterschied, so Mrugalla: «Jene fälschten aus Vergnügen an der Arbeit, ich tat's – sehr oft – nur aus Verzweiflung.»[39]

Glaubt man seiner Autobiographie, so ist es dem kleinen Edgar wirklich nicht an der Wiege gesungen worden, einmal Künstler oder Kunstfälscher zu werden. Wo Elmyr de Hory hochstapelt, da stapelt er tief. Zumindest Anfang der 1990er Jahre, als er seine Geschichte aufschrieb. Im Jahr 2007 sieht das schon anders aus.[40] Da ist er plötzlich jüdischer Abstammung, hat seine Mutter allerdings nie kennengelernt, sondern dies alles erst kurz vor dem Tod der Ziehmutter erfahren. Die bleibt in der Autobiographie allerdings bis zu ihrem Tod 1989 seine leibliche Mutter und wird auf dem russisch-orthodoxen Friedhof in Berlin beigesetzt.

In *König der Kunstfälscher* wird Mrugalla am Ende seiner Fälscherkarriere zu zwei Jahren Gefängnis verurteilt, ausgesetzt auf drei Jahre zur Bewährung. Das klingt einigermaßen glaubhaft. Auf seiner Homepage kann man es umgekehrt lesen: drei Jahre Gefängnis, ausgesetzt zu zwei Jahren auf Bewährung. Hier hat sich wohl ein Zahlendreher eingeschlichen, denn so etwas gibt es gar nicht. Es werden nur Straftaten zur Bewährung ausgesetzt, bei denen die Strafe maximal zwei Jahre Gefängnis beträgt, und außerdem dauert die Bewährung immer mindestens so lang wie das Strafmaß, wenn nicht länger. Wir befinden uns also wieder mitten in gefälschten Fakten. Aber beginnen wir von vorn.

Edgar Mrugalla wurde am 11. Juli 1938 in Berlin geboren. Die Mutter, eine Russin, arbeitete im Krieg als Dolmetscherin für die Deutschen, der Vater war Deutscher. Edgar wuchs erst im Kinderheim auf, dann bei der Mutter im (annektierten) Sudetenland. 1945 kam auch der Vater aus dem Krieg zurück, ein Jahr später zog die Familie zurück nach Berlin, wo Edgar zum dritten Mal die 1. Klasse besuchte – eine Leuchte in der Schule wurde er nie. Die Familie zog auch innerhalb Berlins immer wieder um. Mehrere Schulwechsel waren die Folge.

Der Vater war Schrotthändler, Edgar half ihm und verließ dann 1952 die Schule ohne jeglichen Abschluss. So bekam er auch keine Lehrstelle, heuerte auf einem Schiff an und lernte in den nächsten Jahren viele Dinge, ohne dafür eine Ausbildung bescheinigt zu bekommen. Die Eltern trennten sich, der Vater zog nach West-Berlin, und Edgar folgte ihm bald – wenn man ihm Glauben schenken darf –, weil er in einer Kneipe Witze über die SED gemacht und ihn jemand verpfiffen hatte. Vater und Sohn arbeiteten wieder gemeinsam, bis der Vater starb. Jetzt machte Mrugalla seinen eigenen Schrotthandel auf, dann wurde er LKW-Fahrer, und nach seiner (dritten) Hochzeit 1966 machte er sich 1968 selbständig. Zunächst mit Entrümplungen, dann folgte ein Trödelladen, in dem er damals ahnungslos hervorragende Antiquitäten und wertvolle Bilder anbot – die Antiquitätenhändler Berlins machten bei ihm ein Schnäppchen nach dem anderen. Er begann sich kundig zu machen, fing auch an, selbst zu malen, versuchte sich an Restaurierungen. Er malte eigene Bilder, machte Kopien, trat in den Berliner Ortsverband des BBK (Bundesverband Bildender Künstler) ein. Die «Kopien» kauften Kunsthändler für wenig Geld und verkauften sie um das Vielfache als «Originale» weiter. Jedesmal wenn Mrugalla versuchte, auf eigene Faust Geschäfte zu machen, fiel er auf jemanden anderen herein, wurde ihm von seinen alten Kontakten alles vermasselt, erhielt er plötzlich Polizeibesuch, wurden echte Bilder als Fälschungen deklariert und er selbst angezeigt. All diese Geschichten kann man in der Autobiographie nachlesen, dazu, dass er immer wieder gezwungen war zu kopieren und zu fälschen, um seine inzwischen auf fünf Personen angewachsene Familie über Wasser zu halten. Wie er allerdings im Eigenstudium so gut wurde, dass ihm seine Fälschungen als Originale abgenommen wurden, das bleibt ziemlich im Dunklen.

1980 zog Mrugalla mit seiner Familie von Berlin nach Schleswig-Holstein aufs Land. Dort lebten sie in einem abgeschiedenen Haus. Hier fälschte Mrugalla im großen Stil, bis ihm 1987 die Polizei auf die Schliche kam und ihm der Prozess gemacht wurde. Seine weiteren Bilder signierte er und machte sie als Kopien kenntlich. Er gab Malunterricht, eröffnete in Büsum eine Galerie und stellte schließlich im Jahr 2007 im Kieler Wirtschaftsministerium aus.

Der Deutsche Künstlerbund protestierte. In seinem Brief schrieb der Vorsitzende Frank Michael Zeidler am 25. September 2007 an den Kieler Wissenschaftsminister empört: «Kunstfälschung ist keine freie Meinungsäußerung in einem freiheitlichen und demokratischen Staat, Kunstfälschung ist kein ‹kreativer Beitrag› zur Urheberrechtsdebatte, Kunstfälschung ist und bleibt Diebstahl geistigen und künstlerischen Eigentums und wird zu Recht verfolgt und bestraft.» Und weiter: «Wir sind nicht angehalten, Herrn Mrugallas Privatvergnügen zu kritisieren, wir sind entsetzt über die Tatsache, dass eine Landesregierung sich eines Kunstfälschers annimmt, Steuermittel für die Ausstellung zur Verfügung stellt und damit ein ‹vermeintliches Kavaliersdelikt› salonfähig wird.»

Diese Kritik ist nicht von der Hand zu weisen. Und es klingt auch problematisch, wenn Mrugalla seine Fälschungen inzwischen historisch-politisch begründet. In einem Interview, das die Zeitschrift *Stern* am 19. Dezember 2008 druckte, antwortete Mrugalla auf die Frage, ob er seiner Zeit als Fälscher nachtrauere, erst mit «nein», fügte aber dann hinzu: «ich finde, dass ich mit meinen Bildern etwas erreicht habe. Die Nationalsozialisten haben den Juden alle Kunst genommen. Nach dem Krieg verdienten dann die arischen Kunsthändler ein Vermögen damit. Mit meinen Fälschungen wollte ich sie ein wenig bestrafen, sie sollten mir richtig auf den Leim gehen.»

In diesen wenigen Sätzen stecken schon wieder so viele falsche Fakten, dass Mrugalla vielleicht besser beraten wäre, einfach zu schweigen. Denn die Kunsthändler (und das bemerkte dann auch der *Stern*) haben ja nun an Mrugalla sehr viel verdient, sie hat er nicht abgestraft, im Gegenteil. Und was die im Nationalsozialismus verfolgten, ihrer Kunstsammlungen beraubten Juden damit zu tun haben sollen, dass Mrugalla in den 1980er Jahren Kunstwerke fälschte, ist auch nicht nachzuvollziehen.

Im Jahr 2009 gab er sein Anwesen in Schleswig-Holstein auf und zog nach Düsseldorf, wo auch eine seiner Töchter lebt. Betrachtet man in seiner Autobiographie und auf der Homepage die Bilder, die er «nach» anderen Künstlern geschaffen hat, dann stellt sich wieder die Frage, warum diese Bilder ihre Käufer fanden. In «Rembrandts» Selbstbildnissen erkennt man die Gesichtszüge Mrugallas, «Franz Marcs» Pferd fehlt die Körperlichkeit. Es ist zu schmal, der Kopf ist zu wenig gedreht, sodass sich der Betrachter nicht in die Blickachse des Tieres einfühlen kann.

Wieder kann man nur mutmaßen: Die Begehrlichkeiten waren wohl so groß, dass Händler und vor allem Sammler nicht genau hinschauten, nicht lang genug prüften, sich blenden ließen. Mrugalla war nicht der größte Fälscher, kein König, sondern nur einer von vielen.

Noch mehr Einzeltäter und Fälscherteams

Im 20. und im beginnenden 21. Jahrhundert gibt es natürlich sehr viel mehr Fälscher als diejenigen, die in diesem Kapitel ausführlich behandelt wurden, und es folgen hier, knapper vorgestellt, noch ein paar weitere. Doch schon bei diesen verhältnismäßig wenigen Einzeltätern wiederholen sich die Lebensgeschichten, die wahren wie die gefälschten. Jede einzelne mag spannend sein, in der Fülle nimmt die Spannung aber ab. Lassen wir es dann also damit bewenden und werfen zum Schluss noch einen Blick auf Fälscherteams: eine richtige Fälscherfamilie und größere Fälschergruppen.

Der gelernte Drucker *Wolfgang Lämmle* (* 1941) verlegte sich spätestens Anfang der 1970er Jahre aufs Malen, stellte eigene Bilder aus, veröffentlichte Bücher über seine Malerei und vertrieb «nebenbei» Bilder von «Malern aus dem süddeutschen Raum des 19. und 20. Jahrhunderts». 1988 flog er auf, denn die Bilder stammten alle von ihm. Er erhielt eine Bewährungsstrafe, zog nach Frankreich, wo er im Périgord eine Malschule eröffnete, weitere Bücher schrieb und in mehreren Fernsehsendungen auftrat. 2007 wanderte er nach Australien aus.

Bereits 1986 wurde *Rüdiger Faller* (* 1942) verurteilt. Er hatte sich auf Werke von Otto Dix spezialisiert. Häufig komponierte er die Vorstudien zu Gemälden. Damit hatte er ein glaubwürdiges Dix-Sujet, musste sich aber nicht sklavisch an die Vorlage halten, denn eine Studie muss nicht genauso aussehen wie das später ausgeführte Werk. 2007 machte Faller wieder von sich reden. Er hatte mit einer Expertise einen falschen und dazu noch schlechten «Picasso» geadelt und erhielt eine Geldstrafe wegen Urkundenfälschung und Beihilfe zum Betrug.

Der Engländer *John Myatt* (* 1945) machte aus seinem Hobby, Kunstwerke zu kopieren, 1985 eine Profession und verkaufte seine als «echte Fälschungen» bezeichneten Bilder, bis ihm der Kunsthändler John Drewe (* 1948) ein Angebot machte: Myatt sollte malen, Drewe kümmerte sich um Zertifikate und verkaufte die Bilder an die großen Auktionshäuser und Kunsthandlungen. 1995 wurde Myatt verhaftet, es folgten ein Prozess und die Gefängnisstrafe. Seit 2000 arbeitet er als Porträtmaler und Kopist, tritt in Fernsehsendungen auf und macht auf seiner Homepage Werbung für den ihm gewidmeten Spielfilm *Genuine Fakes*, der in Hollywood gedreht werden soll.

Auch *Tom Keating* (1917–1984) war Engländer, und auch er war einer der «größten Kunstfälscher des 20. Jahrhunderts». Seine Vita ähnelt ein wenig der von Eric Hebborn. Wie dieser finanzierte er sich zu Beginn seiner künstlerischen Karriere mit der

Restaurierung von Bildern und lernte dabei allerhand Tricks. Als der erhoffte Erfolg als Künstler ausblieb, verlegte er sich auf das Fälschen von Bildern, natürlich nur aus Protest gegen die Ausbeutung von Künstlern oder um den Kunsthändlern eins auszuwischen. 1976 entdeckte die Journalistin Geraldine Norman, die dann auch Hebborn auf die Schliche kam, dass Keating ein Fälscher war. Sein Gesundheitszustand rettete ihn davor, verurteilt zu werden. Stattdessen moderierte er eine erfolgreiche Fernsehsendung, avancierte zum Star und konnte endlich von seinen Bildern leben, die zwar – wie die von Elmyr de Hory – weiterhin anderen Künstlern nachempfunden waren, nun aber die Signatur von Keating trugen. In seiner Fälscherkarriere soll Keating über 2000 Bilder von mehr als 100 Künstlern gefälscht haben, vor allem von Impressionisten, aber auch von früheren französischen und englischen Freilichtmalern und natürlich – wie könnte es anders sein – von Kees van Dongen.

Im April 2009 wurde von der Staatsanwaltschaft Bückeburg Anklage gegen *Tom Sack* (* 1982) erhoben, der sich bereits während eines Jurastudiums als Künstler und Kunsthändler einen Namen machte. Seit dem Jahr 2004 musste er immer wieder wegen des Verdachts auf Kunstfälschung Hausdurchsuchungen über sich ergehen lassen, bei denen auch Werke beschlagnahmt wurden. Er gab damals den Kunsthandel auf und arbeitete seither als freier Künstler, erst in Berlin, seit 2006 in Rinteln-Schaumburg bei Hannover. Auch dort gab es etliche Hausdurchsuchungen, wieder aufgrund von Fälschungs- und Betrugsverdacht. Sack hatte nur wenige Bilder von anderen prominenten Künstlern gefälscht, seine Methode war eine andere: Er malte Bilder, die er mit den Namen von nicht existenten Künstlern versah, gab diesen eine Vita und veröffentlichte auch Ergebnisse von Auktionen, die nie stattgefunden hatten.

Kann man auch das als Kunstfälschung deklarieren? Oder handelt es sich dabei um eine Kunstaktion? Es gibt auch andere Fälle, in denen Künstler oder Künstlerinnen erfunden und mit einer Vita versehen wurden – ohne dass den ausführenden Künstlern eine Anzeige wegen Betrugs ins Haus flatterte. Und so formulierte die Große Strafkammer des Landgerichts Bückeburg Anfang November 2009 Bedenken gegen eine Eröffnung des Hauptverfahrens und legte der Staatsanwaltschaft nahe, die Anklage freiwillig zurückzuziehen.

Gerichtsmitteilungen, Zeitungsberichte, aber auch Videos der Hausdurchsuchungen veröffentlicht Tom Sack auf seiner Homepage, laufend aktualisiert. Das spricht vielleicht doch für eine Kunstaktion. In der Frage, ob Tom Sack als Kunstfälscher gearbeitet hat oder nicht, ist aber noch nicht das letzte Wort gesprochen.

Fälscher im ganz großen Stil wurden 2007 in England enttarnt. Eine Familie hatte siebzehn Jahre lang den Kunsthandel genarrt. Protagonisten waren der 1961 geborene *Shaun Greenhalgh*, sein Vater George und seine Mutter Olive. Tatort: eine Sozialwohnung in Bolton. Dort stellte der Autodidakt Shaun Bilder, Skulpturen, Kunsthandwerk quer durch die Epochen her, und der Vater verkaufte sie. Er trat als ahnungsloser Alter auf, der von seinen Vorvätern geerbt hatte und keine Ahnung zu haben schien, was für wertvolle Kostbarkeiten er besaß. Spektakulär war eine Keramik von «Paul Gauguin», einen sitzenden *Faun* darstellend (Abb. 15), dem allerdings das männliche Glied fehlt, für einen Faun besonders bemerkenswert. Dieses wertvolle Stück erhielt den Authentizitätsnachweis durch das renommierte Wildenstein Institute in London und wurde 1994 bei einer Auktion von Sotheby's für 20 700 englische Pfund an einen privaten Londoner Händler verkauft. 1997 erstand das Art Institute of Chicago den *Faun* und pries ihn als ein vollendetes Werk von Gauguin, in dem er sich mit der gescheiterten Beziehung zu seiner Frau Mette auseinandergesetzt habe. Der Preis von 125 000 Dollar schien gerechtfertigt, es war eine der wichtigsten Neuerwerbungen der letzten zwanzig Jahre. Bis sich

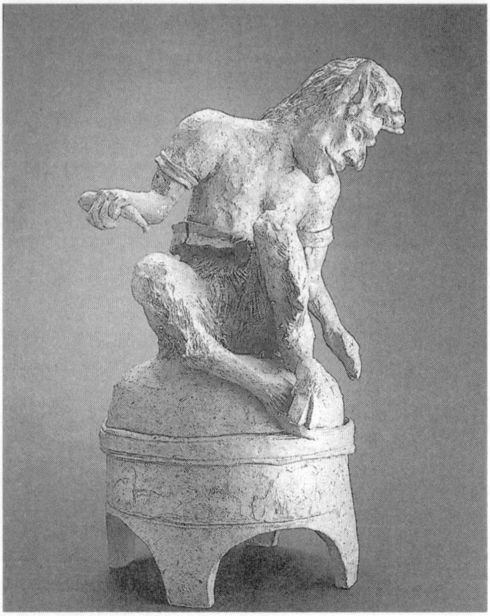

Abb. 15
Shaun Greenhalgh, Faun à la Gauguin, um 1994, Keramik, London, Scotland Yard

dann im Oktober 2007 herausstellte, dass es keineswegs ein Werk von Paul Gauguin war, sondern eine Fälschung von Shaun Greenhalgh.

Kurz zuvor war der ganze Schwindel aufgeflogen.

2002 hatte George Greenhalgh dem Bolton Museum die sogenannte *Amarna Prinzessin* angeboten. Sie stamme aus dem Besitz seines Großvaters, der sie auf einer Auktion gekauft hatte. Er sei ahnungslos, was die Figur wert sei. Vielleicht 500 Pfund? Die Experten waren begeistert. Und das wertvolle Stück wechselte 2003 für 440 000 Pfund den Besitzer.

Doch dann machten die Greenhalghs einen entscheidenden Fehler. Shaun produzierte assyrische Reliefs, die der Großvater auf derselben Auktion erstanden haben wollte. Sie besaßen Inschriften in Keilschrift. Und die wiesen einen Rechtschreibfehler auf. Schon vorher hatten Experten eines Auktionshauses die Echtheit der Reliefs angezweifelt. Nun kam der Stein ins Rollen. Im Jahr 2007 suchte die Polizei nach Beweisen in der Wohnung der Greenhalghs und wurde fündig. Sie beschlagnahmten Materialien, Werkzeuge, einen Schmelzofen, Kunstwerke, darunter weitere *Amarna-Prinzessinnen*. Die im Bolton Museum hatte Shaun in nur drei Wochen gefertigt – und dann mit Tee und Ruß so behandelt, das sie eine Patina von über 3000 Jahren zu haben schien.

Insgesamt hatten die Greenhalghs «Kunstwerke» im Wert von zehn Millionen Pfund geschaffen. Einige von ihnen sind inzwischen «enttarnt», so wie der *Faun* in Chicago, der noch bei der Ausstellung *Van Gogh und Gauguin* im Art Institute in Chicago und im Van Gogh Museum von Amsterdam 2001/02 ausgestellt und großformatig abgebildet worden war. Er wurde inzwischen – so die Auskunft vom Art Institute in Chicago – Scotland Yard in London als Beweisstück überlassen. Andere Werke befinden sich vielleicht immer noch in großen öffentlichen oder privaten Sammlungen. Shaun Greenhalgh selbst hat eine für Fälscher relativ hohe Gefängnisstrafe erhalten. Im November 2007 wurde er zu vier Jahren und acht Monaten Freiheitsentzug verurteilt, seine Mutter erhielt ein Jahr, der Vater zwei Jahre auf Bewährung.

Es gelang der Familie, ihren Reichtum gut zu verbergen. Sie schienen von der Sozialhilfe zu leben, gönnten sich nichts, besaßen noch nicht einmal einen Computer. Angeblich hat Shaun nur deshalb gefälscht, weil er als eigenständiger Künstler keine Anerkennung erhielt. Das Argument ist hinlänglich bekannt…

Scotland Yard bezeichnete die Greenhalghs als das möglicherweise facettenreichste Fälscherteam, das es jemals gegeben hat. Es ist ja auch wirklich erstaunlich, dass ein Einzelner sowohl antike wie moderne Plastiken, Kunsthandwerk des Mittelalters und Malerei des 19. und 20. Jahrhunderts so überzeugend nachahmen kann, wobei die gefälschten Maler Thomas Moran und L.S. Lowry eher nationale als internationale Größen sind. Doch trotz Gauguin und Amarna ist der Name Greenhalgh noch nicht so populär wie Hebborn, de Hory, van Meegeren oder Malskat, möglicherweise, weil die Geschichte noch relativ neu ist und Greenhalgh selbst noch keine Chance hatte, seine Vermarktung voranzutreiben. Allerdings wurde im Januar 2009 in der BBC eine Dokumentation über die Familie Greenhalgh gezeigt. Gegen diesen Film protestierte Shaun Greenhalgh, weil er darin einen Rufmord an seiner Familie sah. Doch inhaltlich korrigierte er die Sendung nicht. Das will er offensichtlich erst dann tun, wenn er entlassen wird. Er konnte auch nicht der Eröffnung einer Ausstellung seiner Werke beiwohnen. Scotland Yard stellte 2010 im Londoner Victoria & Albert Museum die beschlagnahmten Werke aus, um zu zeigen, wie es der Polizei gelingt, gefälschte Kunstwerke zu enttarnen.

Heute gibt es nicht mehr nur Einzeltäter, gegebenenfalls im Familienverbund, sondern größere Gruppen, ja ganze Orte, die eine wachsende Käuferschicht bedienen. Berühmt ist der Ort Dafen in China, in der Nähe von Hongkong. Er gehört zur Großstadt Shenzen mit über zwölf Millionen Einwohnern und ist auch als «Künstlerdorf» bekannt. Insgesamt hat das «Dorf» mehrere zehntausend Einwohner – davon sind weit über zehntausend Maler! Das war früher nicht so. Doch 1989 gründete dort ein chinesischer Maler eine Werkstatt, um vor allem westeuropäische Kunst zu kopieren. Die Werke fanden reißenden Absatz, was sich bald herumsprach. Immer mehr Maler siedelten sich an, und Mitarbeiter der Ursprungswerkstatt machten sich selbstständig. So wurde innerhalb von zwanzig Jahren eine riesige Produktionsstätte aufgebaut, die den Kunstmarkt mit ihren Werken überschwemmt. Das meiste davon ist sogenannte Kaufhauskunst, also Kopien von berühmten Werken. Sie wirken oft zweifelhaft. Eine dort entstandene *Mona Lisa* würde man der Physiognomie nach eher in China verorten als in Florenz – was ja auch seine Berechtigung hat. Die Maler werben damit, dass sie alles nach Photographien malen. Es gibt einen Katalog der Meisterwerke, aus dem man sich das geeignete Bild aussuchen kann, ebenso wie den Bildträger und die Größe. Danach errechnet sich der Preis. Doch mit mehr als 40 Euro muss man nicht rechnen, inklusive Versandkosten versteht sich.

Aber sind das Fälschungen? Die chinesischen Künstler kopieren die Werke, und sie tun dies auch nicht heimlich. Dennoch wird Dafen als «Fälscherdorf» bezeichnet. Und das wahrscheinlich nicht einmal zu Unrecht, denn wer weiß, wie viele Kunsthändler dort Bilder in Auftrag geben, die sie hier dann als Originale verkaufen. Auch die gefälschten Bilder von Konrad Kujau, also die gefälschten Kujau-Fälschungen (s. S. 14, 171), wurden in Fernost hergestellt, vielleicht sogar in Dafen.

Lieblingsobjekte der Fälscher

Fälscher beobachten den Kunstmarkt ganz genau. Was ist en vogue? Wofür wird besonders viel Geld ausgegeben? Was wird nachgefragt? Denn es ist eine Binsenwahrheit, dass begehrte Kunstwerke sehr viel weniger geprüft und leichtfertiger gekauft werden als andere. Deshalb werden einige Kunststile besonders häufig gefälscht. Umgekehrt gibt es auch berühmte Kunstwerke, deren Echtheit immer wieder in Zweifel gezogen wird.

Nofretete und Hatschepsut – zwei geheimnisvolle Frauen

Die berühmteste Büste des im Herbst 2009 eröffneten Neuen Museums in Berlin ist zweifelsohne die der Nofretete, die bei einer Grabung 1912 gefunden wurde – eine Sensation. Und gerade weil es sich damals um eine Sensation handelte und die Dame nach wie vor neben der Mona Lisa zu den berühmtesten Frauen der Welt zählt, macht es sich immer wieder gut, von ihr zu reden – im Guten wie im Schlechten. So erschien im Herbst 2008 ein Buch des Journalisten Henri Stierlin, *Le Buste de Néfertiti. Une imposture de l'égyptologie?*,[41] in dem er die Echtheit der Büste anzweifelt und behauptet, sie sei während der Grabung 1912 entstanden, als Experiment der Grabungsleitung. Ausgeführt von niemand Geringerem als Gerhard Marcks, einem bekannten Bildhauer. Natürlich spielte dann auch wieder ein Zufall herein, denn Vertreter des sächsischen Königshauses hätten die Büste für echt gehalten und photographiert, und man habe die adlige Familie nicht bloßstellen wollen. Deshalb also, aus reiner Loyalität zu den königlichen Herrschaften, glauben wir bis heute, es handele sich um eine echte altägyptische Büste.

Der Aufschrei in den Medien war heftig – aber kurz. Nach wenigen Tagen war der Spuk, der Mitte Mai 2009 durch den Blätterwald rauschte, vorbei. Ähnlich erging es dann auch Dame Nummer zwei. Im berühmten Sommerloch wartete der *Spiegel* mit der Nachricht auf, dass ein Mitarbeiter der Berliner Technischen Universität Steinspuren der Hatschepsut im hauseigenen Labor hatte untersuchen lassen. Eindeutiger Befund: kein Granit und nicht aus dem Alten Ägypten. Vier Tage später dementierte die TU. Sie habe zwar Gesteinssplitter untersucht, woher diese stammten, bleibe aber unklar. Außerdem war der Ankläger, ein Klaus Köller, in der TU gänzlich unbekannt. Und so verlief auch dieser Fälschungsvorwurf im Sande. Beide Damen haben ihren Platz im Neuen Museum erhalten und schweigen – zu den Vorwürfen wie zum Besucherandrang.

Doch gibt es ohne Zweifel zahlreiche Fälschungen ägyptischer Kunstwerke. Seitdem im 19. Jahrhundert ägyptische Kultur und Kunst in Europa hoch im Kurs standen, Ägypten zu einem Reiseland wurde, Ausgrabungen in großem Stil getätigt wurden, wollten viel zu viele etwas vom Kuchen abhaben. Grabräuber fanden zwar eine Menge alter Artefakte und verhökerten sie, doch so viel, wie gebraucht wurde, gab es nicht, und es galt außerdem, auch ein Publikum zu befriedigen, das nicht ganz so finanzstark war.

Viele Handwerker arbeiten in Ägypten nach wie vor in althergebrachter Manier, fast so wie schon die Handwerker der Pharaonen vor mehreren tausend Jahren. Diese Handwerker sind natürlich auch bereit, ihre Werke zu patinieren, also alt aussehen zu lassen, damit sie sich besser an Touristen verkaufen. Und so überschwemmt seit etwa zweihundert Jahren eine große Zahl hervorragend gearbeiteter Werke den Kunstmarkt – sie haben nur einen

Schönheitsfehler: Es sind Nachbildungen. Das wäre ja nicht weiter schlimm, wenn sie als solche verkauft würden. Aber oft werden sie als Originale aus der Zeit der Pharaonen verkauft, außer Landes geschmuggelt (die Ausfuhr nationalen Kulturgutes wird mit hohen Geldstrafen geahndet – übrigens nicht nur in Ägypten) und als wertvolle Stücke bewundert, bis der Schwindel auffliegt.

Die Kunst der Griechen mit der Seele suchen

Die Kunst der Antike ist für die Europäer spätestens seit der Renaissance das Ideal schlechthin. Schon die Römer haben griechische Bildwerke kopiert – und werden in Büchern über Kunstfälschung häufig genug als Fälscher dargestellt. Auch in der Renaissance gab es Kopien antiker Statuen, vor allem als Kleinbronzen waren sie für die entstehenden fürstlichen Sammlungen sehr gefragt. Doch auch in diesem Bereich gilt: Gefälschte Antiken wurden im großen Stil erst später gefertigt, und zwar ab dem Moment, als das Original höher im Kurs stand als die Idee, die es verkörperte. Für die «Idee» genügte eine Kopie. Sie konnte die Seele befriedigen. Doch seit das Original zum Fetisch wurde, genügte es nicht mehr, das Land oder die Kunst «mit der Seele» zu suchen, man wollte teilhaben an der materiellen Wirklichkeit.

Große Skulpturen zu fälschen ist nicht ganz leicht. Man braucht eine große Werkstatt, außerdem ein gewisses Startkapital, denn die Materialien sind teuer. Und die Käuferschicht ist ziemlich begrenzt. Das schnelle Geld kann man damit nicht machen. So traf es sich wunderbar, dass in Tanagra, einer antiken Stadt vierzig Kilometer nordwestlich von Athen, zahlreiche kleine Tonstatuetten gefunden wurden; sie zeigten vor allem junge Frauen. Illegal ausgegraben fanden sie reißenden Absatz. 1872 wurden die ersten dieser Figuren in den großen Metropolen, in London, Paris, Berlin, zum Verkauf angeboten, und die Museen griffen begierig zu. Sehr schnell versuchte Griechenland, die illegale Ausfuhr zu stoppen. Das gelang aber nur bedingt.

Natürlich waren viele der Tonfiguren beschädigt, von anderen existierten nur noch Rudimente. Sie wurden wieder geflickt, Teile von Figuren, die ursprünglich gar nicht zusammengehört hatten, zu einer Figur vereint und angemalt oder, um den Fachterminus zu benutzen, farbig gefasst. Die Tonfiguren waren schon im antiken Griechenland Massenware gewesen. Modeln (oder besser Matrizen) dienten dazu, eine Figur in großer Stückzahl herzustellen, wobei der Kopf, häufig auch die Arme, getrennt gebrannt und später angefügt wurden. Dieses Verfahren erleichterte es natürlich den Fälschern, Figuren neu zusammenzusetzen und als alt zu verkaufen.

Der Verdacht, es handele sich bei etlichen der Figuren um Fälschungen, kam schon bald auf. Doch erst durch eine relativ neue naturwissenschaftliche Methode, die Thermolumineszenz-Analyse (kurz TL-Analyse), können die kleinen Terracottafiguren zweifelsfrei in alt und neu unterschieden werden. Daraus ergibt sich zum Beispiel für die Berliner Sammlung, die an die hundert Figuren zählt, dass die meisten Figuren tatsächlich alt sind, viele davon allerdings restauriert, also neu gefasst, geklebt oder gar als Pasticcio aus verschiedenen Figurenteilen zusammengefügt. Darüber hinaus stammt immerhin ein Bestand von etwa 20 Prozent aus dem 19. Jahrhundert. In London sind die Zahlen ähnlich.

Christus, Maria & Co.

Ikonen, die auf Holz gemalten Bilder der Heiligen und biblischen Gestalten, haben sich zum Beispiel im Katharinenkloster auf dem Sinai seit frühester Zeit erhalten. Dort wurden sie erst so spät gefunden, dass man sie sicher im Kloster verwahrte und ein Ausverkauf verhindert wurde. Doch natürlich gab es auch andernorts solche Heiligenbilder, und sie waren schon länger Objekte der Begierde von Sammlern. Wie die einzelnen Heiligen der byzantinischen Kirche aussehen, wurde schon früh festgelegt, und die Ikonen wurden in Werkstätten in großer Zahl angefertigt, weil unendlich viele Kirchen ausgestattet werden mussten. Auch nach der Eroberung Konstantinopels durch die Osmanen im Jahr 1453 wurden weiterhin Ikonen gefertigt, vor allem in Russland und auf Kreta, wo sich bis heute ein großes Zentrum für Ikonenmalerei befindet. Bis auf den heutigen Tag stellen Ikonenmaler die Ikonen nach den alten Vorbildern her und machen daraus kein Geheimnis. Es gibt inzwischen auch eine Website von zumindest einer deutschen Ikonenmalerin, Kirsten Voß, die ihre Ikonen (mit Preisliste) anbietet, ohne zu behaupten, es seien alte Werke. Doch natürlich kaufen auch viele Händler bei Ikonenmalern auf Kreta oder in Russland direkt ein und verkaufen dann – nach einem gewissen «Alterungsprozess» – die Ikonen zu überhöhten Preisen und mit falschen Zeitangaben weiter. Die Bilder werden zum Teil wohl auch auf alte Holztafeln gemalt, auf denen sich früher bereits Ikonen befanden, bei denen die Farbe abgeblättert ist. Hier gibt es keine Geschichten von dem *einen* Maler, der Ikonen fälschte, sondern es handelt sich wohl um Fälscherwerkstätten, ähnlich wie die, in denen bis heute Ikonen für den orthodoxen Kircheninnenraum und für den Privatgebrauch hergestellt werden.

Aus dem Westen nach Russland und wieder zurück

Angeblich wurden Ikonen früher gegen Devisen aus Russland exportiert. Auch heute noch kommen sie von dort. Doch im Land selbst hat sich inzwischen ein Kunstmarkt etabliert, der bedient werden möchte. Gefragt sind dort allerdings vor allem Gemälde aus dem 19. Jahrhundert. Davon gibt es aber nicht genug, um die Wohnzimmer der neuen reichen Russen zu schmücken. Und so schwärmen ganze Gruppen von Händlern aus und kaufen auf dem westeuropäischen Markt, was billig zu haben ist. Ein alter Rahmen, eine alte Leinwand: das Bild wird ein wenig verändert, die Signatur ebenfalls, und so wird aus dem Bild eines unbekannten europäischen Künstlers das eines berühmten russischen Malers des 19. Jahrhunderts. Und dann gibt es Kunstexperten, die Zertifikate ausstellen, entweder weil man auch sie hinters Licht führt oder weil sie an den mafiösen Geschäften beteiligt sind. Einer dieser Experten, Wladimir Petrow, wurde vom Saulus zum Paulus: Früher hat er weit über hundert Fälschungen zu «echten», wertvollen Bildern gemacht, heute versucht er, die Flut der Fälschungen einzudämmen. Er hat seine Informationen inzwischen den Herausgebern der Fälschungskataloge zur Verfügung gestellt, die in Russland erscheinen, um Sammler und Museen vor noch größerem Schaden zu bewahren als sowieso schon angerichtet wurde – auch durch seine eigenen Expertisen.

Die russischen Avantgarde-Künstler, die noch vor der russischen Revolution begannen, eine neue, gegenstandslose Kunst für eine neue Gesellschaft zu entwickeln, sind mehr noch als in Russland in Westeuropa begehrt, und da besonders in Deutschland. Zwischen russischen und deutschen Künstlern fand damals ein reger Austausch statt. Das lag vor 1914 an den Aktivitäten vor allem im Münchner Raum, vermittelt durch Wassily Kandinsky, Alexej Jawlensky und Marianne von Werefkin, emigrierte Russen, die Kontakte in die Heimat pflegten und still mit den russischen Künstlern der Avantgarde austauschten. Nach dem Ersten Weltkrieg verschob sich das Zentrum des gegenseitigen Austausches nach Norden, hin zum Bauhaus in Weimar, später Dessau, aber auch nach Hannover zu der Gruppe der «abstrakten hannover» um Kurt Schwitters und einen lebendigen Kunstverein.

Natürlich haben sich die Künstler untereinander auch Bilder geschenkt, haben getauscht und verkauft, und natürlich sind einige dieser Werke irgendwann auf Dachböden oder in Kellern verstaubt. Doch so viele Bilder wie heute auf den Markt geworfen werden, wurden damals sicher nicht produziert. Einige Fälschungen sind so plump, dass sie mit nur wenig Recherche und ohne technisches Know-how als solche erkannt werden können, wenn man denn nur will und nicht auf diejenigen hereinfällt, die einen als Schnäppchenjäger schon an der Angel haben.

Der rege Austausch zwischen Russland und Westeuropa hatte aber später noch ein Nachspiel der ganz besonderen Art. Vor allem seit den 1980er Jahren tauchten immer wieder Werke auf, die auf dubiosen Wegen aus Russland nach Westeuropa gekommen waren und hier nun für viel Geld angeboten wurden. Bei den Urhebern dieser Werke handelte es sich meist um berühmte Künstler, die große Teile ihres Lebens in Westeuropa verbracht hatten, eben wie Jawlensky und Kandinsky. Bei Kandinsky ist Fälschen nicht ganz so leicht, weil seine Werkverzeichnisse mit Hilfe seiner eigenen Notizen angelegt wurden. Doch waren etwa dreißig Arbeiten aus der Zeit um 1912 für ihn später unauffindbar. Von diesen tauchen immer wieder welche auf – und stellen sich als Fälschungen heraus.

In viel größerem Maß jedoch wurden (und werden?) die Werke von Alexej Jawlensky gefälscht. Neben einzelnen Bildern, die immer wieder für Schlagzeilen sorgen, wie das Gemälde *Die Mazedonierin*, das im Jahr 2000 unter Fälschungsverdacht geriet, war es vor allem ein großes Konvolut an Papierarbeiten, das die Fachwelt erschütterte und einen großen Expertenstreit hervorrief.

Zu Beginn der 1990er Jahre hatte ein bis heute unbekannter Russe mit einem württembergischen Kunsthändler Kontakt aufgenommen und ihm Papierarbeiten angeboten, die Jawlensky 1918/19 seinem Bruder Dimitri nach Russland geschickt haben soll. Diese Auskunft genügte, um etwa 200 Arbeiten anzukaufen. Weitere 400 Bilder (meist Skizzen in Blöcken) brachte der Russe bei einem nächsten Besuch und ließ sie zur Überprüfung bei dem Kunsthändler – zusammen mit Briefen, die Jawlensky an seinen Bruder geschrieben hatte (jedenfalls waren sie so adressiert). Als dem Russen telefonisch mitgeteilt wurde, dass die Werke einer genauen technischen Untersuchung unterzogen würden, verschwand er – und ließ die 400 noch unbezahlten Werke zurück.

Technische Untersuchungen sind bei Papierarbeiten nicht einfach – es sei denn, das Papier selbst ist neu. Allerdings schien es, als seien Papiere zerschnitten worden, bevor sie als Zeichnungsträger benutzt wurden. Auch zeigten sich Untermalungen mit Graphitstift – bei Skizzen äußerst unüblich. Die Briefe wiederum waren in einer Rechtschreibung abgefasst, die 1918 noch nicht in Gebrauch war. Und ohnehin musste es eigentlich misstrauisch stimmen, dass ein Konvolut Zeichnungen zurückgelassen wurde, das Millionen wert gewesen wäre, wenn es denn echte Zeichnungen von Jawlensky gewesen wären.

Die Bilder waren als Originale in mehreren Ausstellungen zu sehen. Die letzte fand 1998 im Essener Folkwang Museum statt. Das Symposion, das sich mit der Echtheit der Papierarbeiten beschäftigte, kam zu dem Schluss, dass sie falsch seien – oder zumindest Teile davon. Sie waren jedoch inzwischen in das Werkverzeichnis aufgenommen worden, das von der Alexej von Jawlensky-Archiv S.A. herausgegeben wurde. Mitglieder des 1988 gegründeten Archivs sind Maria Jawlensky, die Witwe von Jawlenskys Sohn Andrej (oder Andreas Nesnakomoff Jawlensky), sowie ihre beiden Töchter Lucia Pieroni-Jawlensky und Angelica Jawlensky Bianconi. Sitz dieser Stiftung ist Locarno. Hier wird das Erbe verwaltet und damit die Urheberschaft an den Werken. Doch gibt es eine Reihe von Experten, die die Kennerschaft der Archiv-Mitglieder anzweifeln. Und auch der Streit über das sogenannte Dimitri-Konvolut ging lange hin und her. Inzwischen wurden die Blätter als Fälschungen bezeichnet, doch auch bei anderen Zeichnungen und Gemälden, die in die vier Bände aufgenommen wurden, sind sich die Experten häufig nicht einig darüber, ob es sich nun um Fälschungen handelt oder nicht. Der Streit um die echten Jawlenskys ist wohl noch lange nicht ausgefochten.

Lieblingskünstler der Fälscher

Die «Jawlensky-Fälschungen» wurden hier als Vertreter eines besonders gefragen Kunststils, der russischen Avantgarde, behandelt. Gleichzeitig gehört Jawlensky auch zu den Einzelkünstlern, die es Fälschern ganz besonders angetan haben. Das sind meist Künstler, die ein relativ unüberschaubares Werk geschaffen haben und darüber selbst nie Buch führten. Umgekehrt ist es zum Beispiel sehr leicht, ein Bild von Paul Klee als Fälschung auszumachen, weil er, wie schon erwähnt, alle seine Werke – bis hin zu den erhaltenen Kinderzeichnungen – selbst verzeichnet hat. Und nicht nur dies: Er hat jedem Werk eine Nummer gegeben, nach einem bestimmten Schema. Auf dieser Nummerierung und Auflistung von Klee basieren die Werkverzeichnisse. Taucht auf dem Kunstmarkt ein Bild auf, das aus Privatbesitz veräußert wurde, kann es sofort bestimmt werden. Und so lassen sich gut informierte Fälscher auf Klee gar nicht erst ein. Sie begründen das allerdings meist anders. So behauptete Elmyr de Hory, Klee sei kein großer Maler gewesen (s. S. 127).

Alle Künstler, von denen ein großes Konvolut an Fälschungen existiert, hier vorzustellen, würde zu Wiederholungen führen, nicht nur, weil einige von ihnen, wie Alexej von Jawlensky, an anderer Stelle behandelt wurden, sondern auch, weil sich die Geschichten wiederholen, zu Stereotypen werden – so wie die Biographien der Fälscher. Deshalb sollen einige exemplarisch ausführlicher behandelt, andere hier nur erwähnt werden. Zu den am meisten gefälschten Künstlern gehört in erster Linie der französische Maler Camille Corot.

Camille Corot und die Fontaine de Gabouret

«Von den annähernd 3000 Werken, die Camille Corot geschaffen hat, befinden sich alleine 5000 in den USA.» Dieser bereits zitierte Spruch wird – mit unterschiedlichen «Mengenangaben», bis zu 30 000! – verschiedenen Leuten in den Mund gelegt. Camille Corot hatte es den Fälschern aber auch leicht gemacht, hinterließ er bei seinem Tod doch sehr viele unfertige Werke, ohne testamentarisch darüber verfügt zu haben, was mit ihnen geschehen solle. Kunsthändler kauften die Bilder und ließen sie «fertigmalen». Das erzählte später auch Fernand Léger, der selbst wohl einige «Corots» gemalt hatte, um Geld zu verdienen (s. S. 115f.). Zu den fertiggestellten Werken kamen die Kopien der Schüler, die billig auf dem Kunstmarkt erworben und mit falschen Signaturen versehen teuer weiterverkauft wurden – ein Trick, der sich durch die gesamte Fälschungsgeschichte zieht, in immer anderen Varianten. Nicht immer handelt es sich dabei um genuine Fälschungen. Und nur selten wird daraus eine erzählenswerte Geschichte. Doch in einem Fall, in dem ein falscher Corot die Hauptrolle spielt, war unter anderem ein prominenter Käufer involviert, der Schriftsteller Alexandre Dumas der Jüngere, Sohn des sehr viel berühmteren gleichnamigen Vaters. Doch auch dem Sohn war mit der *Kameliendame* ein großer Erfolg beschieden.

Dieser Dumas kaufte 1881 oder 1882 bei dem Kunsthändler Georges Petit das mit dem Namen Corot signierte Gemälde *La Fontaine de Gabouret* zu dem sensationell günstigen Preis von 12 000 Francs und hängte das Bild stolz an einen prominenten Platz. Dort wurde es von den Freunden bewundert, bis 1883 ein junger Mann, der neue Bilderrahmen lieferte, behauptete, es handele sich um ein Werk des unbekannten noch lebenden Malers Paul Désiré Trouillebert. Nach einigem Hin und Her ließ Dumas

Trouillebert kommen, der bestätigte, dass er das Bild um 1875 gemalt und mit seinem Namen signiert hatte – im Stil Corots. Dann hatte er es seinem Farbenhändler zu einem Gegenwert von 150 Francs angeboten, der es wiederum einem bis heute nicht bekannten Herrn für 300 Francs verkaufte. Von diesem kam es dann – jetzt mit der Signatur von Corot für 4000 Francs – in den Besitz der Brüder Tedesco, die in Paris hauptsächlich mit Bildern von Corot handelten. Sie verkauften es für 9000 Francs an Petit. Der hatte nun den Ärger mit Dumas. Um Aufsehen zu vermeiden, erhielt Dumas sein Geld zurück, Petit ebenso, und das Bild landete wieder bei den Brüdern Tedesco. So weit, so gut.

Jetzt aber verlangte auch Trouillebert sein Recht und strengte einen Prozess an, damit die Signatur von Corot getilgt und seine eigene wieder auf das Bild gesetzt werden könne. Im Sommer 1883 hatte er Klage gegen die Brüder Tedesco erhoben, im Februar 1884 kam es zur ersten Verhandlung, doch erst im Januar 1885 lenkten die Kunsthändler ein, wodurch dem Prozess die Grundlage entzogen wurde und Trouillebert sein Bild wieder signieren konnte. Er hatte durch die Affäre eine gewisse Berühmtheit erlangt, wodurch auch die Preise seiner anderen Bilder im Wert stiegen.

Natürlich wird diese Geschichte wieder in verschiedenen Variationen erzählt, in denen das Bild zu einer Kopie eines Corot-Bildes wird, Dumas einen Prozess anstrengt, Trouillebert der Fälschung bezichtigt wird … usw. usw.

Kurz erzählt ist dagegen die Geschichte des französischen Arztes und Sammlers Jousseaume, der sich auf Corot spezialisiert hatte. Bei seinem Tod fanden sich weit über 2000 Gemälde, Aquarelle, Zeichnungen, Autographen von Corot – darunter kein einziges echtes Bild. Die Sammlung wurde jedoch nicht beschlagnahmt, sondern aufgelöst und verkauft. Wahrscheinlich sind heute wieder einige der Werke als Corots in öffentlichen und privaten Sammlungen zu sehen.

«Das Leben lacht. Die Sonne strahlt. Der tote Vincent malt und malt»

Vincent van Gogh hatte zu Lebzeiten mit seinen Bildern keinen großen Erfolg. Und so hinterließ er, als er 1890 starb, ein umfangreiches Werk, das sein vier Jahre jüngerer Bruder Theo erbte. Andere Bilder hatte er zu Lebzeiten Freunden geschenkt, hatte mit Malerkollegen auch Bilder getauscht. Und in Holland, bei der Familie und bei Freunden, befanden sich auch noch eine ganze Menge Werke, vor allem natürlich aus der frühen Zeit. Theo van Gogh, der in Paris Kunsthändler war und seinen Bruder finanziell unterstützt hatte, starb kurze Zeit später. Die junge Witwe, Johanna van Gogh, kümmerte sich nicht nur um den Lebensunterhalt für sich und den kleinen Sohn, sie verwaltete auch den Nachlass Theos und damit vor allem die Bilder ihres Schwagers Vincent. Sie blieb nicht mehr lange in Paris. Und als sie nach Holland zurückkehrte, nahm sie den Nachlass von Theo mit. Einige der Bilder von Vincent blieben aber auch in Paris. Sie lagerten in dem Geschäft für Künstlerbedarf bei Julien (Père) Tangy, einige wurden auch von Emile Schuffenecker aufbewahrt, einem Freund von Paul Gauguin, der selbst Maler war, aber auch sammelte. Er wurde später bezichtigt, einer der ersten gewesen zu sein, die Bilder von van Gogh gefälscht haben. Man kennt Kopien von ihm, und vermutlich hat er auch an einigen Bildern Retuschen vorgenommen, aber ob Bilder von ihm überhaupt als van Goghs akzeptiert worden wären, ist unwahrscheinlich.

Der Vorwurf, Schuffenecker habe Bilder gefälscht, wurde erstmals von Judith Gérard-Arlberg publik gemacht. Die spätere Malerin und Schülerin von Paul Gauguin kopierte 1897/98 das Selbstbildnis, das van Gogh Gauguin geschenkt hatte und das dieser ihrer Familie überlassen hatte, als er Paris 1895 zum zweiten Mal in

Richtung Tahiti verließ. Sie übernahm auch die Widmung von Vincent van Gogh an seinen Freund Paul Gauguin und signierte mit dem Zusatz «d'après Vincent», «nach Vincent». 1902 erwarb Amédée Schuffenecker, der Bruder von Emile, diese Kopie. Vermutlich 1908 sah Judith Gérard-Arlberg «ihren» van Gogh in der Galerie Druet, allerdings als echten van Gogh. Ihre Signatur sowie der Zusatz waren übermalt. Außerdem war der Hintergrund übersät von Blumen. Vor allem über diese Blumen regte sie sich angeblich schrecklich auf. Judith Gérard-Arlberg deckte den Schwindel nicht gleich auf, sondern erst im Jahr 1931 in der Zeitung *Comoedia*. Darin beschuldigte sie Schuffenecker, Bilder van Goghs «verbessert» und «vollendet» zu haben.

Van Gogh und Gauguin hatten sich, kurz bevor sie in Arles 1888 wenige Wochen zusammen lebten und malten, gegenseitig ein Selbstporträt geschickt. Paul Gauguin hatte das seine im Hintergrund mit Blumen versehen, die wirken, als säße er vor einer Tapete. Es ist durchaus möglich, dass derjenige, der das Bild verändert hatte, dieses Gegenstück kannte und bewusst darauf Bezug nahm, um das Bild authentischer zu machen. Wahrscheinlich hatte es jemand manipuliert, der auch van Goghs Original kannte, was den Verdacht erhärtet, dass es tatsächlich Emile Schuffenecker war.

Bereits 1911 war das Bild für viel Geld in den Besitz des Berliner Chemikers und Industriellen Paul Mendelssohn Bartholdy übergegangen, Enkel des Komponisten Felix Mendelssohn Bartholdy. Es befindet sich heute in einer Schweizer Privatsammlung (Sammlung Bührle, Zürich). Der Berliner Sammler kaufte damals auch eine Variante der *Sonnenblumen* (Tokio, Seiji Tog Memorial Yasuda Kasai Museum of Art). Dieses Bild wird heute von etlichen van Gogh-Spezialisten als Fälschung bezeichnet und ebenfalls Schuffenecker zugewiesen. Andere halten es für authentisch. Der Streit der Experten ist noch nicht ausgestanden.

Doch schauen wir uns die Karriere der van Gogh-Fälschungen genauer an: 1890 war van Gogh gestorben. 1901 mussten aus einer

Ausstellung bereits Bilder entfernt werden, weil sie als gefälscht erkannt wurden. 1902 kaufte Amédée Schuffenecker jene gelungene Kopie des Selbstbildnisses, vielleicht bereits mit dem Hintergedanken, diese in ein Original zu «verwandeln». Es ging nun rapide bergauf mit dem Bekanntheitsgrad von Vincent van Gogh. 1911 erschien die erste Monographie über ihn von Julius Meier-Graefe, einem Kunstkritiker, der mit seinem bis heute viel beachteten Buch über die *Entwicklungsgeschichte der modernen Kunst* (1. Auflage 1904) bekannt geworden war. Und je bekannter van Gogh wurde, desto mehr Fälschungen mischten sich unter die Originale.

1922 begann der Niederländer Jacob Baart de la Faille mit der Erstellung eines Werkverzeichnisses. Die erste Ausgabe erschien 1928. Doch nur kurze Zeit später folgte ein Supplement unter dem Titel *Les faux van Gogh*, worin Faille viele der Werke abbildete, die er selbst ins Werkverzeichnis mit aufgenommen, mittlerweile aber als Fälschung erkannt hatte. Dieses Buch war die Reaktion auf einen der bekanntesten Fälschungsskandale im Zusammenhang mit van Gogh-Bildern, der bis heute nicht vollkommen geklärt wurde.

Hauptperson in dem Stück ist Otto Wacker, Sohn des Kunstmalers Hans Wacker und Bruder von Leonhard Wacker, ebenfalls Maler. Otto Wacker wurde zunächst bekannt als der Tänzer Olinto Lovaël, begann dann aber in Berlin mit dem Handel von Kunstwerken und eröffnete schließlich eine Galerie, in der er schwerpunktmäßig Bilder von Vincent van Gogh vertrieb und diese auch gut verkaufte. Ende des Jahres 1927 zeigte Otto Wacker in einer Ausstellung das graphische Werk von van Gogh, Anfang 1928 eröffnete die namhafte Galerie Paul Cassirer eine Ausstellung mit Gemälden. Gleichzeitig erschien das Werkverzeichnis von Jacob Baart de la Faille, der auch an beiden Ausstellungen beteiligt war. Die Galerien halfen sich gegenseitig mit Werken aus. Vermittler war auch hier de la Faille.

Doch die beiden Leiter der Galerie Cassirer, Grete Ring und Walter Feilchenfeldt, hielten die vier von Wacker für die Ausstellung zur Verfügung gestellten Gemälde nach dem Vergleich mit den anderen van Gogh-Bildern für Fälschungen, gaben sie an Wacker zurück und informierten wohl auch de la Faille. Wie die anderen Galerien, die bereits bei Wacker gekauft hatten, von dem Fälschungsverdacht erfuhren, weiß man nicht so genau. Doch die Gerüchteküche brodelte, und die Berliner Kunsthändler wussten relativ schnell Bescheid. Viele von ihnen nahmen die Bilder, die sie an ihre Kunden weiterverkauft hatten, wieder zurück. Insgesamt wurden 33 Gemälde geprüft und zu Fälschungen erklärt, wobei Jacob Baart de la Faille und Julius Meier-Graefe nicht die Peinlichkeit erspart blieb, dass sie für viele dieser Bilder Echtheitszertifikate ausgestellt hatten.

Otto Wacker behauptete, die Bilder aus einer russischen Privatsammlung erhalten zu haben, weigerte sich aber standhaft, den Namen des Sammlers preiszugeben. Das hielt er auch während der beiden Prozesse durch, die gegen ihn geführt wurden. 1932 wurde er schließlich zu einem Jahr und sieben Monaten Gefängnis sowie 30 000 Mark Geldstrafe verurteilt. So viel Geld hatte er nicht. Die Geldstrafe entsprach 300 weiteren Tagen Haft, die Untersuchungshaft wurde nicht angerechnet, Wacker kam erst 1935 wieder frei.

Der Prozess erregte nicht nur deshalb die Gemüter, weil Bilder von van Gogh in großem Stil gefälscht worden waren, sondern vor allem auch deshalb, weil sich die Sachverständigen nicht einig waren darüber, welche Bilder nun gefälscht waren und welche nicht. Vor allem Jacob Baart de la Faille änderte ständig seine Meinung, und es ist nicht von der Hand zu weisen, dass dahinter massive finanzielle Interessen steckten.

Nach Beendigung des ersten Prozesses im April 1932 erschien in der *Weltbühne*[42] die parodistische «Expertise vom Kunstsachverständigen Geheimrat Professor Dr. Kaspar Hauser», die mit dem Satz anhebt:

«Die mir vorgelegten Bilder sind zweifellos Original-Imitationen echter Fälschungen von Van Gogh beziehungsweise seiner

Frau.» Es folgen «Begründungen» für Echtheit und Fälschung, dann geht es weiter mit: «Die in Frage kommenden offenbar doppelt gefälschten Fälschungen sind nicht einheitlich gemalt; sie haben etwas Zweischläfriges an sich. Ich verpflichte mich, wenn ich nur zusehe, wie Van Gogh seine Bilder malt, diese Bilder als unbedingt echt zu erkennen, wobei allerdings der Fall berücksichtigt werden muß, daß Van Gogh mitunter sich selbst kopiert hat, statt andre zu kopieren. Das lag an seinem Geisteszustand: wie pathologisch dieser beschaffen gewesen sein muß, geht ja schon daraus hervor, daß Van Gogh ganz geringe Preise für seine Bilder erzielt hat.» Mit der Frage nach den Kosten endete auch die Glosse: «Denn Kritik und Expertise, Sachverständigentum und wahre Sammlerleidenschaft – sie alle hören nur auf eines: auf die Stimme des Herzens, den Kunsthändler und das Gemurmel einer Museumskantine. Und das ist auch alles richtig so. Denn wenn man nicht weiß, was ein Bild kostet: wie kann man dann wissen, was ein Bild wert ist?» Autor war kein geringerer als Kurt Tucholsky.

Noch immer ist die Frage nicht geklärt, wer nun die Wackerschen van Gogh-Bilder gefälscht hat. War es der Vater Hans oder der Bruder Leonhard oder beide? Wacker hat sich dazu nicht geäußert, auch später nicht, als er wieder zum Tänzer wurde.

Natürlich wurde auch die Vermutung laut, es handele sich um Emile Schuffenecker. Doch das scheint bei den malerischen Fähigkeiten von Schuffenecker fragwürdig. Er kopierte van Goghs *Selbstbildnis mit verbundenem Ohr und Pfeife*. Im Fogg Art Museum der Harvard Universität in Cambridge (Mass.) hingegen befindet sich das nämliche Bild in einer Wacker-Version. Es ist eindeutig von anderer Hand als von Schuffenecker. Und beide wiederum sind anders gemalt als das Vorbild von van Gogh (Abb. 16, 17, 18).

Der vor und während des Wacker-Prozesses geführte Expertenstreit, von Tucholsky wunderbar parodiert und von Stefan Koldehoff minutiös nachgezeichnet,[43] hat bis heute nichts an Brisanz

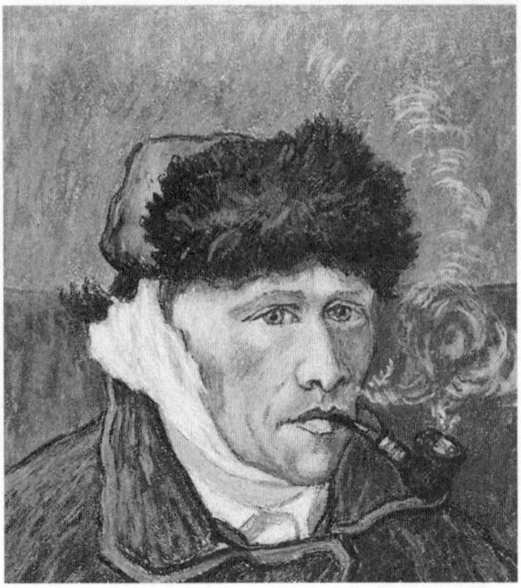

Abb. 16 Vincent van Gogh, Selbstbildnis mit verbundenem Ohr und Pfeife, Anfang 1889, Öl auf Leinwand, Privatsammlung

verloren, auch wenn die Protagonisten heute nicht mehr Julius Meier-Graefe und Jacob Baart de la Faille, Grete Ring und Walter Feilchenfeldt heißen. Denn auch heute geht es nach wie vor um die Frage der Echtheit der Bilder. Besonders dann, wenn viel Geld für ein Bild bezahlt wurde, melden sich die Stimmen, die behaupten, es handele sich um eine Fälschung. Berühmt ist die Debatte um das Bild der *Sonnenblumen*, das Mendelssohn Bartholdy gekauft hatte und das sich heute in Japan befindet.

Neu entfacht wurde der Streit um die Authentizität van Goghscher Bilder bei einer Ausstellung in Basel 2009. Experten und Journalisten sahen in einigen prominenten Bildern Fälschungen, so in der Basler Version des *Gartens von Daubigny*. Eine wichtige Rolle spielte dabei eine Katze. Sie wurde auf dem Bild, das früher in der Berliner Nationalgalerie hing und heute in Hiroshima aufbewahrt wird, übermalt, ist im Basler Bild aber zu sehen. Dieses Basler Bild ist nun angeblich eine Fälschung. Hanspeter Born und Benoît Landais war der Sachverhalt um die Katze ein ganzes Buch wert,[44] das aber andere Experten wie den jüngeren Walter Feil-

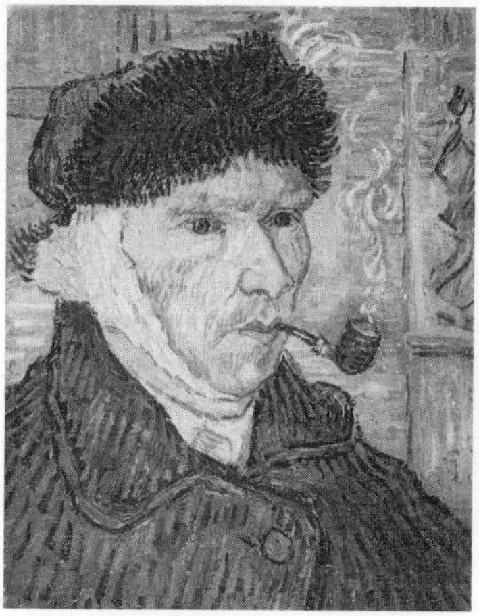

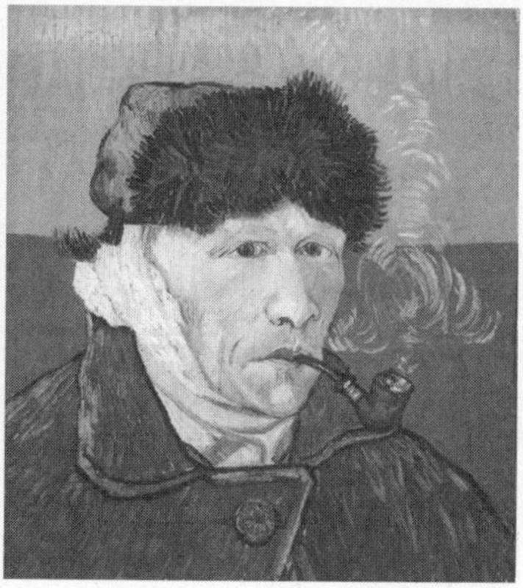

Abb. 17 Hans Wacker (?), Selbstbildnis mit verbundenem Ohr und Pfeife (nach Vincent van Gogh), vor 1928, Öl auf Leinwand, Cambridge (Mass.), Fogg Art Museum

Abb. 18 Claude-Emile Schuffenecker, Selbstbildnis mit verbundenem Ohr und Pfeife (nach Vincent van Gogh), um 1890, Öl auf Leinwand, Amsterdam, Van Gogh Museum

chenfeldt oder Roland Dorn nicht überzeugte. Und so wird der Streit über die van Goghs weitergehen, immer mal wieder um ein neues gefälschtes Bild bereichert – wie immer möglichst im Sommerloch. «… der tote Vincent malt und malt …» – Alfred Kerrs Pointe gilt noch immer. Denn auch keines der vorgelegten Werkverzeichnisse wurde bislang von allen akzeptiert. Der Mythos van Gogh, der mit einem abgeschnittenen Ohr begann, lebt auf verschiedene Weise weiter – eine davon ist der Fälschungsmythos, der auch jene Bilder immer wieder treffen wird, die mit lückenlosen Provenienznachweisen, überzeugenden Argumenten und technischen Untersuchungen als echt bestätigt wurden.

Amedeo Modigliani und das Droit moral

Amedeo Modigliani wurde 1884 in Livorno geboren und starb bereits 1920 in Paris. Er war schon als Kind oft krank, kämpfte mit der Tuberkulose. 1906 kam er nach Paris und ließ sich von den damals vorherrschenden Stilrichtungen der Fauves und des Kubismus gleichermaßen beeinflussen. Doch ging er nicht den Weg in die Abstraktion. Sein Thema war die menschliche Figur, ob im Bild oder als Skulptur.

1917 lernte er die vierzehn Jahre jüngere Kunststudentin Jeanne Hébuterne kennen. Die beiden verliebten sich heftig ineinander und zogen gegen den erbitterten Widerstand von Jeannes Eltern zusammen. Denn Modigliani war für sein skandalöses Leben bekannt – und für seinen Drogenkonsum. 1918 wurde die Tochter Jeanne geboren. Da lebten die beiden in Südfrankreich. Sie kehrten erst 1919 wieder nach Paris zurück. In diesen wenigen Jahren entstanden zahlreiche Bilder der Geliebten, häufig in derselben Haltung (Abb. 19). Als Modigliani 1920 an einer neu ausgebrochenen und zu spät entdeckten Tuberkulose starb, war Jeanne Hébuterne im achten Monat schwanger. Sie folgte ihm einen Tag später freiwillig in den Tod – zurück blieb nur die vierzehn Monate alte Jeanne, die später den Namen Modigliani annehmen durfte und die über das sogenannte *Droit moral* verfügte, das Recht, über das Werk ihres Vaters zu wachen und zu beurteilen, ob ein Gemälde echt ist oder nicht.

Das ist französisches Recht. Das *Droit moral* erlischt nicht beim Tod der direkten Nachfahren, und so übertrug Jeanne es testamentarisch an Christian Parisot. Seit 1984 hält er das *Droit moral* und rechtet über Original und Fälschung im Werk von Modigliani. Außerdem leitet er das Modigliani Institut – Archives Légales mit Sitz in Paris und Rom und gibt seit 1990 ein Werkverzeichnis heraus, das noch nicht abgeschlossen ist.

2008 arbeitete Parisot mit der Kunst- und Ausstellungshalle Bonn gemeinsam an einer Modigliani-Retrospektive, die im April 2009 ihre Tore öffnete. Im Juni erhob dann der Journalist Stefan Koldehoff schwere Vorwürfe gegen die Ausstellung: Darin würden sich auch Fälschungen befinden.

Es war Koldehoff selbst, der den Artikel über Modigliani-Fälschungen im Begleitbuch zur Ausstellung geschrieben hatte. Doch als er den Text schrieb, kannte er die Exponate noch nicht, die ausgestellt werden sollten. Nun distanzierte er sich von der Ausstellung, indem er an das Landeskriminalamt in Stuttgart die Frage richtete, ob «im Rahmen dieser Ausstellung strafrechtlich relevante Delikte vorliegen könnten». Außerdem veröffentlichte er in der *Süddeutschen Zeitung* einen ausführlichen Artikel über die Ausstellung und bezweifelte darin die Echtheit mehrerer der gezeigten Bilder.[45] Auslöser war eine Kleinanzeige, die in der *SZ* und der *FAZ* kurz nach Eröffnung der Ausstellung geschaltet worden war und in der ein Bild aus der Ausstellung zum Verkauf angeboten wurde – für 4,2 Millionen Euro. Es handelt sich um das Bild *Junge Frau mit braunem Haar (Elvira)* von 1918, das Echtheitszertifikate von Christian Parisot, Jeanne Modigliani und deren Ehemann besitzt. Bislang sieht die Staatsanwaltschaft Bonn, an die das LKA Stuttgart die Anfrage von Koldehoff weiterleitete, keinen Handlungsbedarf, weil keine Gefahr eines Betrugs von Mitarbeitern der Kunst- und Ausstellungshalle vorliegt.[46]

Was aber ist mit den Expertisen?

Wir erinnern uns an Elmyr de Hory und Réal Lessard, die beide eine Jeanne Hébuterne gemalt haben (Abb. 20, 22). Die von Réal stammt aus dem Jahr 1959. Sie erhielt Expertisen von Arthur Pfannstil und Jeanne Modigliani. Elymr malte «seine» Jeanne Hébuterne 1964. Damals erhielt Fernand Legros offensichtlich für alle Bilder, die er Modiglianis Tochter vorlegte (und ein oder zwei Geldscheine dazu), das Zertifikat.[47] Elmyrs Bild gelangte in die Sammlung von Meadows. Dies alles kann man bei Clifford Irving

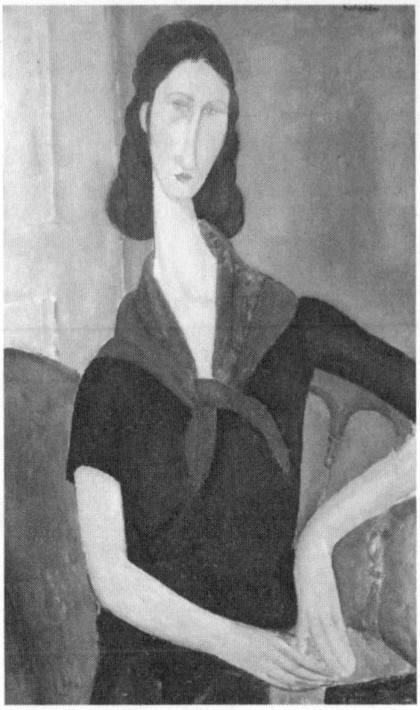

Abb. 19 Amedeo Modigliani, Jeanne Hébuterne, 1919, Öl auf Leinwand, Privatsammlung

und bei Réal Lessard nachlesen. Und es stellt sich die Frage, warum die Zertifizierungen von Jeanne Modigliani überhaupt noch glaubhaft sind.

Elmyr de Hory und Réal Lessard waren nicht die einzigen Modigliani-Fälscher. Schon zu Lebzeiten sollen die ersten Fälschungen aufgetaucht sein. Das berichtet auch Fernand Léger (s. S. 116). Modiglianis skandalumwittertes Leben mit Drogen, Alkoholexzessen und immer neuen Frauen, sein früher Tod und der Mitleid erregende Selbstmord seiner Lebensgefährtin ließen sich sofort nach seinem Tod vermarkten. So wurden seine Werke zu begehrten Sammlerobjekten, obwohl sie bis heute innerhalb der Kunstgeschichte nur wenig Anerkennung erfahren.

Der Markt wollte bedient werden, doch der Mann, der nur 35 Jahre alt wurde, hätte gar nicht die Zeit gehabt, so viele Bilder zu malen, wie gebraucht wurden. Da halfen eben andere mit. Halbfertige Bilder wurden zu Ende gemalt und, als diese auch nicht mehr ausreichten, neue hinzugefügt. Da die ersten Fälschungen zu Mo-

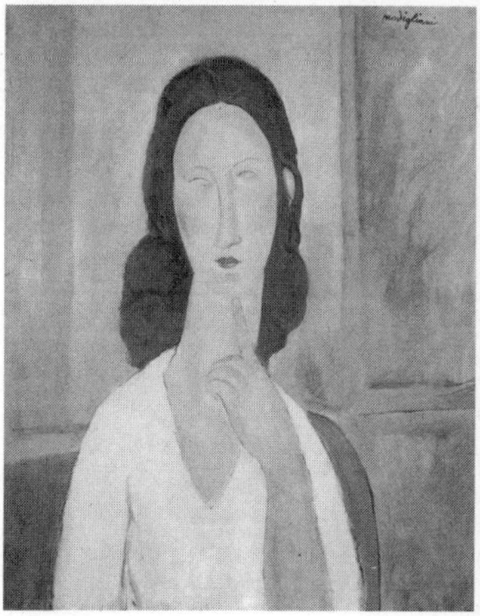

Abb. 20
Elmyr de Hory, Jeanne Hébuterne (nach Modigliani), 1964, Öl auf Leinwand, Aufbewahrungsort unbekannt

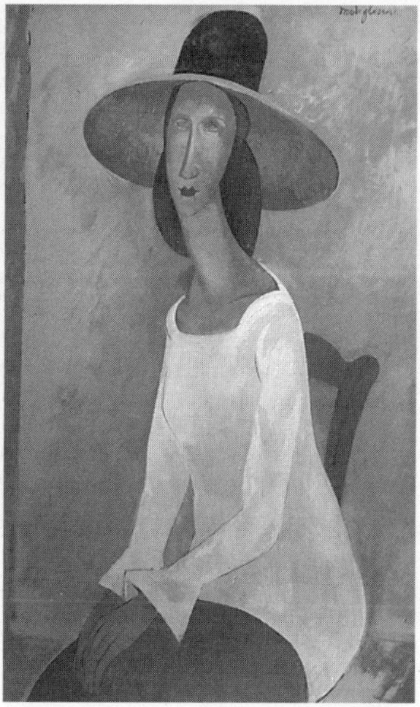

Abb. 21
John Myatt, Jeanne Hébuterne (nach Modigliani), 2007, Mixed media, Acrylfarbe und Öl auf Leinwand, Privatsammlung

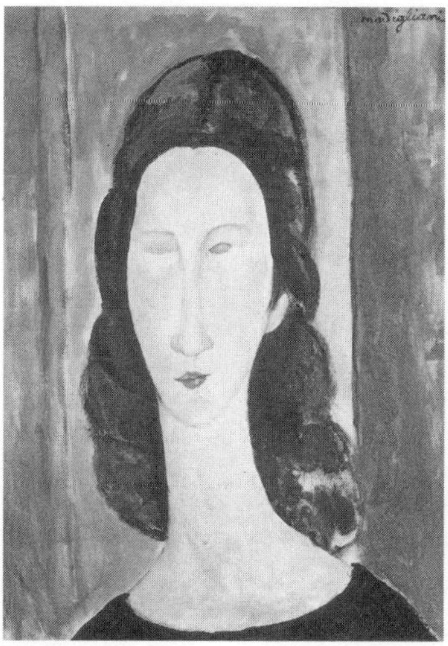

Abb. 22
Réal Lessard, Jeanne Hébuterne (nach Modigliani), 1959, Öl auf Leinwand, Aufbewahrungsort unbekannt

diglianis Lebzeiten und kurz nach seinem Tod stattfanden, ist es nicht leicht, sie aufgrund chemischer Untersuchungen festzustellen. Hier bleibt man auf seine Spürnase angewiesen, denn auch der Kunsthändler, der Modigliani zu Lebzeiten vertreten hatte, vertrieb inzwischen Fälschungen. Und auf das *Droit moral* kann man sich ohnehin nicht verlassen.

Die frühen Fälschungen wurden bekannt durch Aussagen von Fernand Léger, spätere Fälschungen gab unter anderen Elmyr de Hory zu, der auch darauf hinwies, dass durch den frühen Tod des Meisters zu wenige Werke existieren. Nachgeholfen hat hier auch John Myatt (Abb. 21; s.S. 165).

Bis heute – und darauf haben sowohl Koldehoff als auch Marc Spiegler hingewiesen[48] – gibt es kein verbindliches Werkverzeichnis Modiglianis. Die existierenden Verzeichnisse widersprechen sich, vor allem auch in der Anzahl der Gemälde. Diese schwankt zwischen 337 (Ambrogio Ceroni[49]) und um die 460 (Vermutung von Parisot). An einem weiteren Werkverzeichnis arbeitet der Kunsthistoriker Marc Restellini seit 1997, also seit über 10 Jahren! Das Erscheinen dieses Buches zögert sich allerdings immer wieder hinaus, weil Besitzer von Gemälden entweder Restellini oder dessen Auftraggeber, das Pariser Institut Wildenstein, verklagen, wenn Restellini das jeweilige Bild für nicht authentisch erklärt. Da er von lediglich 350 bis 360 Bildern ausgeht, sind es bei ihm hundert Werke weniger als bei Parisot, der das *Droit moral* besitzt. Dieser ist allerdings inzwischen in größere Schwierigkeiten geraten, da er in Spanien Ausstellungen mit Zeichnungen von Jeanne Hébuterne (der Lebensgefährtin Modiglianis, nicht der Tochter) organisierte – und die waren allesamt Fälschungen. Das stellte sich heraus, als der Neffe von Jeanne Hébuterne Anzeige erstattete.

Kann es sein, dass sich mehr gefälschte Modiglianis auf dem Kunstmarkt befinden als Werke, die der Maler selbst ausführte in seinem so kurzen und bewegten Leben? Seriöse Kunsthändler jedenfalls bekommen immer mehr Angst vor Bildern von Modigliani, zumal wenn es sich um Neuentdeckungen handelt. Und Marc Restellini wird immer wieder aufgefordert, vermeintliche Modiglianis in das Werkverzeichnis mit aufzunehmen – gegen eine «kleine» Anerkennung in Höhe von einer sechsstelligen Summe (in Euro, versteht sich). Andererseits nehmen die Morddrohungen gegen ihn zu. Kein Wunder, dass das Werkverzeichnis immer noch auf sich warten lässt.

Tausend neue Figuren von Giacometti

Der Schweizer Bildhauer, Maler und Zeichner Alberto Giacometti kam aus einer künstlerisch begabten Familie: Der Vater war Maler, der jüngste Bruder war Architekt, der nur ein Jahr jüngere Diego wurde Albertos Assistent und trat später mit eigenen Werken, vor allem Möbelentwürfen, hervor.

Die dünnen und langen Figuren Giacomettis, meist Menschen, aber auch Tiere wie seine berühmte Katze, modellierte er in Ton oder Gips. Der Guss in Bronze erfolgte häufig sehr viel später, die Modelle gingen dabei oft verloren. Von diesem ersten Bronzeguss wurde dann wieder ein Modell abgenommen und von diesem die weiteren Exemplare gegossen. Es gibt Fälle, in denen die Besitzer einer Gipsplastik Giacometti darum baten, sie in Bronze gießen zu dürfen, oder aber er erbat von Besitzern Gipsplastiken als Leihgabe für einen Guss. Von diesen wurden dann Modelle genommen; die Gipsplastiken blieben dabei erhalten.

Von Bronzeplastiken können mehrere Exemplare existieren, die von einer einzigen Gussform stammen (s. S. 27). Der Künstler (oder seine Erben) muss also den Überblick behalten, wie viele Exemplare einer Plastik existieren, damit er Fälschungen besser identifizieren kann. Er sollte die einzelnen Exemplare durchnummerieren und die Höhe der Auflage bestimmen.

In der Giacometti-Literatur stößt man immer wieder auf den Vorwurf, der Bildhauer habe mehrere Gießereien beschäftigt und selbst nicht mehr gewusst, wie viele Exemplare eines Werkes gegossen worden seien. Teilweise habe er bei einer Auflage dieselben Nummern mehrfach vergeben und sei deshalb selbst an dem Chaos schuld, das nach seinem Tod entstand, als die ersten Fälschungen auf den Markt kamen.

Dem widersprechen die Fondation Alberto et Annette Giacometti ebenso wie Véronique Wiesinger in ihrem Artikel über die postumen Güsse im Werk von Alberto Giacometti.[50] Und dort wird auch genau beschrieben, welche Güsse Giacometti autorisierte und welche nicht.

Dennoch tauchten bereits kurz nach seinem Tod die ersten Fälschungen auf. Sie überfluteten den Markt dermaßen, dass auf der Homepage der Fondation Giacometti eine eigene Seite diesem Problem gewidmet ist. So etwas ist nicht gerade üblich. Im Sommer 2009 wurde die Polizei dann erneut fündig – und diesmal im ganz großen Stil:

Über 1000 Skulpturen von «Alberto Giacometti» lagerten in einer Halle bei Mainz und wurden von einem Kunsthändler und seiner Frau verkauft. Expertisen erhielten sie von einem Mann, der sich als «Reichsgraf» ausgibt und ein Buch über Giacometti geschrieben hat, in dem er behauptet, ein Intimfreund von Giacomettis Bruder Diego gewesen zu sein. Von diesem habe er zahlreiche, bislang unbekannte Plastiken von Giacometti erhalten. Das Buch von Lothar Senke Graf von Wallstein findet sich in keiner Buchhandlung und in keiner Bibliothek. Es wurde in einer sehr niedrigen Auflage gedruckt, wohl nur, um für potentielle Käufer die Fälschungen zu echten Giacomettis zu machen.

Landeskriminalamt und Staatsanwaltschaft Baden-Württemberg veröffentlichten im August 2009 eine gemeinsame Presseerklärung, in der u. a. Folgendes zu lesen ist:

«Im Zuge von Ermittlungen (...) wurde am 11.08.2009 ein ca. 200 m² großes geheimes Lager mit rund 1 000 gefälschten Bronzen und Gipsen des Schweizer Künstlers Alberto Giacometti beschlagnahmt. Insgesamt wurden im Rahmen von zahlreichen Durchsuchungen und strafprozessualen Maßnahmen in Mainz, Schwerin, Hamburg, Mannheim, im Großraum München und Magdeburg (...) um die 1000 gefälschte Skulpturen und zahlreiche falsche Herkunfts- und Echtheitszertifikate sichergestellt. (...) Das Trio [also das Kunsthändlerpaar und der ‹Graf›] wurde am 12.08.2009 dem zuständigen Haftrichter in Stuttgart vorgeführt, der die Untersuchungshaft anordnete.

Den Beschuldigten werden u.a. banden- und gewerbsmäßiger Betrug sowie Verstöße gegen das Urhebergesetz zur Last gelegt. Sie stehen im dringenden Verdacht, seit mindestens 2004 teilweise selbst, teilweise unter Einschaltung von Vermittlern gefälschte Giacometti-Skulpturen an Interessenten im In- und Ausland zu Preisen in zweistelliger Millionenhöhe zu veräußern bzw. dies zu versuchen.»

Diese Pressemitteilung schlug ein wie eine Bombe. In jeder Zeitung konnte man etwas über die Giacometti-Fälschungen lesen. Seitdem melden sich immer wieder Besitzer von Giacometti-Figuren, die misstrauisch geworden sind. Sicher ist, dass es sich bei den Plastiken nicht um postume Güsse, sondern um «richtige» Fälschungen handelt. Unwahrscheinlich ist, dass ein Einzelner sie alle gegossen hat. Doch weder das Landeskriminalamt noch die Staatsanwaltschaft können während der laufenden Ermittlungen weitere Informationen preisgeben. Das wird erst möglich sein, wenn sie abgeschlossen sind und ein Gerichtsverfahren eingeleitet wurde. Und das wird wohl bei 1000 Plastiken noch eine Weile dauern.

Der fiktive Raffael

Die Münchner Kollegen bei der Sonderermittlungsstelle für Kunstfälschung des bayerischen Landeskriminalamts wurden vor einiger Zeit mit einer ganz neuen Art der Fälschung konfrontiert: mit fiktiven Bildern, dubiosen Geschäften mit Gemälden, die es offenbar gar nicht gibt. In dem speziellen Fall handelte es sich um ein angebliches Gemälde des großen Raffael, der nur selten die Kunstfälscher herausfordert und wenn, dann eher mit Zeichnungen als mit Gemälden (s. S. 152).

Das vermeintliche Bild trägt den Titel *Moses wird aus dem Fluss geborgen* und zeigt, wie der kleine Moses in seinem Binsenkörbchen von der Pharaonentochter gerettet wird. Ein solches Bild gibt es tatsächlich (Abb. 23). Es befindet sich in den sogenannten Loggien Raffaels im Vatikanspalast. Diese langgestreckte Galerie wurde 1518 vollendet, die Gewölbe wurden nach Entwürfen Raffaels von seinen Schülern, unter ihnen Giulio Romano, mit der biblischen Geschichte ausgemalt. Teil dieses biblischen Zyklus ist die Mosesgeschichte. Sie beginnt mit der Geburt Mose und seiner Aussetzung im Binsenkörbchen, die in der Hoffnung erfolgte, dass das Baby dann nicht – wie alle anderen jüdischen Neugeborenen – getötet würde. Der Zyklus ist in Freskotechnik gemalt, das heißt, die Farbe wurde auf den nassen Putz aufgetragen und ist mit ihm und der Wand verbunden. Um eines dieser Bilder in die Hand zu bekommen, müsste man also den Putz von der Wand (oder der Decke) lösen. Theoretisch ist das möglich, allerdings befindet sich das Bild nach wie vor im Vatikan, und es ist nicht bekannt, dass Raffael ein weiteres gemalt hat.

Trotzdem wurde ein Bild von Moses im Binsenkörbchen auf dem Kunstmarkt angeboten (Abb. 24). Und dazu gab es natürlich auch eine Geschichte: Das 72 x 92 cm messende Gemälde (Öl auf

Leinwand) von 1518 diente als Vorlage für das Fresko im Vatikan und stammt von Raffael und Giulio Romano. Bereits im 16. Jahrhundert gehörte es einer Herzogin von Bologna. Deren Nachfahren übermalten es, damit es Napoleon nicht raubte. 1923 wurde das Bild bei der Hochzeit einer Bologneser Adligen mit einem bürgerlichen Ehemann diesem als Hochzeitsgeschenk übergeben. Der nun wiederum beauftragte einen Restaurator, das Bild zu säubern – und siehe da, er erkannte, dass es sich um ein Bild von Raffael handelte. Die Rechnung des Restaurators war daraufhin so hoch, dass der Besitzer sich weigerte, sie zu bezahlen. Es kam zur Verhandlung vor Gericht, und der Restaurator erhielt Recht. Das war 1950, also erst nach über einem Vierteljahrhundert und einem Weltkrieg. Doch damit war endlich bewiesen, dass es sich um ein Bild des großen Künstlers Raffael handelte.

Im August desselben Jahres – so geht die Geschichte weiter – wurde das Bild dann in die USA gebracht. Wie das gelang, obwohl die Italiener wussten, dass es sich um einen echten Raffael handelt, wird nicht weiter erörtert. Seitdem wechselte es ein paar Mal den Besitzer und kam dann um 1984 nach Europa zurück. Der damalige Besitzer, ein Franzose, lagerte es in der Zollfreihandelszone in Genf. Dort blieb es auch, als dann im Jahr 2000 wieder ein Besitzerwechsel stattfand. Jetzt gehörte es einer Luxemburger Holding-Gesellschaft. Im Jahr 2000 wurde es auf 15 Millionen US-Dollar geschätzt, im Jahr 2002 auf 38,5 Millionen Euro. Die Summen waren ausschlaggebend für die abgeschlossenen Versicherungen.

Diese und andere «Fakten» sind alle durch Gutachten und weitere Schriftstücke belegt, die gerade noch in einem dicken Aktenordner Platz finden. Es gibt sogar die Kopie eines Photos, das den bekannten Leonardo da Vinci-Forscher Carlo P. vor dem «Raffael» zeigt. Zumindest sieht man, dass ein dem italienischen Kunsthistoriker nicht unähnlicher Mensch vor einer Staffelei steht und ein Bild betrachtet. Was darauf dargestellt ist, kann man jedoch beim besten Willen nicht mehr erkennen.

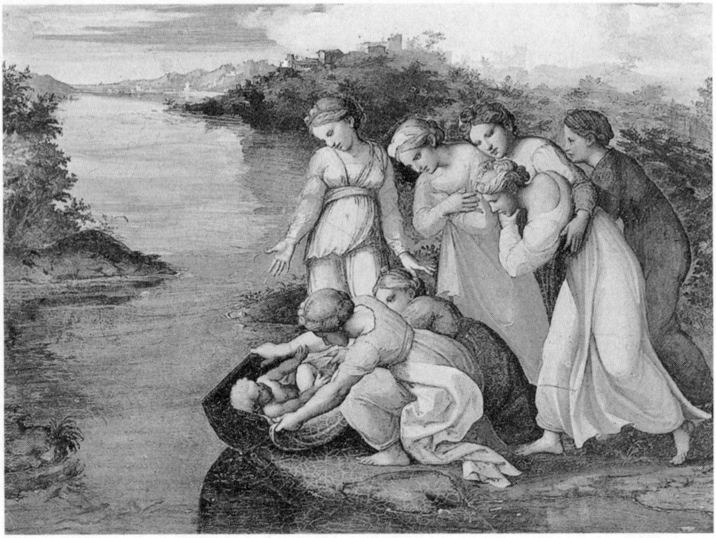

Abb. 23 Raffael-Werkstatt, Auffindung des Moses, um 1518, Fresko, Rom, Vatikan, Loggien

Gesucht wurden nun Interessenten, die eine gewisse Summe zahlen sollten, um ein Vorkaufsrecht zu erlangen. Und dazu brauchte es Vermittler. Einer dieser Vermittler wollte sich absichern und wandte sich mit einer Anfrage ans Landeskriminalamt München. Die dortigen Kommissare rieten dringend ab. Und auch die konsultierten Kunsthistoriker waren der Meinung, dass es dieses Bild gar nicht gibt.

Im Internet kann man übrigens das richtige Bild kaufen – ganz legal, das Fresko als Druck auf Malerleinwand, mit oder ohne Keilrahmen. Auch das sieht noch besser aus als die angebliche Vorlage, die offensichtlich schlecht gemalte Kopie, die nur oberflächlich mit dem Original übereinstimmt. Die Figuren wirken hölzern, die Gesichtszüge sind lediglich angedeutet, der Fluss wird zu

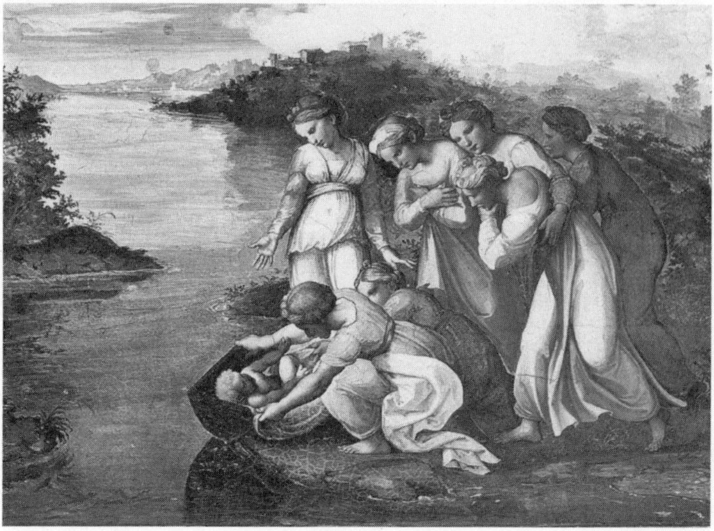

Abb. 24 Reproduktion eines angeblichen Ölgemäldes, Landeskriminalamt München

einem See, das Körbchen befindet sich weit am Ufer oder im Morast, das ist bei den düsteren Farben kaum zu erkennen. Ob das nun an der Vorlage oder dem schlechten, ziemlich grünstichigen Photo liegt, lässt sich natürlich nicht entscheiden, da die Vorlage ja nicht bekannt ist.

Es wurde offensichtlich mehr Mühe auf die Herstellung der Echtheits- und Provenienznachweise verwendet als auf die Ausführung des Objekts. Dieses könnte ein nach einem Photo des Freskos gemaltes Bild sein, allerdings von einem nicht sehr guten Kopisten. Doch auf das Bild kam es ja auch gar nicht an, sondern auf die Gutachten, Expertisen, Belege. Mit ihnen sollten Interessenten für das Vorkaufsrecht gefunden werden. Und dafür wäre eine Summe verlangt worden, die sich vermutlich im Promillebereich des geschätzten Kaufpreises befunden hätte, der 2007 weiterhin bei 35 Millionen Euro lag – das wären bei einer Promille immerhin 35 000 Euro gewesen. Dieses Geld wäre mit Sicherheit verschwunden. Der Käufer hätte das Bild nie zu Gesicht bekommen – das es auch gar nicht gibt.

Weil sich der Vermittler ans LKA gewandt hatte, verlief die Geschichte erst einmal im Sande. Doch ist diese Art des Kunstbetrugs offensichtlich im Kommen. Sie ist wohl eine Antwort darauf, dass die Untersuchungsmethoden immer besser werden. Gefälschte Werke können relativ schnell enttarnt werden. Kopien von Schriftstücken sind dagegen sehr viel schwieriger zu beurteilen.

Jawlensky, Corot, van Gogh, Modigliani, Giacometti, Raffael sind natürlich nur einige wenige Künstler, deren Werke die Fälscher reizen. Hinzu kommen Pablo Picasso, Wassily Kandinsky, Joan Miró, Salvador Dalí, Ernst Ludwig Kirchner und die anderen Brücke-Maler, Warhol und und und … Neuerdings ist auch Frida Kahlo im Gespräch, von der ein Konvolut an neuen Bildern gefunden worden sein soll, dazu Tagebücher, Briefe und andere Dinge aus ihrem Besitz. Das Buch, in dem sie vorgestellt werden, ist 2009 in New York erschienen.[51] Doch die Kahlo-Spezialisten streiten ab, dass diese Werke authentisch sind. Das Ergebnis steht noch aus.

Es gibt übrigens auch das umgekehrte Phänomen: Erben bestreiten die Echtheit von Werken. Dann sinkt die Anzahl der Originale, und ihr Preis steigt. Das zumindest wird der Warhol-Stiftung neuerdings vorgeworfen, nachdem sie zahlreiche Werke mit Echtheitszertifikaten als Fälschungen deklariert hat. Und die Rechtslage ist bei Warhol ganz besonders prekär, da er selbst in seiner Factory Repliken seiner Werke zu Originalen erklärt hatte. Das soll jetzt offensichtlich rückgängig gemacht werden, um den Kunstmarkt nicht mit zu vielen Warhol-Bildern zu überschwemmen und damit die Preise zu «verderben».

Moderne Formen des Fake

Im Jahr 2009 fand in Beijing (Anni Art Gallery) die Ausstellung *Mifan – Reis* statt, in der österreichische Künstler ihren Blick auf China darstellten. Innerhalb dieser Ausstellung präsentierte das Künstlerduo Nikolaus Gansterer und Matthias Meinharter ein Projekt, das sie *Chinese Whispers* nannten. Es war, als Bildfolge und Video, in den Jahren 2007 bis 2009 entstanden. Ausgangspunkt war ein Filmstill aus dem Spielfilm *Frida*: Salma Hayek alias Frida Kahlo malt ein Selbstporträt. Die österreichischen Künstler baten einen chinesischen Maler in der Künstlerstadt Dafen (s. S. 170f.), nach dem Photo des Filmstiles ein Ölbild zu malen. Während des Malprozesses machten sie vom Künstler und dem entstehenden Bild ein Photo. Sie besaßen jetzt also eine Photographie, die einen Maler beim Malen des Bildes zeigt und dazu seine Werkstattumgebung. Das Photo gaben sie dem nächsten Maler. Und photographierten ihn. Dies wiederholten sie so oft, bis zehn Bilder entstanden waren. Auf dem letzten waren alle Bilder und alle Maler abgebildet.

Die Frage nach Original, Kopie, Fälschung stellen Gansterer und Meinharter bewusst an dem Ort, der durch seine Kopistenwerkstätten reich geworden ist, der Bilder in alle Welt liefert, immer auf der Grenze zwischen Kopie, Kaufhauskunst und Fälschung. Die Maler wurden nach einem Zufallsprinzip ausgewählt. Immer der Maler oder die Malerin, von dem oder der das Photo gemacht worden war, bestimmte den nächsten Kopisten. Das letzte Bild zeigt also zehn Bildnisse, jedoch kein Selbstbildnis, denn auch die Schauspielerin Salma Hayek ist nicht Frida Kahlo.

Die Bilder sind zu einem Werk zusammengefügt, dazu zeigt ein Video die Entstehung des Werkes und beschäftigt sich mit den einzelnen Künstlern, die das Werk ursächlich geschaffen haben. Denn von Gersterer und Meinharter stammen lediglich die Idee, die Photos und das Video. Es ist eine Art Konzeptkunst, die künstlerische Mittel hinterfragt und gleichzeitig die Frage nach der Authentizität stellt. Damit zählen die beiden Österreicher zu einer Kunstrichtung, in der der Begriff des «Fake» neu definiert wird. Beispiele gibt es aus den letzten vierzig Jahren mehr als genug. Zwei mögen hier genügen.

1973 stellte Sigmar Polke eine Bilderfolge aus, die er *Original und Fälschung* nannte. Angeregt worden war er durch eine von Interpol erstellte Liste der wichtigsten gestohlenen Kunstwerke und 1981 photographierte Sherrie Levine Photographien von Walker Evans ab und stellte diese Reproduktionen aus, die wiederum Originale von ihr waren.

Sehr deutlich wird die Frage nach Original und Fälschung unter Einbeziehung des Urheberrechts von Cornelia Sollfrank gestellt. Ihr Projekt *This is Not by Me* von 2006 besteht aus sechs verschiedenen Arbeiten, die sich alle mit der Frage nach Urheberschaft, Original, Kopie und geistigem Ursprung beschäftigen. Ausgangspunkt ist Andy Warhol, der die meisten seiner Arbeiten in der Factory (s. S. 30) ausführen ließ, selbst also gar nicht am Schaffensprozess beteiligt war. Die Künstlerin erstellte mit dem von ihr entwickelten Net.art generator ein neues Bild der *Flowers* von Warhol und ließ vier Juristen über die Problematik des Urheberrechts in diesem Fall referieren. Die Vorträge zeichnete sie auf Video auf. Geplant war, die Videos gemeinsam mit den von ihr generierten *Flowers* zu zeigen. Das allerdings hätte tatsächlich urheberrechtliche Probleme gebracht, weshalb sie auf die Ausstellung der *Flowers* verzichten musste. Diesen Teil der Arbeit nannte Sollfrank *Legal Perspective*, einen anderen *I DON'T KNOW*. Darin führt sie ein selbstverständlich fiktives, da postumes Interview mit dem 1987 gestorbenen Andy Warhol, der ihr am Ende gestattet, seine *Flowers* in ihrer Arbeit zu verwenden. Damit wird das Verständnis von Urheberschaft, wie Andy Warhol selbst es (zumindest in der Interpretation von Cornelia Sollfrank) besaß, mit demjenigen der Juristen konfrontiert und die Frage nach Wirklichkeit, Wahrhaftigkeit gestellt.

In einer Zeit, in der es durch neue Techniken immer schwerer wird, Originale von Reproduktionen zu unterscheiden, in der Kopien und Fälschungen gerade aus Dafen den Kunstmarkt überfluten, thematisieren Künstler auf ganz unterschiedliche Weise dieses Problem. Ein frühes Beispiel stammt von Timm Ulrichs, der den Spruch von Gertrude Stein: «A rose is a rose is a rose ...» auf vier verschiedene Arten umsetzte: In einem Holzkasten befinden sich eine echte Rose in einem mit Wasser gefüllten Reagenzglas, eine Rose aus Kunststoff, das Photo einer Rose und das Wort «rose». Die Arbeit entstand 1972. Daran angelehnt könnte man *Chinese Whispers* auch *A fake is a fake is a fake ...* nennen, wobei für jedes «fake» eines der Bilder steht, das Wort also zehnmal wiederholt werden müsste.

Die Fälschung ist damit selbst wieder zum Kunstwerk geworden, so wie frühere Kopien irgendwann zu Fälschungen wurden. Der Kreis schließt sich.

A fake is a fake is a fake. Ein Nachwort

Ein Buch über Fälschungen wäre ohne Fälschung kein wirkliches Buch über Fälschungen.

So lautet der erste Satz in einem unvollendeten Manuskript über Kunstfälschungen. Autorin ist eine gewisse Natascha Prunss. Ob dieser Name stimmt, ist allerdings unsicher. Man weiß, dass sie in den 1950er Jahren als Kind einer russischen Mutter und eines deutschen Vaters geboren wurde und in Wien aufwuchs. Nach dem Abitur besuchte sie eine private Mal- und Zeichenschule. Ihre erste Ausstellung in einer kleinen Galerie außerhalb Wiens wurde zu einem fulminanten Erfolg. Sämtliche Bilder und Objekte wurden verkauft. Allerdings schuf sie ihre Werke nicht unter ihrem eigentlichen Namen, sondern benützte dafür zwei Pseudonyme: Sascha Raspunnt und Annuch Artspass. Und diese beiden, ein Künstlerpaar, bekamen von ihr auch noch Biographien verpasst. Sascha Raspunnt war der Bildhauer, Annuch Artspass die Malerin. Beide waren natürlich auch russischer Abstammung, Annuch Artspass hatte zudem noch finnische Wurzeln – das erkennt man ja schon am Namen.

Die Geschichte des Künstlerpaares beschäftigte sie einige Jahre. Doch jetzt arbeitete sie nicht mehr als bildende Künstlerin, sondern war mit der Ausschmückung der beiden Biographien beschäftigt, ähnlich wie heute Tom Sack (s. S. 166f.). Und schon war sie mitten in der Legendenbildung oder der Biographienfälschung gelandet. Sie begann, ein Buch zu schreiben, gab das Projekt aber wieder auf. Sie plante einen Film über das Verhältnis von Annuch Artspass zu Sascha Raspunnt und gründete immerhin schon mal eine Produktionsfirma.

Als der Film *F for Fake* von Orson Welles im Fernsehen ausgestrahlt wurde, war sie fasziniert. Und sie begann, sich mit Kunstfälschungen zu beschäftigen. Clifford Irving über Elmyr de Hory, Roger Peyrefitte über Fernand Legros – sie las alles, was sie finden konnte. Sie suchte in Bibliotheken nach Spezialliteratur zum Thema, fand immer mehr und trug über die Jahre viel Material zusammen. Dann las sie Kriminalromane, literarische Werke wie *Die Rättin* von Günter Grass, der darin die Geschichte von Lothar Malskat verarbeitet hat, schaute aber auch Filme wie *How to Steal a Million* mit Audrey Hepburn und Peter O'Toole. Sie las natürlich auch die Autobiographie von Eric Hebborn, was ihr außerordentliches Vergnügen bereitete. Doch dann wurde er ermordet, kurz nachdem *Kunstfälschers Handbuch* auf Italienisch erschienen war. Da schrieb sie gerade wieder an dem Buch, das sie unter einem weiteren Pseudonym veröffentlichen wollte: Panatcha R.S. Nuss. Oder war das ihr wirklicher Name und Natascha Prunss ein Pseudonym? Das wird nicht mehr geklärt werden können.

Denn wenig später verschwand auch Natascha Prunss. Wohin – das hat sie niemandem gesagt. Ihre Aufzeichnungen und Bücher sind erhalten und bilden die Grundlage des vorliegenden Buches, das deshalb ebensogut ihren Namen tragen könnte wie den der Autorin.

Anhang

Anmerkungen

Die in den Literaturhinweisen aufgeführten Titel werden in den Anmerkungen abgekürzt zitiert.

1 Hebborn 1999, S. 170f., 172, 180, 188.
2 Hans Belting, Bild und Kult, 5. Aufl., München 2000, S. 9.
3 Brief von 1879 an Austen H. Layard, zit. nach Pfisterer 2007, S. 98.
4 Philippe Cézanne, in: Echt falsch 1991, S. 58.
5 Vasari 2009, S. 36.
6 Kia Vahland, Schuppen vor den Augen, in: Süddeutsche Zeitung, 14.5.2009.
7 Barolsky 1994.
8 Sonnabend 2009.
9 Vasari 2005, S. 55.
10 Allgemeines Lexikon der Bildenden Künstler (Thieme/Becker), Bd. 34, Leipzig 1940, S. 531.
11 Reallexikon zur Deutschen Kunstgeschichte, Bd. 6, München 1973, Sp. 1409.
12 http://www.artericerca.com/pittori_italiani_seicento/volpato%20giovanni%20battista/giovanni%20battista%20volpato.htm, 29.4.2010.
13 Bordignon Favero 1994.
14 U.a. Innes 2006, S. 66.
15 Brief von Dieter Koepplin an die Vf., 5.7.2009.
16 Ann Headington, The Great Cellini and his Roster of Famous Fakes, in: The Connoisseur 216 (1986) S. 98–103.
17 Jandolo 1939, S. 356.
18 Hans Cürlis, Der Bildhauer Alceo Dossena, Berlin 1930, S. 14.
19 David Sox, The Dossena Deception Continues, in: Apollo 131 (1990), S. 158–164.
20 Ann Headington (wie Anm. 16).
21 Mazzoni 2004, S. 53f.
22 Zit. nach Mazzoni 2004, S. 79, Anm. 20.
23 Lammertse/van der Veen 2006.
24 Hebborn 1999, S. 177.

25 Bernd Roeck, Florenz 1900. Die Suche nach Arkadien, München 2001, S. 178f.
26 art 12/1987, S. 26.
27 Bredius 1937.
28 Doudart de LaGrée 1968, S. 145; Kilbracken 1968, S. 127–129.
29 Irving 1970, S. 274.
30 Deutsche Ausgabe S. 31; englische Ausgabe S. 17 (als Galerie Tannheuser).
31 Stange 1940, S. 76.
32 Die Dissertation von Johanna Kolbe erschien 1951 unter dem Titel *Die mittelalterlichen Monumentalmalereien im Langhaus von St. Marien zu Lübeck. Ein Beitrag zu der Geschichte einer lübischen Wandmalerschule*.
33 art 1/1980, S. 8.
34 Landesman 2001.
35 Hebborn 1991, S. 119–124.
36 Unter dem Titel *Celebration*. Sie erschien erst 1996, war allerdings wohl vor Hebborns Tod vollendet.
37 Geraldine Norman, An Old Master or Two to Pay the Bills, in: The Independent, 29.1.1995.
38 Turner 2000, S. 392.
39 Mrugalla 1993, S. 7.
40 Die Welt, 13.9.2007.
41 Henrie Stierlin, Le Buste de Néfertiti. Une imposture de l'égyptologie?, Gollion 2008.
42 Weltbühne, 26.4.1932, Nr. 17, S. 633.
43 Koldehoff 2003, passim.
44 Hanspeter Born/Benoît Landais, Die verschwundene Katze, Basel 2009.
45 Süddeutsche Zeitung, 26.6.2009.
46 Süddeutsche Zeitung, 27./28.6.2009.
47 Irving 1970, S. 173.
48 ArtNews, Januar 2004, September 2006, Sommer 2007.
49 Ambrogio Ceroni, I dipinti di Modigliani, Mailand 1970.
50 In: Berger/Gallwitz/Leinz 2009, S. 80–85.
51 Levine/Jaycox 2009.

Literaturhinweise

In dieser Literaturliste werden die Bücher aufgeführt, die sich mit Kunstfälschung allgemein befassen, ebenso wie die Bücher zu den einzelnen Sujets, die für die Recherche benutzt wurden. In den Fällen, wo es nicht aus dem Titel ersichtlich ist, wird das Sujet in Klammern genannt. Es werden jedoch nicht alle konsultierten Bücher zitiert. Etliche Informationen wurden auch dem Internet entnommen; diese Quellen sind nur dann hier aufgeführt, wenn es sich um online publizierte Texte handelt.

Thomas Almeroth, Kunst- und Antiquitätenfälschungen. Eine strafrechtliche, kriminologische und kriminalistische Studie über Techniken der Kunstfälscher und ihre Absatzpraktiken, Frankfurt am Main 1986.

Frank Arnau, Kunst der Fälscher – Fälscher der Kunst, München/Zürich 1964.

Rudolf Arnheim, Kopie und Fälschung, in: Neue Beiträge 1991, S. 351–365.

Verena Auffermann, Lothar Malskat – Mittelalter al fresco, in: Karl Corino (Hrsg.), Gefälscht! Betrug in Literatur, Kunst, Musik, Wissenschaft und Politik, Frankfurt am Main 1990, S. 401–409.

Umberto Baldini, Michelangelo scultore, Florenz 1981.

Paul Barolsky, The Faun in the Garden, Pennsylvania 1994 (zu Michelangelo).

James H. Beck, From Duccio to Raphael, Connoisseurship in Crisis, Florenz 2006.

Ursel Berger/Klaus Gallwitz/Gottlieb Leinz (Hrsg.), Posthume Güsse – Bilanz und Perspektiven, Berlin/München 2009.

Elia Bordignon Favero, Giovanni Battista Volpato, Treviso 1994.

Gabriele Brandstätter, Fälschung wie sie ist, unverfälscht. Über Models, Mimikry und Fake, in: Andreas Kablitz/Gerhard Neumann (Hrsg.), Mimesis und Simulation, Freiburg im Breisgau 1998, S. 419–449.

Abraham Bredius, A New Vermeer, in: The Burlington Magazine 71 (1937) S. 211 (zu Han van Meegeren).

Aviva Briefel, The Deceivers. Art Forgery and Identity in the 19th Century, Ithaca/London 2007.

Peter van den Brink, Hieronymus Bosch as Model Provider for a Copyright Free Market, in: Hélène Verougstraete/Roger Van Schoute (Hrsg.), Jerôme Bosch et son entourage et autres études, Leuven u. a. 2003, S. 84–101.

Leonardo Buffi, Autenticità dei dipinti su tavola e tela, Città di Castello 2008.

Tobias Burg, Die Signatur, Münster u. a. 2007.

Laura Cavazzini, Nell'orbita di Amadeo. Marmi del Rinascimento lombardo alla Fondazione G. Cini, in: Saggi e memorie di storia dell'arte 27 (2003) S. 181–198 (zu Alceo Dossena).

Claus Chevalier u. a., Der Echtheitsnachweis im Kunstrecht, Teil 1–3, in: Weltkunst 72 (2002) Nr. 2, S. 191f., Nr. 3, S. 402f., Nr. 4, S. 560f.

Keith Christiansen, The Metropolitan's Duccio, in: Apollo 165 (2007) S. 40–47.

Paul Craddock, Scientific Investigation of Copies, Fakes and Forgeries, Amsterdam u. a. 2009.

Andrea G. De Marchi, Falsi primitivi. Prospettive critiche e metodi di esecuzione, Turin 2001.

Deutsche Kunst und Denkmalpflege 1955, S. 81–107 (Aufsätze von Günther Grundmann, Peter Hirschfeld, Ernst Roßmann zu den gefälschten Bildern von Lothar Malskat in Lübeck).

Klaus Döhmer, Zur Soziologie der Kunstfälschung, in: Zeitschrift für Ästhetik und Kunstwissenschaft 23 (1978) S. 76–95.

Roland Dorn/Walter Feilchenfeldt, Genuine or Fake? On the History and Problems of Van Gogh Connoisseurship, in: Kodera Tsukasa (Hrsg.), The Mythology of Vincent van Gogh, Tokio 1993, S. 263–307.

Marie-Louise Doudart de LaGrée, Ich war Vermeer. Die Fälschungen des Han van Meegeren, Gütersloh 1968.

Echt falsch (Ausstellungs-Katalog München, Villa Stuck), Mailand 1991.

Dietrich Ellger, Der Truthahnstreit, in: Der Dom und der ehemalige Dombezirk. Die Kunstdenkmäler der Stadt Schleswig, München/Berlin 1966, S. 301f. (zu Lothar Malskat).

Fälschung, in: Reallexikon zur Deutschen Kunstgeschichte, Bd. 6, 1973.

Fälschung und Forschung (Ausstellungs-Katalog Essen, Museum Folkwang/Berlin, Skulpturengalerie), Essen/Berlin 1976.

Fake? The Art of Deception (Ausstellungs-Katalog London, British Museum), London 1990.

Christiane Fricke, Kein schöner Traum, in: Weltkunst 75 (2005) Nr. 4, S. 40f. (zu Hans/Jean Arp).
Werner Fuld, Das Lexikon der Fälschungen. Lügen und Intrigen in Kunst, Geschichte und Literatur, München/Zürich 2000.
Giovinezza di Michelangelo (Ausstellungs-Katalog Florenz, Palazzo Vecchio), Mailand 1999.
Der Glanz der Farnese. Kunst und Sammelleidenschaft in der Renaissance (Ausstellungs-Katalog München, Haus der Kunst), Mailand 1995 (zu Andrea del Sarto).
Günter Grass, Die Rättin (1983), München 1999 (zu Lothar Malskat).
Günther Grundmann u. a., Die Malereien im Chor der Lübecker Marienkirche, in: Kunstchronik 5 (1952) Nr. 12, S. 324–331 (zu Lothar Malskat).
Luigi Guarnieri, Das Doppelleben des Vermeer, München 2005.
Judith Harris/Marc Spiegler, Reclaiming Modigliani, in: Art News September 2006, S. 82.
Max Hasse, Die Marienkirche zu Lübeck, Berlin 1983, S. 231–241 (zu Lothar Malskat).
Eric Hebborn, Drawn to Trouble. The Forging of an Artist, Edinburgh 1991.
–, Kunstfälschers Handbuch, Köln 1999.
Gunnar Heydenreich, Lucas Cranach the Elder, Amsterdam 2007.
Ulrike Ilg, Restaurierung, Kopie, Fälschung. Zur Authentizität des Falschen im Ottocento, in: Martina Hansmann (Hrsg.), Pittura italiana nell' Ottocento, Venedig 2005, S. 367–384.
Brian Innes, Das große Buch der Fälschungen. Die Tricks der größten Fälscher aller Zeiten, Wien 2006.
Klaus Irle, Fälschungen. Gewährleistungen, Prüfungstechniken, Typologie, Köln 1997.
Clifford Irving, Der Fälscher. Das abenteuerliche Leben des Elmyr de Hory, Stuttgart/Hamburg 1970 (wiederveröffentlicht unter dem Titel *Enigma*, hrsg. von Ken Talbot, London 1991).
Augusto Jandolo, Bekenntnisse eines Kunsthändlers, Berlin u. a. 1939 (zu Alceo Dossena).
Icilio Federico Joni, Le memorie di un pittore di quadri antichi, Firenze 1984.

Ronald Jonkers, Ein Kampfhahn mit falschen Federn. Der Fall van Meegeren, in: Karl Corino (Hrsg.), Gefälscht! Betrug in Literatur, Kunst, Musik, Wissenschaft und Politik, Frankfurt am Main 1990, S. 390–400.

Tom Keating/Geraldine Norman/Frank Norman, The Fake's Progress. The Tom Keating Story, London 1977.

John Raymond Godley Kilbracken, Fälscher oder Meister? Der Fall van Meegeren, Wien 1968.

Georg W. Költzsch/Michael Bockemühl (Hrsg.), Alexej von Jawlensky, das Auge ist der Richter. Die wiederaufgefundenen Aquarelle (Ausstellungs-Katalog, Essen, Museum Folkwang), Essen 1998 (Supplementbd.: Das Jawlensky-Symposion. Dokumentation des Symposions im Museum Folkwang Essen ... zu Fragen der Echtheit von Aquarellen und Zeichnungen, die Alexej von Jawlensky zugeschrieben wurden, Essen 2000).

Johanna Kolbe, Zum Befund der mittelalterlichen Wandmalereien im Schleswiger Dom, in: Nordelbingen 34 (1965) S. 27–30 (zu Lothar Malskat).

Stefan Koldehoff, Der Fall Arp, in: Weltkunst 68 (1998) Nr. 4, S. 795–797.

–, Van Gogh, Mythos und Wirklichkeit, Köln 2003.

–, Er war ein Kind der Sterne. Von den Folgen des Künstlermythos in der Moderne, in: Christoph Vitali (Hrsg.), Amedeo Modigliani. Ein Mythos der Moderne, Köln 2009, S. 63–112.

Georg Kretschmann, Faszination Fälschung. Kunst-, Geld- und andere Fälscher und ihre Schicksale, Berlin 2001.

Frederik H. Kreuger, A New Vermeer. Life and Work of Han van Meegeren, Delft 2007.

Irmgard Kriseleit / Gerhard Zimmer/Cordelia Eule, Bürgerwelten. Hellenistische Tonfiguren und Nachschöpfungen im 19. Jahrhundert (Ausstellungs-Katalog Berlin, Staatliche Museen, Antikensammlung), Mainz 1994.

Friso Lammertse / Jaap van der Veen, Uylenburgh & Son. Art and Commerce from Rembrandt to De Lairesse, 1625–1675, Amsterdam 2006.

Kathrin Landa, Die Neue Wache als zentrale Gedenkstätte im wiedervereinigten Deutschland, 2004 (http://www.hgb-leipzig.de/mahnmal/nw2.html, 29.4.2010).

Peter Landesmann, A Crisis of Fakes. The Getty-Forgeries, in: New York Times, 18.3.2001 (auch unter:

http://www.law.harvard.edu/faculty/martin/art_law/crises_of_fakes.htm, 29.4.2010 (über Hebborn, Turner und die Zeichnungen im Getty Museum).

Réal Lessard, L'Amour du faux, Paris 1988 (zu Elmyr de Hory).

Barbara Levine/Stephen Jaycox, Finding Frida Kahlo. In Mexico, Fifty-five Years after the Death of Frida Kahlo, in San Miguel de Allende. Diaries, Letters, Recipes, Notes, Sketches, Stuffed Birds, and Other Newly Discovered Keepsakes, New York 2009.

Jonathan Lopez, The Man Who Made Vermeer. Unvarnishing the Legend of Master Forger Han van Meegeren, Orlando u. a. 2008.

–, Van Meegeren's Early Vermeers, in: Apollo 168 (2008), S. 76–83.

Walter Lusetti, Alceo Dossena, Rom 1955.

Claude Marumo u. a., Paul Désiré Trouillebert 1831–1900. Catalogue raisonné de l' œuvre peint, Stuttgart 2004 (zu Camille Corot).

Gianni Mazzoni, Quadri antichi del Novecento, Vicenza 2001 (zu Umberto Giunti).

– (Hrsg.), Falsi d'autore (Ausstellungs-Katalog Siena, Santa Maria della Scala), Siena 2004 (zu Umberto Giunti).

Anita F. Moskowitz, The Case of Giovanni Bastianini. A Fair and Balanced View, in: artibus et historiae 50 (2004), S. 157–185.

–, The Case of G.B. II. A Hung Jury?, in: artibus et historiae 54 (2006) S. 201–217.

Edgar Mrugalla, König der Kunstfälscher, Berlin 1993.

Hans Ost, Edeltrödel, 2008 (http://archiv.ub-uni-heidelberg.de/artdok/volltexte/2008/494/, 29.4.2010).

Eberhard Paul, Gefälschte Antike, Leipzig 1981.

Alexander Perrig, Räuber, Profiteure, «Michelangelo» und die Kunst der Provenienz-Erfindung, in: Städel Jahrbuch 17 (1999), S. 209–286.

Roger Peyrefitte, Die Kunst des Handelns oder Das abenteuerliche Leben des Fernand Legros, Wien/Hamburg 1977 (zu Elmyr de Hory).

Ulrich Pfisterer, Giovanni Morelli, in: Ders. (Hrsg.), Klassiker der Kunstgeschichte. Bd. 1: Von Winckelmann bis Warburg, München 2007.

Günther Picker, Fälscher, Diebe, Betrüger. Die Kehrseite des Kunst- und Antiquitätenmarkts, München 1994.

Manfred Reitz, Große Kunstfälschungen. Falsche Kunst und echte Fälscher, Frankfurt am Main 1993.

Josef Riederer, Echt und falsch. Schätze der Vergangenheit im Museumslabor, Berlin 1994.
Stefan Römer, Künstlerische Strategien des Fake, Köln 2001.
Ernst Schöller, Von Chagall bis Beuys. Fälschungen des Geert Jan Jansen, Weltkunst 65 (1995) Nr. 3, S. 223–225, Nr. 4, S. 377–380.
Sepp Schüller, Fälscher, Händler und Experten, München 1959.
Andreas Schumacher, Michelangelos Teste Divine, Münster 2007.
Colin Simpson, The Partnership. The Secret Association of Bernard Berenson and Joseph Duveen, London 1987.
Graham David Smith, Celebration, Edinburgh 1996 (zu Eric Hebborn).
Martin Sonnabend, Michelangelo. Zeichnungen und Zuschreibungen (Ausstellungs-Katalog Frankfurt am Main, Städel-Museum), Petersberg 2009.
David Sox, Unmasking the Forger. The Dossena Deception, New York 1987.
–, The Dossena Deception Continues, in: Apollo 131 (1990) S. 158–164.
–, Harold Woodbury Parsons. ‚Marchand Amateur', in: Apollo 141 (1995) S. 19–24 (zu Alceo Dossena).
Ronald D. Spencer, The Expert Versus the Object, Oxford 2004.
Marc Spiegler, A Clouded Legacy, in: Art News Juli/August 2007, S. 82–85 (zu Amedeo Modigliani).
Alfred Stange, Der Schleswiger Dom und seine Wandmalereien, Berlin 1940 (zu Lothar Malskat).
Karina Türr, Fälschungen antiker Plastik seit 1800, Berlin 1984.
Nicholas Turner, A New Drawing by Eric Hebborn (1934–1996). A (?) Murillesque Copy after Mantegna, in: Achim Gnann/Heinz Widauer (Hrsg.), Festschrift für Konrad Oberhuber, Mailand 2000, S. 391–396.
Dora Vallier, Kunst und Zeugnis, Zürich 1961 (zu Fernand Léger).
Giorgio Vasari, Das Leben des Andrea del Sarto, hrsg. von Sabine Feser, Berlin 2005.
–, Das Leben des Michelangelo, hrsg. von Caroline Gabbert, Berlin 2009.
Wa(h)re Lügen. Original und Fälschung im Dialog (Ausstellungs-Katalog Albstadt, Galerie/Münster, Graphikmuseum Pablo Picasso), Stuttgart 2007.

Jeremy Warren, Forgery in Risorgimento Florence. Bastianini's ‹Giovanni delle Bande Nere› in the Wallace Collection, in: The Burlington Magazine 147 (2005), S. 729–741.

Arthur K. Wheelock, The Story of Two Vermeer Forgeries, in: Cynthia P. Schneider (Hrsg.), Shop Talk. Studies in Honor of Seymour Slive, Cambridge (Mass.) 1995, S. 271–275 (zu Han van Meegeren).

Christian Wrede, Kopien, Imitationen, Fälschungen. Kunst und Kaufrecht, Berlin 2005.

Ulrike Wolff-Thomsen, Die Wachsbüste einer Flora in der Berliner Skulpturensammlung und das System Wilhelm Bode. Leonardo da Vinci oder Richard Cockle Lucas?, Kiel 2006.

Abbildungsnachweis

Abb. 1: zitiert nach Keith Christiansen, Duccio and the Origins of Western Painting (The Metropolitan Museum of Art Bulletin, Summer 2008), © The Metropolitan Museum of Art, New York; *Abb. 2:* zitiert nach Fred Licht, Goya. Die Geburt der Moderne, München 2001, S. 241, © L.A.R.A.; *Abb. 3*: © Kimbell Art Museum, Fort Worth, Texas/ Art Resource, NY/Scala, Florence; *Abb. 4*: zitiert nach Stephan Kemperdick, Martin Schongauer. Eine Monographie, Petersberg 2004, S. 133, © Berlin, Staatliche Museen; *Abb. 5:* zitiert nach Cornelius Müller Hofstede, Zwei schlesische Madonnen von Lucas Cranach. Eine Erinnerung, Würzburg 1958, nach S. 6; *Abb. 6*: © Die BUNTE; *Abb. 7:* © Réunion des Musées Nationaux/Art Resource, NY; *Abb. 8*: Gianni Mazzoni (Hrsg.), Falsi d'autore, Siena 2004, S. 91; *Abb. 9*: © The Courtauld Institute of Art Gallery, London; *Abb. 10:* zitiert nach Hans Körner, Botticelli, Köln 2006; *Abb. 11*: Gianni Mazzoni (Hrsg.), Falsi d'autore, Siena 2004, S. 75; *Abb. 12:* zitiert nach A.S. Melantrich, Jan Vermeer, Prag 1939; *Abb. 13:* zitiert nach Clifford Irving, Der Fälscher, Stuttgart/Hamburg 1970, nach S. 88; *Abb. 14:* zitiert nach Réal Lessard, L'Amour du faux, Paris 1988, Abb. 1, nach S. 138; *Abb. 15:* zitiert nach Douglas W. Druick/Peter Kort Zegers, Van Gogh und Gauguin. Das Atelier des Südens, Stuttgart 2002, S. 62; *Abb. 16:* zitiert nach Douglas W. Druick/Peter Kort Zegers, Van Gogh und Gauguin. Das Atelier des Südens, Stuttgart 2002, S. 269; *Abb. 17:* Harvard Art Museums, Fogg Art Museum, Bequest of Annie Swan Coburn, 1934.35, Foto: Katya Kallsen, © President and Fellows of Harvard College; *Abb. 18:* zitiert nach Stefan Koldehoff, Van Gogh, Mythos und Wirklichkeit, Köln 2003, S. 180; *Abb. 19:* © akg-images/André Held; *Abb. 20:* zitiert nach Clifford Irving, Der Fälscher, Stuttgart/Hamburg 1970, nach S. 88; *Abb. 21:* zitiert nach Réal Lessard, L'Amour du faux, Paris 1988, Abb. 9, nach S. 138; *Abb. 22:* © John Myatt, Foto: Rosemary Myatt; *Abb. 23:* zitiert nach Carlo Pietrangeli, Die Gemälde des Vatikan, München 1996, S. 375, Nr. 349, © Vatikanische Museen, Foto: M. Sarri; *Abb. 24:* Landeskriminalamt München

Kommentiertes Personenregister

Nicht bei allen Personen konnten die Lebensdaten recherchiert werden.

Aus dem Verlagsprogramm

Aus der Reihe «Die 101 wichtigsten Fragen»

Andreas Platthaus
Die 101 wichtigsten Fragen: Comics und Mangas
2008. 160 Seiten mit 17 Abbildungen. Paperback
Beck'sche Reihe Band 1862

Annette Kreutziger-Herr / Winfried Bönig
Die 101 wichtigsten Fragen: Klassische Musik
2009. 160 Seiten mit 16 Abbildungen, 1 Orchesterskizze
und 1 Epochenübersicht im Text. Paperback
Beck'sche Reihe Band 7016

Claudia Märtl
Die 101 wichtigsten Fragen: Mittelalter
3. Auflage. 2009. 159 Seiten mit 20 Abbildungen. Paperback
Beck'sche Reihe Band 7002

Susanna Partsch
Die 101 wichtigsten Fragen: Moderne Kunst
3. Auflage. 160 Seiten mit 21 Abbildungen. Paperback
Beck'sche Reihe Band 1609

Jörg Rüpke/Ulrike Rüpke
Die 101 wichtigsten Fragen: Götter und Mythen der Antike
2010. 160 Seiten mit 20 Abbildungen. Paperback
Beck'sche Reihe Band 7028

Ulrich Sinn
Die 101 wichtigsten Fragen: Antike Kunst
2007. 160 Seiten mit 32 Abbildungen. Paperback
Beck'sche Reihe Band 1777

Kunstepochen

Bruno Reudenbach
Die Kunst des Mittelalters Band 1: 800 bis 1200
2008. 128 Seiten mit 46 Abbildungen,
davon 20 in Farbe. Paperback
C. H. Beck Wissen in der Beck'schen Reihe Band 2554

Klaus Niehr
Die Kunst des Mittelalters Band 2: 1200 bis 1500
2009. 128 Seiten mit 49 Abbildungen,
davon 16 in Farbe. Paperback
C. H. Beck Wissen in der Beck'schen Reihe Band 2555

Andreas Tönnesmann
Die Kunst der Renaissance
2007. 136 Seiten mit 42 Abbildungen,
davon 16 in Farbe. Paperback
C. H. Beck Wissen in der Beck'schen Reihe Band 2556

Dietrich Erben
Die Kunst des Barock
2008. 128 Seiten mit 43 Abbildungen,
davon 14 in Farbe. Paperback
C. H. Beck Wissen in der Beck'schen Reihe Band 2557

Uwe M. Schneede
Die Kunst der Klassischen Moderne
2009. 128 Seiten mit 46 Abbildungen,
davon 18 in Farbe. Paperback
C. H. Beck Wissen in der Beck'schen Reihe Band 2560

Philip Ursprung
Die Kunst der Gegenwart
1960 bis heute
2010. 128 Seiten mit 43 Abbildungen,
davon 17 in Farbe. Paperback
C. H. Beck Wissen in der Beck'schen Reihe Band 2561

Verlag C. H. Beck München

Künstlerbiographien

Werner Busch
Adolph Menzel
Leben und Werk
2004. 128 Seiten mit 24 Abbildungen,
davon 10 in Farbe. Paperback
C. H. Beck Wissen in der Beck'schen Reihe Band 2501

Nils Büttner
Vermeer
2010. 127 Seiten mit 38 Abbildungen,
davon 23 in Farbe. Paperback
C. H. Beck Wissen in der Beck'schen Reihe Band 2511

Jürg Meyer zur Capellen
Raffael
2010. 128 Seiten mit 49 Abbildungen,
davon 18 in Farbe. Paperback
C. H. Beck Wissen in der Beck'schen Reihe Band 2510

Christian Rümelin
Paul Klee
Leben und Werk
2004. 128 Seiten mit 22 Abbildungen,
davon 15 in Farbe. Paperback
C. H. Beck Wissen in der Beck'schen Reihe Band 2500

Wilhelm Schlink
Tizian
Leben und Werk
2008. 127 Seiten mit 37 Abbildungen,
davon 16 in Farbe. Paperback
C. H. Beck Wissen in der Beck'schen Reihe Band 2508

Frank Zöllner
Botticelli
2009. 127 Seiten mit 41 Abbildungen,
davon 21 in Farbe. Paperback
C. H. Beck Wissen in der Beck'schen Reihe Band 2505

Verlag C. H. Beck München